大检察官 法治课

DAJIANCHAGUAN
FAZHIKE

最高人民检察院第九检察厅　编

中国检察出版社

图书在版编目（CIP）数据

大检察官法治课 / 最高人民检察院第九检察厅编 . — 北京：中国检察出版社，2019.9

ISBN 978-7-5102-2323-5

Ⅰ . ①大… Ⅱ . ①最… Ⅲ . ①社会主义法制—法制教育—中国—青少年读物 Ⅳ . ① D920.5

中国版本图书馆 CIP 数据核字（2019）第 186052 号

大检察官法治课

最高人民检察院第九检察厅　编

出版发行：中国检察出版社

社　　址：北京市石景山区香山南路 109 号（100144）

网　　址：中国检察出版社（www.zgjccbs.com）

编辑电话：（010）86423752

发行电话：（010）86423726　86423727　86423728
　　　　　（010）86423730　68650016

经　　销：新华书店

印　　刷：北京联合互通彩色印刷有限公司

开　　本：710mm×960mm　16 开

印　　张：21.75

字　　数：298 千字

版　　次：2019 年 9 月第一版　2022 年 3 月第五次印刷

书　　号：ISBN 978-7-5102-2323-5

定　　价：68.00 元

前　言

　　党的十八大以来，以习近平同志为核心的党中央高度重视未成年人健康成长，强调"孩子们成长得更好，是我们最大心愿"，并明确提出了全面依法治国要从娃娃抓起等指示要求。2014 年 10 月，中共中央审议通过了《关于全面推进依法治国若干重大问题的决定》，强调要把法治教育纳入国民教育体系，从青少年抓起，在中小学设立法治知识课程。2016 年 5 月，中共中央办公厅、国务院办公厅联合印发《关于进一步深化预防青少年违法犯罪工作的意见》，要求国家机关认真落实"谁执法谁普法"的普法责任制，建立法官、检察官等在法律实施过程中面向青少年开展法治教育的制度规范，健全法治宣传教育机制，教育引导青少年明理向善、知法守法。2018 年 9 月，习近平总书记在全国教育大会上明确指出，办好教育事业，家庭、学校、政府、社会都有责任。要给孩子讲好"人生第一课"，帮助扣好人生第一粒扣子。这些为加强新时代未成年人法治宣传教育工作奠定了基础，指明了方向，提供了遵循。

　　检察机关作为法律监督机关在未成年人法治宣传教育工作中承担着重要责任。近年来，最高人民检察院深入贯彻落实党中央和习近平总书记关于加强未成年人法治宣传教育工作的系列重大部署、重要指示精神，从事关国家长远发展和中华民族伟大复兴的高度，

主动加强与教育行政部门、学校等方面的合作，以中小学生为重点，采取多种方式开展以案释法工作，推动全国检察机关切实履行"谁执法谁普法"的普法责任。自 2016 年 6 月起，最高人民检察院联合教育部开展了为期三年的"法治进校园"活动，围绕校园安全、预防性侵害、防治网络沉迷等与青少年息息相关的主题，采取中小学生喜闻乐见的方式开展法治宣传教育，三年共组织法治巡讲 9.65 万次，覆盖 10.8 万所学校和 8050 万名师生，在提高广大未成年人的法治意识、自护意识，预防涉未成年人违法犯罪方面发挥了积极作用。2019 年 6 月，最高人民检察院启动了"法治进校园全国巡讲团再出发——走进三区三州"活动，组织优秀检察官走进偏远贫困地区，以法治扶贫为抓手，助力精准脱贫攻坚，既为"法治进校园"三年巡讲活动画上圆满句号，也拉开了"法治进校园"巡讲经常化、制度化的序幕。最高人民检察院党组和张军检察长高度重视检察机关开展未成年人法治宣传教育工作。2018 年 9 月 1 日，首席大检察官、最高人民检察院检察长张军同志受聘担任北京市第二中学法治副校长，并亲自讲授了第一堂法治课。在张军检察长以上率下、示范引领下，一大批政治素质高、法律专业知识强、司法办案经验丰富的检察官、检察长纷纷走上法治副校长的岗位。截至 2019 年 5 月底，全国共有 17000 余名检察官担任中小学法治副校长，其中有 3096 名各级人民检察院检察长。2018 年以来，先后有 26 个省（自治区、直辖市）人民检察院的检察长担任中小学法治副校长，这些大检察官们结合自身工作、生活、成长经历，用心谋划、精心准备，从不同侧面、重点，运用不同方式、风格，为同学们讲授了生动的法治课，奉上了一套丰盛的法治大餐，形成了一批精品法治课程，受到师生们的广泛好评，对于增强同学们的法治意识、促进法治安全校园建设、推动检察官担任法治副校长工作都具有重要意义。

为推动检察官担任法治副校长和"法治进校园"工作，进一步提高检察机关未成年人法治宣传教育工作的质量和效果，我们组织相关省级人民检察院对 26 名大检察官的讲课稿进行了整理，汇编成书，同时特别收录了首席大检察官张军同志的讲课稿，希望能够进一步推动做好检察官，尤其是各级人民检察院领导干部担任中小学法治副校长工作，也希望给其他从事未成年人法治宣传教育工作的同志提供参考和借鉴。

未成年人法治宣传教育永远在路上！保护未成年人健康成长，我们一起努力！

编　者

2019 年 8 月

目录 Contents

学法、懂法、守法、用法
做社会主义法治的崇尚者遵守者捍卫者

——在北京市第二中学开学典礼上的讲课

最高人民检察院党组书记、检察长　　张　军

尊敬的各位同学、老师：

大家上午好！

刚刚从钮校长（钮小桦，北京二中校长）手中接过具有悠久历史的北京二中的法治副校长聘书，成为二中的一员；一位同学给我戴上二中校徽，成为同学们中间的一员，非常高兴，非常荣幸。担任二中法治副校长，是落实习近平总书记关于全面依法治国要从娃娃抓起重要指示精神的一个举措，就是把法治搬进学校，帮助同学们更好地树立法治意识。希望今天的活动也能够为其他地方、学校开展法治教育提供例子，为推进全面依法治国，促进中国特色社会主义法治建设，贡献我们大家共同的力量。今天，围绕学法、懂法、守法、用法，做社会主义法治的崇尚者、遵守者、捍卫者，我想和老师、同学们讲三个自己的体会、认识。

首先，尊崇法律。有这样一个小视频，在座的老师和同学们可能都看过。就是在一辆行驶的公交车上，一个五六岁可能是刚刚上小学，不是很大很高的孩子，在家长的带领下坐车，人也不是很多。他扶着车厢里的柱子，用脚去踢、踹坐在座位上的一个20岁左右的男青年，一脚、两脚、三脚，让那个男青年很惊讶，怒着眼睛看的时候，小孩又来了两脚。这个男青年站起来一脚将小男孩踹倒，然后双手提起将其摔倒。这

一幕，让我们都感到很震惊。孩子的无礼、青年的暴力，他们都触犯了什么规范？我想很少会有人去这样思考，只是感到这个画面太不可思议，太过暴力！我讲这样一个事例，就是想向大家介绍法律是什么？**法律就是行为规范**。在现代国家，最高的法律形式是宪法。此外还有刑法、民法，包括我们正在受其规范、保护的教育法。

行为规范除法律外，还有社会主义道德、社会主义核心价值观。党的十八大提出社会主义核心价值观，内容包括：倡导富强、民主、文明、和谐，这是从国家层面提出的价值目标；倡导自由、平等、公正、法治，这是从社会层面提出的价值取向；倡导爱国、敬业、诚信、友善，这是从公民个人层面提出的价值准则。社会主义核心价值观是我们大力提倡、应该努力做到的行为规范。此外，**行为规范还包括我们正在受其约束的校规校纪。**每一个学校都有自己的章程、规范，有294年历史的二中校规更为严谨、科学。我们都了解二中没有发生过严重违反校规的事件，这是二中光荣的历史，相信在学校党组织严格管理、带领下，老师们以身示范，学生们自觉遵守，这个传统一定会延续下去，做到更好。

作为行为规范，还有一点就是我们的家规家风。我们可能从记事的四五岁、五六岁起，父母就教我们应该怎样尊重长者，怎样友爱同学，怎样在家里爱劳动，注意节俭用水用电，等等，这就是家规家风。同样作为行为规范，**法律和家规、校纪、社会主义核心价值观有什么区别？那就是约束的范围和力度不一样。**家规只能管住自己的家庭成员。我们的校纪对四中、五十四中的学生没有约束力。如果他们的同学到我们学校里活动，触犯了校纪，我们可以转给相应的学校，按照他们的校纪处理。约束的范围不同，约束力也不一样。大家可能都受过家长训斥，有的可能都挨过打，这就是家规。我们古代文化就有打是亲、骂是爱的内容，这就是家规的一些传统做法。今天许多家庭已经不再这样教育孩子，树立家长的尊严还在不断进步、演化着。违反校规校纪最严厉的处罚恐怕就是你不要再作我们这个学校的学生了，或者是留校察看。如果没有做到社会主义核心价值观要求，那么也仅仅是批评、社会谴责，这就是不同的约束。法律的约束力最强，要靠国家的强制力。国家的强制力是什么？军队、警察、法庭、监狱。这些听起来和刑事犯罪有关。但是如果是民事纠纷，欠债不还钱而被告上法庭，法庭判决事实清楚，证据充分，你应该还人家 500 元。法庭判了以后如果仍然未还，有限制高消费等措施。如果名下有财产，司法机关掌握了还可以强制执行。我们从电视宣传也都能看到强制执行、限制高消费，高铁、飞机不卖给你票，等等。这些都是国家经过一定的程序作出的规范，相关公司、企业、机关都要遵照执行，这就是国家强制力的威力和效力。

　　那么，**以上四种行为规范最有效的是什么？**如果用这个问题问同学们，答案可能参差不齐。大多数同学可能会选择法律，觉得有强制力。而我认为，**最有效、最根本的应该是家规、家风，接下来校规、校纪，然后是社会主义核心价值观，最后才是国家法律。**如果我们在家里就有严格的家风、良好的传承，要尊师、爱友、勤劳、节俭，遵从社会道德，我们到学校怎么可能不遵守校规校纪呢？如果我们按照校规校纪，遵守学校的一切行为规范和准则，我们在社会上怎么能不按照社会主义核心价值观去行为、做事？如果我们做到了社会主义核心价值观的要求，遵守法治、尊重平等、尊重国家的法律，怎么会触犯国家的法律呢？法律是底线，不能逾越。而社会主义核心价值观、校规校纪、家规家风是高线。这个高线，只要我们努力，都能做到。**做到了高线，离底线就会很远。**习近平总书记反复告诫我们，人生的扣子要从一开始就扣好。学习和弘扬社会主义核心价值观要从娃娃抓起，从学校抓起，它的理论意义、实践意义就在这里。什么是开始？什么是第一粒扣子？如果做一个划分，就是家庭、学校。也因此，习近平总书记特别强调，要注重家庭、注重家教、注重家风。我们的社会实际已形成一个共识，在家不敬父母，到了学校不尊重老师、不友爱同学，走向社会就可能会遇到风险。就是我们刚刚讲到的那个视频，那个 20 岁的青年一定是在学校时没有养成严格遵守规范纪律的意识，对于一个那么低年级的小同学，可能还在幼儿园大班的小朋友，就能采取那样的暴力，以至于触犯了刑法。

　　其次，崇尚法治。法治是与人治相对应的。1997年中国共产党第十五次全国代表大会正式提出依法治国、建设社会主义法治国家。两年以后写入宪法，成为宪法一项重要原则。法治的基本要素包括立法、执法、司法和守法。**立法**，就是要有法可依，依法而治。在我们国家有立法权的，主要是全国人大及其常委会。昨天，也就是2018年8月31日，十三届全国人民代表大会第五次会议通过了电子商务法，我们在网上购物就有了新的更为明确具体的法律约束。有立法权的还包括国务院和国务院的各个部委，他们制定行政法规、行政规章；也包括省一级的人大及其人大常委会，以及被授予立法权的一些计划单列市。这是立法的环节。**执法**，就是依照法律规定有执法权的机关和人员，履行国家法律、管理规制社会的行为。比如，如果出国旅游，带回法律明确规定需要缴纳关税的物品，没有按照规定申报，在海关是要受到处罚的，这个处罚一般是行政处罚。没有申报，如果数额巨大，还可能触犯刑律，那就是**司法**，也就是第三个环节。个人利益、企业权益受到侵犯，通过向法院起诉，维护自己合法权益的，就是民事案件；对行政机关处罚不服，请求法院裁判撤销、纠正的，就是行政案件。还有刑事案件，公安机关查获、破获伤害、抢劫、盗窃等案件，抓获犯罪嫌疑人，移送检察机关批捕、起诉，都属于刑事司法的环节。最后就是**守法**。如果都能做到守法，那么我们国家的法治就能够更好地实施，大家都能在井然有序、规范公正、友爱、平和的社会中生产生活。毫无疑问，守法是全体公民应尽的义务，特别是公职人员更应当模范守法。1978年改革开放之初，当时仅有刑法、婚姻法和反贪污浪费的相关单行法律。靠什么治理国家呢？当时整个社会生活相对简单，没有今天这样复杂、开放的市场经济，不同社会主体之间复杂、频繁的法律关系和各种各样的矛盾纠纷，只是靠相关的政策、法规、文件也可以得到治理。随着改革开放的深入，经济社会的发展，法治逐渐也是必然地被提上日程。社会主义法律体系在这个过程中逐步健全、完善。2011年，我们向社会、向世界宣布，中国特色社会主义法律体系已经基本建成，也就是有法可依的问题在我们国家已经解决。同时，与有法可依比较，建设社会主义法治遇到更突出的问题是有法不依、执法不严、违法不究。与几十年前无法可依相比，相对而言，现在执法、司法、守法上升为主要矛盾，成了突出问题。

各位同学在家和家长讲，学校听老师讲，包括和同学们议论的一些事情，都与立法、执法、司法、守法有很大的关系。前一个礼拜，我去新加坡访问，他们要求我们在那里做一个讲座。我们也考虑利用这个机会宣传中国特色社会主义法治。讲完以后，有一个互动环节，新方副总检察长问了我一个问题，中国法治在现阶段最突出的问题是什么？我谈了一个观点。最根本的问题是法治意识尚在形成过程中。什么是法治意识？自觉地守法，心中有法、遇事找法、办事靠法，这样一种自觉，目前总体还在形成过程中。首先就是国家机关公职人员法治意识还在培养、形成过程中。法治意识要从孩子抓起，从娃娃抓起，逐渐地养成。我在新加坡讲，新加坡是一个城市国家，人口不是很多，一两代人严格执法就可以根本改变。中国有 13 亿多人口，一线城市的北京、上海、深圳和县乡、农村受教育水平完全不同，而且人口流动大，要让每个人都养成良好规则意识，需要几代甚至十几代人。我们有一个形象的比喻，叫做富可以一代，"贵"则要三代。改革开放 40 年，也就一代人多一些的时间，我们就成为世界第二大经济体，可以说富起来了。但是"贵"，就是全社会规则意识、法治意识的养成，可不是一两代人就能做到的，要三代、五代甚至更长的时间，这就是我们现在面临的最基本的法治问题。把这个问题提出来，是因为我们同学们肩负着建设社会主义法治国家、建设社会主义强国的重任。如果全国的中小学、大学的同学们都能这样做，自觉地尊崇法律、学习法律、遵守法治，用社会主义核心价值观约束自己的言行，养成良好的法治意识，通过几代人，我们就能够改变面貌，解决当前法治中存在的有法不依、执法不严、违法不究等问题。当然，毫无疑问，这个责任首先在我们各级执法司法人员、各级公职人员。

再次，从我做起。第一个"我"，就是我是检察官。从我做起，今天我做的就是履行一个检察官应该有的职责。"七五"普法一个重要改变就

是坚持落实"谁执法谁普法"的普法责任制。我们是司法者，就有这样一个重要责任去普法。

借此机会跟同学们简单说一说检察机关的职能。检察机关是政法机关中的一个重要组成部门。大家都知道公安机关，如果有了违法犯罪，公安机关第一项职责是立案侦查，认为构成犯罪，需要判处有期徒刑以上的刑罚应该逮捕的，就要移送人民检察院审查批准。这就是检察机关的职责，对可能构成刑事犯罪的人进行批准逮捕。批捕以后，按照检察官提出的补充事实、证据的要求，公安机关继续侦查，到了法定的期限，完成了相应的工作，移送人民检察院，向法院提起公诉。检察机关作为中间环节，通过审查案件，认为确实构成犯罪的，应该向法院提起公诉，追究犯罪嫌疑人的刑事责任，也就是将案件移送人民法院进行依法审理。开庭审判的时候，检察官要出庭支持公诉，这是检察机关的刑事检察职能，也是最基本的职能。我们还有第二项职能，就是对法院作出的已经生效的刑事裁判、民事裁判、行政裁判，当事人不服，认为确有错误、不公正的，检察院接到当事人的申诉，要经过审查，认为确实有违反法律规定，处理不公正，或者是事实证据没有搞清楚的，就要按照法律规定向法院提起抗诉，法院依法应当重新审判，这是对法院审判工作的检察监督，这是第二项职能。第三项重要职能就是 2017 年修改了民事诉讼法、行政诉讼法，赋予检察机关一项新的职能——公益诉讼检察，就是国家机关不履职，或者是社会上有关公司、企业、个人的违法行为侵害了社会公共利益，那么检察机关作为社会公共利益的代表，按照法律规定有权向人民法院提起诉讼，要求法院作出判决，相关的机关必须履职，相关的当事人必须纠正自己的违法行为，作出相应的赔偿。比方说环境违法侵害了不特定或者特定的多数人利益，检察机关就要承担起公益诉讼的职能。此外，还有一项与大家都有关系的检察职能，就是未成年人检察工作。面对未成年人、青少年这样一个特殊群体，最高人民检察院专设一个未成年人检察工作机构，采用符合未成年人身心特点的工作方式，处理好涉及未成年人的案件，维护未成年人合法权益。对未成年人犯罪案件，我们适用特殊的司法理念，可提起公诉、可不提起公诉的，按照法律规定可以附条件不起诉。在特定时间改正了，没有再犯新罪或严重违法，跟学校、社区管理衔接上了，就可以作出不起诉决定。相反，可能要从严，向人民法院提起公诉。为做好未成年人检察工作，我们注重从源头预防。今天来讲课，做的就是检察机关的本职，把法治课搬到学校，做好未成年人检察工作的基础工作。这就是我是"检察官"，从我做起。

第二个"我"，我是青少年，我是学生。1985 年，全国人大常委会作出了关于在全体公民中普及法律知识的决议。从 1986 年开始，五年一个周期的普法规划，目前已经是第七个五年普法了。这在世界上是任何一个国家都没有的。中国共产党、中国政府重视法治，是从最基础的做起、采取最实的举措。几十年来，我们的法治基础面貌发生了根本性变化，而且还在深刻地发生着变化。当时决议明确规定普法的重点对象是各级干部和青少年。大家都理解刚才我为何强调，法治意识的养成首先是官员和未成年人，这是决议中第 2 条的明确规定。决议第 4 条规定的是，学校是普及法律常识的重要阵地，就是指我们的中学、小学，也包括大学。为什么要从娃娃抓起？就是习近平总书记特别强调的人生从第一粒扣子就要扣好。因此，我们要格外重视，抓好落实。未成年人处于成长发育阶段，身边常见的一些违法行为，有人叫做罪错，过了这个年龄段可能就是罪行，需要我们格外关注。青少年罪错中常见的是同学之间的欺凌。视频能看到，报纸、电视也常常提到。以大欺小、以强凌弱往往发生在校外，更多是在教师、同学的视野之外，危害巨大，对被害人、对施暴者今后走向社会都会有影响。还有在青少年学生中常见的一些由违规到违法的行为，比如，打游戏等，钱不够，父母不可能给，那么就去强"借"、抢劫、盗窃。我们在司法实践中，从许多这样的案件中，总结出一些防范这类罪错行为的做法、经验，需要格外重视。还有就是利用自己的"能力"，把自己扮作一个黑客，侵入、破坏、篡改计算机信息网络系统，年龄不到 16 周岁，这属于违法，经济处罚由家长承

担，达到法定年龄可能就要追究刑事责任。希望同学们在这些方面格外注意，约束自己的行为，把自己的好奇约束在老师的指引下，约束在法律规定范围内去发挥聪明才智，而不是胆战心惊闯入未知的天地。这需要同学们自律、自我规范，按家长的要求、学校的规矩行事。

第三个"我"，我是老师、我是家长。作为法治副校长，向我们学校的老师也提出几点要求，和同学们的父母家长提几点期望。家长是孩子们的首任老师，从孩子的行为就可以看到家长的影子，就可以体会到这个孩子所在家庭的家规家风。家长作为孩子的首任老师，就显得格外重要。上学以后，老师的权威往往就超过了家长。从这也足以看出，老师作为园丁，学生们的灵魂工程师，承担着塑造祖国未来的巨大责任！因此党中央要求我们，教师，也包括我这个法治副校长，要把教书育人和自我修养结合起来，以德立身、以德立学、以德施教，做到言传和身教相结合。这个过程很自然地就要求我们自觉做一个社会主义法治的崇尚者、遵守者和捍卫者，自觉做到"学法为人师，行法为世范"。就是遵守法律、循法为范。我们的学生在这个过程中，就一定会在社会主义大家庭中享受到多彩的社会主义阳光的温暖，成为德智体美劳全面发展的社会主义合格建设者和可靠的接班人，成为担当民族大任的时代新人。

以上就是我作为大家中的一员——新上任的法治副校长，和同学们、老师们交流的一些体会和看法，供大家参考。

大力弘扬宪法精神　做尊崇宪法好公民

天津市人民检察院党组书记、检察长　宫　鸣

📖 授课情况

授课时间： 2019 年 8 月 26 日

授课地点： 天津市实验中学

授课对象： 初、高中学生

逻辑结构： 首先以动画视频《你不知道的检察院》为切入点，从检察院的职责来源引出宪法的"前世今生"，重点讲解 2018 年修宪的新内容。其次，以问题为导向，通过两个案例，说明宪法与我们每个人的密切联系，激发学生学习宪法及相关法律知识的热情，并在整个宣传中，不断重复这一过程，同时穿插随堂测验、互动答题，完成知识点的巩固、强化，培养学生的宪法素养，以宪法为行为准则，做尊崇宪法的好学生、好公民。

目的效果

宪法是国家的根本法，是治国安邦的总章程，是党和人民意志的集中体现，具有最高的法律地位、法律权威和法律效力。在法治社会发展进程中，中学生学法懂法守法用法的意识越来越强，也意味着我们须在学习宪法的过程中与时俱进，不断更新对宪法的认识、加深对法律体系的理解。

部分新闻链接

1. 天津市人民检察院微信公众号 2019 年 8 月 26 日:《落实"一号检察建议"——大检察官为新生开讲法治第一课》

2. 澎湃号 2019 年 8 月 26 日:《落实"一号检察建议"——大检察官为新生开讲法治第一课》

授课讲稿

各位同学：

　　大家好！

　　今天很高兴和同学们一起交流学习。大家平时在报纸、新闻上经常接触到的一个词叫公检法，其中"检"，就是指我们检察院。那检察院是做什么的呢？有没有同学知道？有哪位同学知道赋予检察院各项职责的是哪一部法律？

一、宪法和检察院

　　我国宪法规定，中华人民共和国人民检察院是国家的法律监督机关。人民检察院依照法律规定独立行使检察权，不受行政机关、社会团体和个人的干涉。宪法是我国的根本法，规定了我国国家机构的组成及其职权。检察机关的法律监督地位是由宪法规定的。宪法语言有一个特点就是极具概括性。下面，就让我们通过观看小视频来具体了解和认识检察院。（播放视频《你不知道的检察院》。）

　　看过视频之后，估计同学们对于检察院也有了一个全方位、多角度的了解。通过视频，我们也了解到检察机关所履行的未成年人检察职能。具体来说，检察院的未检检察官有双重职能，除了惩罚犯罪、保护人民，还要承担维护未成年人合法权益的责任。比如，给涉罪未成年人安排亲情会见、心理辅导，为他们争取及时回归校园的机会，对未达刑事责任年龄的"触法"少年开展临界预防，给未成年被害人申请司法救助等，当然还包括检察机关一直在开展的"法治进校园"等各项法治宣传活动。

　　刚才我提到的检察院的这些职责全都是宪法赋予的，宪法在一国的法律体系中地位崇高、无可替代，那应该如何彰显宪法地位呢？咱们中华民族的历史传统就是将有特别意义的日子作为纪念日，比如，为了纪

念爱国诗人屈原设置的端午节，每年阴历的五月初五吃粽子、赛龙舟，放假三天，同学们印象十分深刻。那我们国家的宪法日是在哪一天呢？有的同学可能了解，每年的 12 月 4 日是我们的国家宪法日，之所以选这个日子，是因为我国现行的宪法就是在 1982 年 12 月 4 日正式实施的。法国作家雨果说："开展纪念活动，如同点燃一支火炬。"设立国家宪法日，不只是增加一个纪念日，更要使这一天成为全民的宪法"教育日、普及日、深化日"，使宪法精神潜移默化地融入我们的思维和行动中，所以今天我就是来向大家宣传宪法的，目的是让你们懂得更多，将来在社会上能走得更远。

二、宪法的"前世今生"

接下来，同学们就跟随我一起揭开宪法的神秘面纱：我国的《宪法》分为序言，总纲，公民基本权利和义务，国家机构，国旗、国徽、首都，刚才说的检察院的职责就写在国家机构一章中。宪法是一个国家的根本法，其他法律如民法、刑法，与我们同学切身利益相关的未成年人保护法、教育法都是基于宪法制定的，它们都是下位法；如果大家手头有这些法律，可以看到这些下位法在总则部分写着"根据宪法，制定本法"。相比其他法律，宪法具有最高权威性，任何法律与宪法的规定不一致都会归于无效；宪法还具有适应性和相对稳定性，作为一国的根本法，宪法需要稳定，不能朝令夕改。但是这种稳定性是相对的，我们的社会处在日新月异的发展变化中，宪法要更好地发挥作用，就需要根据国家发展的新形势，进行修改。通俗地讲，宪法也需要"与时俱进"，"法与时转则治，治与世宜则有功"。时势出现了重要变化时，就需要我们对宪法进行修改，让宪法规定更符合我国国情。现行宪法历经 1988 年、1993 年、1999 年、2004 年、2018 年五次修改，与时俱进、日益完善，对现实的引领、规范和回应能力不断增强。

另外，宪法的权威性和稳定性还体现在修改程序上更加严格、修改条件更加严苛，普通的法律如刑法，全国人大、全国人大常委会都有修改的权限，修改议案由全体代表半数同意就可以通过。但是宪法的修改不仅要成立专门的修宪委员会进行严谨的论证，而且只有全国人大有权修改宪法，全国人大常委会没有这个权力，修宪议案必须经过全体代表三分之二以上同意才可以通过。

新中国第一部宪法是 1954 年宪法。毛泽东同志在起草 1954 年宪法时说："治国须有一部大法"，这部宪法的诞生开启了中国宪法历史新纪元。此后，我国还制定了 1975 年、1978 年和 1982 年宪法。1982 年宪法是我国第四部宪法，是现行宪法。1988 年、1993 年修改宪法增加了改革开放、社会主义市场经济等基本经济发展制度的内容，1999 年将依法治国正式写入宪法，2004 年将公民的合法私有财产不受侵犯、国家尊重和保障人权等写入宪法。可以看出，我国每次宪法修改、增加的内容都紧跟时代步伐，服务经济社会发展需要，将一段时间内国家发展的优秀成果总结、归纳，再写入宪法。下面就请同学们跟我一起，看看 2018 年宪法的总结小本子上主要出现了哪些新的内容：

一是在序言中原有的"在马克思列宁主义、毛泽东思想、邓小平理论和'三个代表'重要思想指引下"增加了科学发展观、习近平新时代中国特色社会主义思想，把我国近 10 年社会发展的新成果在宪法中进行确认，"新时代"的提出更是对国家发展的新定位，体现了中华民族面向未来的信心和底气。

二是将序言中的"健全社会主义法制"修改为"健全社会主义法治"，"制"与"治"一字之差，读音相同但含义不同，反映的是从法律制度的确立到全社会法治意识的提高，法治是个完整的体系，包括全民守法、公正司法、依法行政、法律教育宣传等，涉及整个国家政治、经济、文化的各个方面，涵盖内容非常广，与建设社会主义法治国家、全面依法治国、依宪治国一脉相承，将"法制"改为"法治"也侧面说明，我国的依法治国已"走进新时代"。

三是在国家机构一章中增加了"监察委员会"一节，规定监察委

员会是国家的监察机关，依照法律规定独立行使监察权以及人员组成、任期任届、领导体制、工作机制等五条相关内容，确立了监察委员会作为国家监察机关的宪法定位，实现对所有行使公权力的公职人员监察全覆盖。

四是将"中华人民共和国主席、副主席每届任期同全国人民代表大会每届任期相同，连续任职不得超过两届。"修改为："中华人民共和国主席、副主席每届任期同全国人民代表大会每届任期相同。"国家主席的设立和职权范围从中华人民共和国成立以来几经变化，最近二十几年形成了中共中央总书记、国家主席、军委主席"三位一体"的领导体制，这种领导体制和领导形式是中国共产党长期执政实践中探索和总结出来的治国理政成功经验。中国共产党章程关于党的中央委员会总书记任期任职的规定，关于中国共产党中央军事委员会主席任期任职方面的规定，宪法关于国家军委主席任职任期的规定都没有连续任职不得超过两届的规定，这次修宪取消对国家主席连续两届任期的限制，有助于保持"三位一体"，进一步完善党和国家领导体制。

这次修宪还增加了"国家工作人员就职时依照法律规定公开进行宪法宣誓"制度。我们中华民族自古以来都有仪式感，叫仪典，宣誓就是郑重的作出承诺。估计同学们已经对宪法誓词很好奇了，下面我们现场模拟一下宪法宣誓，大家跟我读一遍：

"我宣誓：忠于中华人民共和国宪法，维护宪法权威，履行法定职责，忠于祖国、忠于人民，恪尽职守、廉洁奉公，接受人民监督，为建设富强民主文明和谐美丽的社会主义现代化强国努力奋斗！"

在宪法中加入宣誓制度，就是要激励大家忠于宪法、遵守宪法、维护宪法，恪守宪法原则、履行宪法使命。

三、宪法和我们的关系

讲了这么多，可能有的同学会说，既然宪法规定的都是一些基本权利义务、国家的基本制度这么原则抽象的东西，那么，我作为一个爱国守法、专注学习的中学生，宪法似乎离我很遥远。是这样吗？当然不是，今天我要跟大家说的是，宪法离我们并不遥远，可以说和每一个人都息息相关，修宪也是这样一次机会，可以让我们全体公民都更加关注宪法现状，具备更多的宪法意识。习近平总书记说过，宪法的生命在于实施、宪法的权威也在于实施。宪法它不仅是公民基本权利的保障法，而且有时候会在日常生活中被我们"激活"，下面我给大家讲几个真实的案例。

（一）不让孩子上学是违法的

在我们国家，一个人到了 6 岁这一年，9 年义务教育的求学生涯正式开始。在学校里，我们要学习数学、语文等一系列的课程。关于义务教育，在 2017 年，发生了这样一个很有影响力的案例，这是云南首例政府控告辍学案。

2017 年 3 月，云南省兰坪县啦井镇新建村和某某等 5 名学生辍学回家，其家长不认真履行义务教育法律责任，经啦井镇政府工作人员和学校老师反复做工作后，仍然没有送辍学子女返校就读。11 月 3 日，啦井镇政府向兰坪县人民法院依法提起诉讼。法院立案后，对被起诉的学生家长进行了走访调查，认为和某某等 5 名被告家长作为法定监护人，没有履行法定义务，以各种理由放任本应接受义务教育的子女辍学，违反了法律规定。在庭审现场，法庭针对每个被告家长及其子女的实际情况，对原、被告双方进行调解。双方当场就学生返校时限、共同劝导等达成共识，法庭当场下达调解书。经过庭审，家长认识到了"不让孩子上学是违法的"，表示今后要好好教育孩子，尽力给孩子创造良好的学习环境。

政府之所以能够起诉不履行义务教育法律责任的未成年人家长，是因为我国《宪法》第 46 条规定，中华人民共和国公民有受教育的权利和义务。同时，它还规定：国家培养青年、少年、儿童在品德、智力、体质等方面全面发展，这也是我们为什么需要学很多课程的原因。

（二）小小电动车　宪法大道理

《宪法》第二章规定了非常完善的公民的基本权利，包括中华人民共和国公民在法律面前一律平等、国家尊重和保障人权、选举权和被选举权等，跟我们个人的权利利益密切相关。但是在一些具体的法律中可能出现对宪法所规定的公民基本权利作出限制的情形，如果是过度地、不当地限制了我们的基本权利，这时，我们就要拿起宪法这个强大的武器来保护自己，比如下面这个案例：

2015年10月10日上午，家住杭州的潘某骑着一辆外地牌照的电动自行车，途经杭州一路口时，被执勤的交警拦了下来。依据《杭州市道路交通安全管理条例》中的规定，交警要查扣他的电动车并托运回原籍。潘某回家后查阅了相关规定，包括行政强制法和道路交通安全法，都没有发现非机动车在此类情况之下，可以被扣留以及被强制托运回原籍。于是2016年4月，潘某致信全国人大常委会法工委，建议对《杭州市道路交通安全管理条例》进行审查，请求撤销其中违反行政强制法设立的行政强制措施。全国人大常委会法工委收到建议以后，非常重视，及时与浙江省人大常委会、杭州市人大常委会进行沟通，了解《杭州市道路交通安全管理条例》制定情况。

虽然此事只是缘起一辆电动自行车，但事关公民权益绝非小事，涉及地方性法规的合法性、公民财产权利的保护，全国人大常委会法工委启动了规范性文件备案审查机制。2017年7月，浙江省人大常委会批准了《杭州市人大常委会关于修改〈杭州市道路交通安全管理条例〉的决定》，相关内容已被修改和删除。加强宪法实施，是增强宪法权威性的要求。党的十九大明确要求，推进合宪性审查工作。同时，全国人大法律委员会也更名为全国人大宪法和法律委员会。这样有助于把宪法实施提到一个新水平。

所以大家现在还觉得宪法和我们没有关系吗？事实证明，宪法就在我们身边，我们要好好学习宪法、尊崇宪法，说不定哪天就能派上用场。

四、做知法守法好公民

宪法，是一种威严，也是一种尊重与保护。它既是维护人们权利的武器，又是规范人们行为的准则。作为学生，我们要做的就是尊崇宪法、以宪法为行为准则，树立宪法意识。

一是虚拟现实要分清。打开一扇窗子，进来的不只是阳光和空气，还有灰尘。随着网络的普及，越来越多的不良信息充斥在我们的身边，手机短信、微信和有些网站存在血腥、暴力、有煽动性的画面、电影，这些都对我们产生潜移默化的负面影响。一些自我控制能力差的青少年，就会不自觉地受极端思想的影响，产生暴力念头，以至于实施偷抢骗等违法犯罪行为，受到法律的严惩，抱憾终生。更有甚者，长期沉溺于网络游戏、暴力电影中，崇尚武力血腥，在学校里用打群架的方式来争"老大"、当"第一"，靠打群架在同学之中树立名声和威信。在网络上，成年人能获得的信息，未成年人同样能获得，但是对成年人适宜的信息，不一定对未成年人适宜，有些成年人能抵御的不良信息也许未成年人根本不能抵御，甚至想去尝试。说这么多并不是为了阻止大家"上网"，而是希望同学们有一双"火眼金睛"，明辨是非黑白，自觉提高网络素养，让"网络"成为自己成长成才的帮手，善于正确地利用"网络"，坚决抵制网络中的不良信息。

二是理智行事不能忘。同学们，法律和纪律，是一条轨道，一条能保证大家健康成长到达预定站点的轨道。如果没有这条轨道的有效约束，我们可能都会偏离方向，后果自然不堪设想。也许会有同学会说，我年龄还小，是未成年人，受宪法保护，就算做错了也不用坐牢的。我可以明确地告诉大家，这种想法是错误的。下面我再来给大家讲一个真实的案例：

2016年9月，天津市某中学的几名初中女生，将在校门口等车的一名同班同学，带到无人处的某偏僻平房内，抢了对方的iPhone 6s手机，其中一人给了被害人几个耳光。另一个女生，因为打被害人的时候被害

人还手了，于是就让其他几名女生抓住被害人的胳膊，用烟头将被害人烫成了轻伤。公安机关将她们抓获归案，检察人员在去看守所讯问她们时，她们声泪俱下，一名女生说："我知道抢手机不对，但我不知道这个事情有这么严重，我以为即使事发，只要赔钱就没事了，没想到触犯了刑法，已经不是赔钱就能了事的。"

根据刑法规定：以暴力、胁迫或者其他方法抢劫公私财物的，处3年以上10年以下有期徒刑，并处罚金。这几名女生面临的就是3年到10年不等的刑期，大好的青春就这么葬送了，悔之晚矣。

在我们身边，也有个别同学因缺乏纪律法制意识，随手拿走同学的笔、给同学乱起污辱性绰号、为一点点小事打架斗殴；有些同学上课不认真听讲、不完成规定的学习任务、不尊重老师；更有甚者，有些同学张口闭嘴都是脏话，无故旷课、故意破坏公物等，这些行为都是违纪甚至是违法的。所以，虽然宪法中明确规定公民的言论自由不受侵犯，但是就像法国哲学家卢梭所说："人生而自由，但却无往不在枷锁之中。"决不允许有超越法律、侵害其他人权利的绝对自由，大家要强化法律意识，自觉遵守法律和学校各项纪律。

三是做学法守法好公民。通过电视、报刊、课堂等途径，不仅要学习宪法，还要广泛涉猎各种法律知识，如未成年人保护法、预防未成年人犯罪法、交通安全法、治安管理处罚法，充分认识什么是合法、什么是违法，懂得什么是该做的，什么是不该做的，不断规范自己言行，不侵权、不违法，不当法盲，学会用法律维护自己合法权益。

好了，讲了这么多，是希望大家能够尊崇宪法，同时多多了解一些法律知识，做到不仅不会侵害他人，还能更好地保护自己不受侵害。希望大家尊崇宪法，遵守法纪，在这个美好的时代不断奋斗，脚踏实地，一步一个脚印，实现自己的人生理想。

学习法律　崇尚法律　遵守法律
争当新时代法治中国的模范公民

河北省人民检察院党组书记、检察长　丁顺生

📖**授课情况**

授课时间：2018 年 12 月 4 日

授课地点：河北省石家庄市第二中学

授课对象：高中学生 800 余人

逻辑结构：第一部分以宪法知识为主要内容，具体讲解如何理解宪法是"根本法"、宪法与公民的关系等内容；第二部分以检察机关的职能定位为主要内容，具体讲解检察机关的法律监督机关定位和四项职能；第三部分以未成年人检察工作为主要内容，列举相关案例介绍具体工作；最后向同学们提出三点希望，引导同学们崇尚法律、遵守法律、强化道德自觉，努力成为社会主义合格建设者和可靠的接班人，成为新时代法治中国建设的模范公民。

✏ 目的效果

引导中学生学习法律，崇尚法律，遵守法律，学会用法律思维思考问题，解决难题，在日常生活中将法律内化于心，外化于行，做新时代守法护法的模范公民。大检察官进校园讲法律，将司法案例和法律规定相结合，将热点问题和司法理念相对应，深入浅出地普及法律知识，引发广大师生热烈讨论，既达到了普法教育的效果，又对普法责任制的落实起到了重要推动作用。

🌐 部分新闻链接

1. 石家庄二中微信公众号 2018 年 12 月 5 日:《河北省人民检察院检察长丁顺生到石家庄二中担任法治副校长并讲授法治课》

2. 河北法制网 2018 年 12 月 5 日:《丁顺生到石家庄市第二中学宣讲宪法》

3. 河北检察 2018 年 12 月 5 日:《全省三级检察院 198 名检察长同日进校园 担任法治副校长并讲授法治课》

授课讲稿

尊敬的各位同学、老师：

大家下午好！

刚才，我从邵喜珍校长手中接过了二中的法治副校长聘书，正式成为了二中的一员，非常荣幸，也非常高兴。担任二中的法治副校长，是落实习近平总书记关于全面依法治国要从娃娃抓起重要指示精神的一个举措。看到在座的同学们，我感受到了青春洋溢的力量。你们是即将成年的00后，有理想、有自信，朝气蓬勃，充满活力。青少年时期是价值观形成和确立的关键时期，扣好人生的第一粒扣子至关重要。开展法治教育，将法治搬进学校，是为了帮助同学们更好地树立法治意识，强化道德自觉，为推进全面依法治国、建设社会主义法治国家，贡献我们大家的力量。

一、宪法知识

今天是12月4日——国家宪法日，这是我国的第五个国家宪法日。日前，中央宣传部、司法部、全国普法办公室联合发出通知，部署开展2018年"宪法宣传周"活动，这也是我国的第一个"宪法宣传周"。所以，这堂法治课我想就从宪法谈起。

我们知道，任何一个组织都需要一个章程，而宪法就是国家的根本法，是治国安邦的总章程，具有最高的法律地位、法律权威、法律效力。1953年12月至1954年3月，开国领袖毛泽东主席带领宪法起草小组起草了《中华人民共和国宪法草案》。1954年9月20日，第一届全国人民代表大会第一次会议全体通过了新中国第一部宪法。此后，我国又先后通过了1975年、1978年、1982年三部宪法。现行宪法是1982年12月4日通过并施行的，这也是将国家宪法日定在12月4日的原因。我国《宪法》除序言外共有四章，分别是总纲，公民的基本权利和义务，国家机构，国旗、国歌、国徽、首都，共 16000 多字。宪法对我国的政治制度、经济制度、国家政权的组织以及公民的基本权利义务作出顶层设计，为保证党和国家长治久安、社会生活有序发展奠定了坚实基础。

宪法作为国家的根本法，该怎样理解"根本"二字的含义呢？党的十八大以来，我国更全面地构建起了以宪法为核心，以法律为主干的中国特色社会主义法律体系。而宪法在我国的法律体系中处于统帅地位，整个国家的法律体系都以宪法为最高准则。如果把法律体系比喻为一棵大树，宪法就是树干，其他法律就是树枝，所有的法律都诞生在宪法之下，服从于宪法精神。我们可以从以下两个方面来理解：

一是其他法律的制定要以宪法为基础，宪法为所有法律规范确立了价值准则和法律原则。同学们应该可以看到，所有法律的第 1 条，都有这样一句话，"根据宪法，制定本法"，民法、刑法、行政法、劳动法、诉讼法等，都是根据宪法制定的。

比如，刑事诉讼法对于拘留、逮捕等强制措施作出了严格的限制，也就是说，警察不可以随便抓人。这种法律规定的精神就来自于宪法，我国宪法规定了每一个人都享有人身自由权利，公民的人身自由不受侵犯，任何公民，非经人民检察院批准或者人民法院决定，并由公安机关执行，不受逮捕。如果要限制公民的人身自由，就必须有法律的授权，而这种授权也必须体现宪法的精神、符合宪法的基本原则。

再比如，劳动权，同学们都知道劳动法、劳动合同法等关于劳动权的法律，宪法规定了公民享有劳动权，这是从基本权利的角度赋予了公民劳动并获得报酬的权利。那在具体的社会生活中，劳动者权利要想实现，还必须根据宪法的精神和原则，制定劳动关系、劳动合同、劳动争议、休息休假、保险福利等方面的具体法律规范，这些具体的法律规范就是劳动法、劳动合同法等。从这个层面来讲，大家还可以看到，宪法具有不同于其他法律的特征，那就是宪法的内容规定的是国家的根本制度、公民的基本权利等，而其他法律规定的则是国家和公民的具体生活规范。

二是一切的法律、行政法规、地方性法规都不得与宪法相抵触，一切违反宪法和法律的行为，都要予以追究。我国由全国人大常务委员会颁布的法律有 240 多个，地方性法规有几千个，部门规章更多，这么多的法律法规之间如何协调，如何各自发挥作用，这里就有一个基本的法理原则，那就是宪法地位最高，其他法律不能与宪法相违背，一旦违背则需撤销或者变更。

宪法与法律一样，都是法律规范，具有规范性，指引公民的行为。法律规范本质上就是一种行为规范，只不过这种行为规范是以国家强制力作保障的，这是与普通行为规范的最大不同。

普通行为规范很好理解。比如，在学校里，同学们必须遵守学校的校规校纪，遵守课堂纪律，友善对待同学。如果违反学校的纪律，扰乱教学秩序，那有可能会面临被老师批评教育、甚至被留校察看、开除学籍等处罚结果。在家里，同学们都会受到家规家风的教育，你们可能从记事的三四岁、四五岁起，父母就教育你们应该怎样尊重长者，怎样友爱同学，怎样爱劳动，注意节约用水用电等，如果违反了，可能就要受到家长的批评、训斥，再有严重的可能还挨过打，这就是家规。我们古代文化就有打是亲、骂是爱的内容，这就是家规的一些传统做法。当然，今天许多家庭已经不再这样教育孩子，树立新的家风家规也在不断进步、演化着。

对于宪法和法律这样的行为规范，如果有人违反会得到怎样的结果呢，或者说，怎样理解国家强制力呢？大家从新闻媒体中都听说过"老赖"这个词语，通俗来讲，"老赖"就是欠债不还的人。根据法律规定，对于拒不履行生效判决的债务人（也就是欠债不还的人），司法机关可以强制执行其存款、车辆、房产等财产，还可以采用罚款、限制出入境等措施确保执行判决。拒不履行生效判决，行为严重的，还有可能触犯刑法，构成拒不执行判决、裁定罪，被追究刑事责任，这就是国家强制力的体现。

那么，对于公民来讲，宪法与我们的学习、生活、工作有什么样的关系呢？也许有人觉得宪法高高在上，离我们很遥远，其实宪法与我们每一位公民都息息相关，她一直就在你身边。我相信大家都听说过一句话，宪法是人民权利的保障书。公民的基本权利和义务是宪法的核心内容，宪法是每个公民享有权利、履行义务的根本保证。每一个人，从出生到死亡，始终都与宪法相随。作为一名公民，每个人一出生就享有宪法赋予的人身权、人格权、被抚养权、受教育权等。

比如，在座的同学们，你们从小学到中学，再到大学，不断接受学校的教育，学习知识，这就是宪法赋予每一个公民的受教育权。在年满16周岁之后，你们将成为劳动权的主体，劳动权是指有劳动能力的公民参与社会劳动并获得相应报酬的权利，是宪法赋予公民创造美好生活、实现个人价值和社会价值的权利。

再比如，宪法还规定了物质帮助权，也就是说当一个人因年老、疾病丧失劳动能力的时候，他就享有从国家和社会获得物质帮助的权利。当然，作为国家的一分子，我们既享有宪法赋予的权利，又要履行宪法规定的义务。国家的发展强大要依靠我们每一个人来实现，不能总是想着国家和社会要给予我什么，还要考虑我要为国家做些什么，要承担什么样的社会责任，只有这样，才能全面体会宪法的精神。我国宪法规定，公民有抚养教育子女，赡养父母，维护国家安全、荣誉和利益以及依法纳税等义务，作为国家公民，义务是国家对我们做出的强制性要求。

没有无义务的权利，也没有无权利的义务，权利和义务是不可分割的统一体。比如，同学们都知道，宪法规定了言论自由权，每一个人都有自由表达的权利，但是请同学们注意，言论自由权并不意味着我们想说什么就能说什么。就在2018年，沈阳市公安局和平分局的一名民警在执行抓捕任务时不幸牺牲，有一名网民为了寻求网络关注度，在新闻报道评论区发布了侮辱牺牲民警的言论，造成了恶劣的社会影响，后来这名网民因寻衅滋事罪被逮捕。我们每一个人都是国家的公民，享有言论自由权，但是大家也必须明白，自由是有界限的，表达自由必须在法律许可的范围内，才能受到法律的保护。在大数据和信息化时代，我们更应该注意规范自己的言行，要学会抵制不良信息，正确地行使权利，在行使言论自由的同时也必须承担相应的义务和社会责任，要牢记于心，任何行为都不能超出法律的界限。

除了权利义务的规定，宪法中的国家机构也与公民的日常生活密切相关。国家机构是国家为了实现其职能而建立起来的一整套国家机关体系的总称。我国有许多的国家机关，国家机关就是国家的外在表现形式，是国家的代表。在路过人大、政府、法院、检察院的时候，我相信大家都能注意到，在这些国家机关的名称前面，都会有"人民"两个字，人民代表大会常务委员会、人民政府、人民法院、人民检察院，为什么要加上"人民"两个字？我国宪法规定，中华人民共和国是人民民主专政的社会主义国家，国家的一切权力属于人民。所以，人民利益是第一位的。宪法将国家机构和人民紧密联系在一起，就是要求国家机关及其工作人员要全心全意为人民服务，为人民群众过上美好幸福的生活而奋斗。在座的每一位同学，也希望你们把"人民"二字记在心间，努力学习，将来多为人民作贡献。

同学们，宪法是一个国家共同体存在的基础，是所有人要尊重的根本法，宪法并不是用来装点门面、束之高阁的，而是有生命的。民族的历史、社会的轨迹、国家的价值观都在宪法中体现，宪法不仅是历史的教科书、民族的教科书，还是每一个公民生活的教科书，是个人价值选择和个体行动的指南。作为公民，我们都应增强宪法意识，树立正确的价值观，时刻用宪法的思维思考问题，做宪法的信仰者、践行者、捍卫者、传播者。

二、检察机关的定位和职能

刚才，我们提到了国家机构，检察机关就是宪法所规定的国家机构中的一个重要组成部分。作为检察官，我要向同学们介绍一下我们检察

院是做什么的，也就是讲一讲检察机关的定位和职能。

人民检察院是国家的法律监督机关，这是宪法对于我国检察机关的定位。那么什么是法律监督呢？法律监督是指为了维护国家法制统一和法律正确实施，由专门国家机关根据国家授权，运用法律规定的手段对法律的实施情况进行监督，并产生法律效果的行为。检察机关的这一定位，是中国特色社会主义检察制度的基本特色，也是最本质特征。早在新中国一成立，我们党就把检察机关确定为法律监督机关，集中和专门行使维护法制统一的权力。1979 年人民检察院组织法第一次将检察机关定义为国家法律监督机关。1982 年宪法进一步予以确认。此后，刑事诉讼法、民事诉讼法、行政诉讼法相继明确检察机关对刑事诉讼、民事诉讼和行政诉讼进行监督的原则和相关具体措施。党的十八大以来，以习近平同志为核心的党中央对检察机关法律监督工作高度重视。习近平总书记多次作出重要指示，要求加强检察监督、强化法律监督能力。2018 年 10 月，新修订的人民检察院组织法，再一次明确人民检察院是国家法律监督机关的性质和定位，并进一步发展完善了法律监督内涵。

按照宪法及相关法律规定，目前我国检察机关主要履行四方面具体的职能。一是审查批准逮捕，二是审查提起公诉，三是实施诉讼监督，四是提起公益诉讼。

我先说前两项职能。大家都知道公安机关，如果有了违法犯罪，公安机关就要立案侦查，认为构成犯罪，需要判处有期徒刑以上的刑罚应该逮捕的，就要移送检察机关审查批准逮捕。检察机关经审查后认为符合逮捕条件，就作出批准逮捕决定，公安机关继续侦查，到了法定的期限，完成了相应的取证工作，移送检察机关审查起诉。检察机关作为中间环节，通过审查案件，认为确实构成犯罪的，应该向法院提起公诉，追究犯罪嫌疑人的刑事责任，也就是将案件移送人民法院进行审理。开庭审判的时候，检察官要出庭支持公诉。以审判为中心的刑事诉讼制度改革后，检察官在法庭上要宣读起诉书，对指控的犯罪出示证据，与被告人、辩护人进行抗辩等。以上就是检察机关的审查批准逮捕和审查提起公诉职能，这也是检察机关最基本、最核心的职能。

第三项职能是诉讼监督，也就是对刑事诉讼、民事诉讼、行政诉讼活动以及刑罚执行和监管活动，对民事判决的执行活动实行法律监督。比如，在刑事诉讼中，检察院发现或认为法院裁判确有错误，要依法向法院提起抗诉，予以纠正。再比如，当事人对法院作出的已经生效的民事裁判、行政裁判表示不服，认为确有错误、不公正的，检察院接到当事人的申诉，要经过审查，认为确实有违反法律规定，处理不公正，或者是事实证据没有搞清楚的，就要按照法律规定向法院提起抗诉或者提出再审检察建议，法院依法应当重新审判，这是对法院审判工作的检察监督。

第四项职能就是2017年修正的民事诉讼法、行政诉讼法赋予检察机关一项新的职能——检察公益诉讼。在祝贺第二十二届国际检察官联合会年会的贺信中，习近平总书记强调，检察官是公共利益的代表。近年来，环境污染事件和食品药品安全事件多发频发，给社会公共利益造成重大损害。检察官作为公共利益的代表，可以对有关公司、企业、个人的违法侵害行为和负有监管职责的有关国家机关不履职尽责的行为，按照法律规定向人民法院提起公益诉讼，要求法院作出判决，相关的国家机关必须依法履行相应的职责，相关的公司、企业、个人必须纠正自己的违法行为，并作出相应的赔偿。

三、未成年人检察工作

以上介绍的是检察机关的定位和主要职能。接下来，我还想介绍一项与大家密切相关的检察工作，就是未成年人检察工作。

在我们检察院里，有专门从事未成年人工作的检察部门，主要开展未成年人犯罪及成年人侵害未成年人犯罪案件的审查逮捕、审查起诉工作，开展预防未成年人犯罪综合治理和普法宣传工作等。2011年，全省省、市、县三级检察院未成年人检察部门陆续设立，从事这项工作的检

察人员有 400 人左右。工作中，我们秉持不同于一般检察工作的理念和原则，采取不同于对待成年人的方法和手段，对受害未成年人加以保护，对犯罪未成年人加以挽救，对未成年法治工作实行综合治理。

一是对于侵害未成年人权益的犯罪分子，检察机关坚持零容忍态度，依法严厉打击侵害未成年人犯罪，充分维护未成年人合法权益。2017 年，某省检察院提请最高人民检察院向最高人民法院成功抗诉的一起性侵未成年人案件，被告人由二审判处有期徒刑 6 年改判为无期徒刑。前不久，最高人民检察院以该案为切入案例，结合全国近年来发生的侵害未成年人犯罪案件情况，向教育部发出了保护未成年人健康成长的"一号检察建议"。按照最高人民检察院的要求，2018 年 11 月 26 日，我和省检察院未成年人检察部门的同志，专程走访我省负责教育工作的徐建培副省长，当面递交了最高人民检察院检察建议书，并通报了我省检察机关开展未成年人保护工作情况，进行了座谈交流。这次走访座谈、递交检察建议书的目的，就是要加强检察机关与政府教育部门的协作配合，共同推动校园安全管理，加大对侵害未成年人犯罪的打击力度，积极预防中小学生违法犯罪发生，切实维护未成年人的合法权益。

二是在办理未成年人案件时注重讲求方式方法。对于涉罪未成年人，检察官们从有利于教育挽救出发，严格落实未成年人刑事案件特殊制度和程序，努力促使失足未成年人真诚悔罪；对于未成年被害人，检察官们更是给予特殊的关爱和保护。具体到实际办案中，比如，对于那些可提起公诉、可不提起公诉的未成年人犯罪案件，按照法律规定可以附条件不起诉。也就是说，在特定时间内，失足未成年人改正了错误，没有再犯新罪或严重违法，跟学校、社区管理作了有效衔接，就可以作出不起诉决定。相反，可能就要从严，检察机关要向人民法院依法提起公诉。

2016 年，有一名 17 岁的男孩，由于和同班同学发生矛盾，冲动之下这名男孩对同学进行殴打并造成该同学轻伤，构成了故意伤害罪。检察官审查发现，这名男孩平时学习成绩优异，没有其他的不良行为，在案件发生后积极赔偿被害人，并对自己的行为十分后悔。在办案过程中，检察官积极地对他进行帮教，使他认识到自己在思想观念上存在的偏差以及生活、学习、交友中的不足，认识到自己的行为已经触犯法律，只有改正错误，重新认识自己，才能重塑自我。最后，这名男孩在未检检察官的帮助下，积极改正错误观念和行为，得到了从轻处理，2017年这名男孩顺利通过高考并进入大学学习。

近年来，针对未成年学生频频被侵害问题，检察机关在恢复未成年被害人身心健康及增强在校学生法治意识和自我保护能力等方面做了不少工作。我们要求未检部门的检察官在询问未成年被害人等取证环节要突出对未成年人的关爱和特殊保护理念，注重呵护未成年被害人的身心健康和隐私保护，慎重选择询问地点、办案方式方法，避免未成年被害人在诉讼中受到二次伤害。对身体受伤害程度严重的被害人，检察机关主动联系医疗机构，为被害人身体治疗开通绿色通道；对家庭经济困难，被害人伤情治疗有困难的，检察机关积极为其申请被害人司法救助，切实体现司法人文关怀。

三是注重从源头预防，开展各种青少年普法宣传工作。近几年，省检察院联合省教育厅开展了"法治进校园"全省巡讲活动，该活动结合全省各地需求开展了形式多样的法治教育，有"幼儿普法课堂""留守儿童专题课堂""校园欺凌专题课堂"等，收到了较好的效果。仅2018年，全省检察机关共开展法治教育巡讲1000余场次，覆盖中小学师生和家长100余万人。今天，我作为一名检察官，走上二中的讲台，给大家上这样一堂法治课，就是在履行检察机关普法宣传的职责，这也是未成年人检察工作的一项基础性工作。

同学们，以上是有关宪法、检察机关职能定位和未成年人检察工作的简要介绍。作为检察官，我们深感责任重大、使命光荣，将忠于宪法和法律，忠实履行法律监督职责，坚持依法公正办案，切实维护宪法法律权威，保障人民合法权益，努力为建设法治中国贡献力量。

借这个机会，我也想对同学们提几点希望。

首先，希望同学们要崇尚法律。大家都听过这样一句法律谚语：法

律必须被信仰，否则它将形同虚设。作为一名公民，我们首先要相信法律，要始终相信通过法律能保护自身的利益、实现公正平等的待遇。在遇到纠纷、受到他人侵害时，要用法律武器保护自己，这不仅是对自己利益的保护，也是对社会秩序、国家安宁的维护。崇尚法律还要求我们将法律根植于内心深处，真正地在内心认同法律的内涵，信仰法律条文背后的法律精神。我国的法律规范有很多，大家不仅要认真学习法律的规定，更要深刻理解法律规定背后的价值、情感、规范，以及其内在蕴涵的社会法则，并在内心做到真正地认同、崇尚这种价值和法则，将法律内化于心，外化于行，学会运用法律思维去思考问题、运用法律手段去解决问题。要坚定对国家法治建设的信心，坚决维护法律的权威。

其次，希望同学们要遵守法律。遵守法律是每一名公民应尽的义务和行为准则。最近，新闻媒体陆续报道了重庆万州区公交车坠江事件和多起乘客殴打正在驾车行使的公交车司机、抢夺司机方向盘等不法案件。这种将个人利益凌驾于社会秩序、公共安全之上，无视规则、以自我为中心的行为就是典型的触犯法律的行为，情节严重的构成以危险方法危害公共安全罪，不仅给公众给社会带来严重后果，也使自己和家庭吞下苦果。同学们，每一个人的一生都有无数个选择，大到做一个什么样的人、立什么样的志向，小到生活中的每一个细节、漫长人生时光中的每一步，都需要选择。可以说，选择构成了我们的一生，选择正确的道路可能前途无量，误入歧途则可能悔恨终身。有这样一个案例，就发生在河北。

一名16岁的初中生，长期沉迷网络游戏，受游戏场景的影响，于是就想去超市抢劫财物。在实施抢劫过程中，他和超市老板发生争吵，于是将超市女老板杀害，后来因为害怕被告发，他又提刀进入屋内，将老板的丈夫和孩子都残忍杀害，最后因犯故意杀人罪被判处无期徒刑。

他本应是追逐梦想、展翅飞翔的青春少年，却变成了一个施暴的恶徒，藐视法律和生命的后果就是让自己的人生永远被枷锁束缚。自由并不是无边无界的，法律和制度就是自由的边界和尺度。法律的权威不容挑战，法律的界限不容跨越，任何一个人都没有超越宪法和法律的特权，要始终做到"心有法度，行有尺度"，要永远记住法律是带电的高压线，任何时候都不能触碰。

再次，对同学们提一点更高的要求，那就是要强化道德自觉。同学们是石家庄二中的学生，二中有着 70 年的光辉历史，是全国文明单位、全国教育系统先进集体，也是河北省重点中学。能够进入二中读书学习，说明你们是同辈中学习优异的佼佼者。但是，我想告诉大家的是，与深厚的学识和高深的学问相比，良好的道德和高尚的思想修养才是成就人生价值的最大资本。2018 年 3 月 11 日，新通过的宪法修正案将"国家倡导社会主义核心价值观"写入宪法，其中，爱国、敬业、诚信、友善这八个字就是对我们每一位公民提出的道德要求。爱国，就是要热爱自己的国家，学校举行升国旗仪式、奏唱国歌，就是爱国主义情感的一种直接表达；敬业，就是对工作要兢兢业业，同学们有一天会就业，在工作岗位上需要勤勤恳恳，乐于奉献，认真负责，这样才是对社会主义核心价值观的践行；诚信，就是诚实、讲信用，是国家倡导的一个价值标准，对同学们来讲就是一个判断标准，判断一名同学是否值得做朋友，是否应当被认可的一个标准；友善，就是要友好地对待同学朋友，用善良的心态去发现同学的优点，取长补短，互相进步，尽可能地去帮助他人，而不是损害他人的利益、侵犯他人的权利。现在媒体上报道的校园欺凌事件，有一些强壮的同学欺负弱小的同学，男同学欺负女同学，甚至有一些同学因为欺凌弱者触犯了法律，受到了惩罚。同学们都要引以为戒，无论大家来自什么地方，来自什么样的家庭，每个人都是平等的，都有平等的人格，要学会尊重每一个同学。作为一名孩子，要孝敬父母、敬爱亲友、勤俭节约、睦邻友善；作为一名学生，要修身立德、勤学上进、尊敬师长、帮助同学；作为一名公民，要勇于担当、乐于奉献、严于自律、遵守法律。总之，要用更高的道德标准要求自己，改掉不良的习惯，养成良好的品行，加强道德自觉，做一个真正有道德的人。就像大家学习过的课文《纪念白求恩》中毛泽东主席讲得那样，做一个高尚的人、

一个纯粹的人、一个有道德的人，一个脱离了低级趣味的人，一个有益于人民的人。

最后，我想再给老师们提一点希望。教师是学生们的灵魂工程师，教师作为园丁，肩负着塑造祖国未来的艰巨重任。无论是在学校还是在生活中，教师的一言一行，无不潜移默化地影响着学生们的思想和行为。在全面推进依法治国伟大实践中，广大教师要做学法、尊法、守法的表率，切实发挥示范引领作用。学生们正处于成长发育阶段，思想和心理上还不成熟，加之学习任务重、学业压力大，有时难免会有不当或偏激的行为。越是在这样的关键时期，教师越应讲求方式方法，切实关心爱护学生，尊重学生人格，维护学生合法权益。同时，也要加强对学生的教育和管理，把遵纪守法教育寓于日常教学和管理当中，引导学生自觉规范自己的言行，做德智体美劳全面发展的好学生。

同学们，我们现在已经进入社会主义新时代。新时代法治中国建设的大幕已经开启，法治社会对每一名公民的法律素养提出了新的更高要求。希望你们从现在做起，积极学法、自觉守法、主动用法、诚心护法，在法治阳光的普照下全面健康发展，努力成为社会主义合格建设者和可靠的接班人，成为新时代法治中国建设的模范公民。

树立法治意识　做新时代新青年

山西省人民检察院党组书记、检察长　杨景海

📖 授课情况

授课时间： 2018 年 12 月 25 日

授课地点： 山西吕梁孝义中学

授课对象： 初中学生 1000 余人

逻辑结构： 首先从孝义市"孝亲"文化为切入点，引出遵从规则的重要性。以问题为导向，通过讲解普法教育为什么要从娃娃抓起和普法教育如何从娃娃抓起，告诉同学们法律与我们青少年学习生活密切联系，让同学们清醒地认识到学法、懂法、崇法的重要性以及我们检察机关在普法宣传工作中的重要责任。在整个宣传教育过程中，穿插互动答题，不断重复巩固、强化、培养规则意识、法治思维，建立法律信仰，希望青少年能够自觉地做一个社会主义法治的崇尚者、遵守者和捍卫者，自觉做到学法为明礼，行法为示范。

目的效果

通过宣讲，进一步推动青少年从小树立起社会主义法治理念，增强法律意识、规则意识，养成自觉学法、懂法、用法、守法的好习惯。

部分新闻链接

1. 山西省人民检察院微信公众号 2018 年 12 月 26 日：《省检察院杨景海检察长受聘担任孝义中学法治副校长》

2. 中国新闻网 2018 年 12 月 26 日：《杨景海为孝义中学师生讲法治课》

3. 孝义视界 2018 年 12 月 26 日：《树立法治意识做新时代青年》

授课讲稿

各位同学：

　　大家好！

　　今天，我想与大家交流两个问题：第一个是普法教育为什么要从娃娃抓起；第二个是普法教育如何从娃娃抓起。

一、普法教育为什么要从娃娃抓起

　　"法治教育从娃娃抓起"，这是我们改革开放的总设计师邓小平同志在 20 世纪 80 年代提出来的。大概在 1986 年 6 月，邓小平出席中共中央政治局常委会议，在讲话中强调"法治教育要从娃娃开始，小学、中学都要进行这个教育，社会上也要进行这个教育"。因为我们的青少年是民族的未来、祖国的希望，是我们社会的栋梁。青少年时期，是同学们人生观、世界观、价值观正在形成的一个关键时期，刚刚听咱们赵校长介绍，我们将"崇德、明礼"作为校训之一，并把我们的法学教育通过各种形式贯穿到义务教育的各个环节。

　　习近平总书记要求我们青年人要"扣好人生第一粒扣子"。强调的就是要从小树立起一个规则意识，一个法治思维，形成依法办事的习惯，就是强调我们从小就要树立起正确的法治观。为什么要非常重视这个事呢？是因为在现代社会法律太重要了，法治太重要了。在我们的地球上，自从有了人类之后，人类就是要面临的处理好两大关系：一个关系就是要处理好人与自然的关系；另一个是要处理好人与人之间的关系。从这个角度上讲，法律是人类社会最伟大的发明。像自然科学、实验科学等，它解决的是人类怎么去认识自然、驾驭自然，我们如何运用这些知识去改造自然，去为人类造福，包括我们现在一些高科技的发明，如航空航天、量子通讯等。那么，法律是调节人与人之间关系的纽带，使人类学会处理好人与人之间的关系。同学们可以想想，其实我们人类在现代社会，衣食住行、生老病死，无时无刻不在与法律发生着密切关系。讲出生吧，我们有"优生优育"方面的法律规定，孩子生下来在成长过程中，第一步要注射疫苗，要有法律来规范，上学有义务教育法规定，就业有劳动法，成立家庭有婚姻法，就是到走向人生最后一刻的时候，还有殡葬管理方面的规定。所以，大家可以想想，能不能举出来生老病死、衣食住行这些跟法律没有关系的例子，大约还是很难举出来这样的例子。过去我们讲一句话俗话，"法网恢恢疏而不漏"是讲做了违法的事情，终究有一天会遭到法律的制裁。但现在，有人对这个做了一个新的解释，就说"法网恢恢疏而不漏"是指没有一个人能够离开法律而去幸福自由生活的，法律这张网时时刻刻都在规范着我们、保护着我们，在调节着我们互相间的关系。

但是，我们千万不要认为"法律是万能的"。我们的社会生活离不开法律，离开法律是万万不能的，但法律也不是万能的。这就是，除法律在调节人与人之间相互关系外，还有一些其他的规则也在起着作用。那么这些规则是什么呢？在学校就是校规校纪，在社会上就是社会主义的公德。我们孝义市的得名就是来源于"孝亲文化"，这些孝亲方面的一些道德规范，它也在调节着人与人之间的关系。所以，既要高度重视法律，又不能把法律的作用无限放大。需要有一个辩证的思维，即无论是我们的校规校纪，乃至到国家法律，它体现的核心要素是一个"规则"，也就是"规矩"。"法安天下、德润民心"，法治与德治相结合，实际上，最根本的就是要求我们大家，要建立起来对规则的尊重、认同或者说是信仰。有了这种信仰，我们就能够自觉地去遵从，遇到问题、遇到事情以后，就会自觉地去找法、找规则，解决问题也就会自觉地去用法，化解矛盾的时候就会靠法。也就不会在应该守的规矩、底线上守不住，不会遇到事情就去找关系，更不会解决矛盾纠纷靠拳头、靠人民币。我在这里讲的调节人类关系的包括校规校纪、社会主义的公德和法律在内，实际上就是一个"规则"，只不过它们的保障方式是不一样的。校规校纪主要是依靠学校的教学管理来实现，社会主义的公德是依靠大家一起的遵守和舆论道德的规范力量来实现，那么法律就是靠国家的强制力，如军队、警察、法庭、监狱等来保证这些规定得以实现。

同学们，刚才我讲的中心意思，就是法律非常重要，离开法律是万万不能的，但是法律也不是万能的。在调整人类关系、师生关系、同学关系以及父母子女的关系等方面，校规校纪以及社会公德在不同的角度共同发挥着作用，规范着人们的行为。那么，我们从小树立起来对这些规则的尊重、信仰，这就是规则意识，法律意识。有了这个法律意识，我们就会自觉自愿的去遵守这些法律、规则，我们就不会逾越，更不会违法。

我们学法、知法、懂法，还不仅仅是为了守法，还在于我们要运用法律的武器来保护好我们的合法权益，同破坏规则、破坏社会秩序、破坏校规校纪的行为做斗争。所以我们从小就应该树立起自觉守法、遇事找法、解决问题靠法的意识。

二、普法教育如何从娃娃抓起

此部分我主要是想讲讲检察机关主要承担什么责任，应该如何开展法治教育。搞好普法教育首先是要落实好《青少年法治教育大纲》（以下简称《大纲》），这个《大纲》是教育部、司法部、全国普法办等九部门为了贯彻落实十八届四中全会精神，帮助青少年"扣好人生第一粒扣子"下发的，《大纲》把青少年普法宣传教育的指导思想、分段教学的内容要求、实施途径、组织与保障都作了详细的规定。那么，我们学校首先要负好主体责任。在这方面，我感到孝义中学做得非常好。我一进校门，迎面墙上就写的是明德、崇法，能够看到我们孝义中学将法治教育融入教学活动的各个环节中。刚才，通过赵校长的介绍，也了解到，学校邀请检察官来讲座，开展学生自我实践等，采取多样的形式方法来落实《大纲》，工作成效是非常显著的。孝义中学是全省中学法治教育的示

范学校，也是省市法治教育的先进单位。所以，我作为法治副校长，对我们孝义中学的法治教育方方面面所取得的成绩感到非常欣慰，我也有决心在这样一个好的氛围中与大家共同把法治教育工作做好。

刚刚讲了，我为什么选择到孝义中学来讲课，到这样一个标志性的地方来讲课，实际上就是要给我们全省各级检察院的检察长以及每一位检察干警释放一个信号，大家都要扛起开展普法宣传教育的责任，把以案释法的任务落实好。

检察机关作为国家机关要与其他社会力量，积极参与，深入学校开展法治宣传教育中，合作研发法治宣传教育的项目在学校搭建好社会实践的平台。这些任务都是沉甸甸的，所以检察机关不仅要履行好法律监督职责，干好我们的批捕、起诉、公益诉讼等各项工作，还要在青少年普法，特别是法治教育方面，要担起责任。这个事不是可干可不干的，而是必须要干而且要把它干好的事。我们中华人民共和国的首席大检察官张军同志给我们做出了榜样，那么我就想，就法治教育方面，当好师资，在开展教学中能够有一些形式上生动活泼、喜闻乐见、适合青少年特点的课程和活动，如模拟法庭、检察开放日、冬令营和夏令营等，检察官可以走进校园，学生也可以走进检察院，从而搭建好给学生开展法治教育的平台。要想干，我们的方式是多种多样的，只要是生动活泼，能够打动人心就可以。在内容上，要积极适合我们青少年的特点，不能说一讲法律就讲刑法。我们要给同学们讲一些基本的法，与同学们密切相关的法。如宪法，它是国家的根本法，我们在宪法里重点要讲公民的基本权利和义务，首先，我们告诉青少年作为中华人民共和国的公民有什么权利、应尽到什么义务。再比如，未成年人保护法，保护未成年人是一个国家的责任，所以在未成年人保护方面，国家为我们在各级政府部门规定了很多职责，但给未成年人也规定了一些义务，如有九个方面的行为，未成年人不能去做，这就是预防未成年人犯罪法所规定的内容，这与我们的校规校纪是高度契合的。所以，在学校遵守校规校纪实际上就是在遵守法律。大家不要觉得一提到法，就是刑罚。假设一个例子，有个家庭因为种种原因，不让孩子上学，那么这个家庭的家长就违反了义务教育法，作为这个家庭的子女就可以用义务教育法来维权。未成年人应该受到特殊保护，那么负有保护职责的国家机关如果没有尽到责任，利益相关人便可以投诉。所以，这些法律，我们要学，应知应会，特别是要学与青少年成长密切相关的法律。检察机关搞法治进校园活动，主要是给同学们讲这些相关法律和案例，着重提示同学们哪些是不能做的，未成年人有哪些权利是受到法律特殊保护的，让同学们真正学法、懂法、用法。

我们检察机关的未成年人刑事检察部门，它是专门开展未成年人刑事案件和侵害未成年人权利案件诉讼监督的，作为司法保护责任主体参与未成年人权益保护与犯罪预防的专业职能部门。最近，我们见诸报端媒体，看到在校园发生的校园欺凌、性侵案件，最高人民检察院历史上首次向教育部发了一个检察建议（称"一号检察建议"，这是最高人民检察院恢复重建以来发出的第一份检察建议书），其核心内容为，建议进一步完善预防性侵害的制度机制，加强对校园预防性侵害相关制度落实情况的监督检查，依法严肃处理有关违法违纪人员等。教育部党组收到"检察建议"后高度重视，向最高人民检察院复函，主要领导亲自部署落实工作。我们全省各级地方政府应当按照未成年人保护法相关规定对发生的这些问题高度重视，切实减少、杜绝校园欺凌等事件发生。作为检察机关有职责督促各级地方政府相关部门履行好相关职责，如果发现履行不好的，检察机关可以以公益诉讼方式提起诉讼。检察机关有了这样一个建议之后，就迅速采取行动将这份检察建议送达各教育部门，我估计也传达到我们市教育局了，包括我们学校。大家都会重视解决校园欺凌、性侵问题，来保护好我们学生的合法权益。刚才，在报告厅外面有我们市院未成年人检察处开展法治进校园的宣传展板，展板上将什么是不良行为、什么是犯罪、如何防止校园欺凌等，对青少年容易受骗的问题一一罗列，讲给同学们如何防止被欺骗、被欺诈，还告诉同学们有防骗三个技法：一不轻信，二不猎奇，三不贪利，对欺诈行为态度上还要

不卑、不亢、不强忍。当我们遇到欺凌的时候不能强忍，应该向学校举报，该向司法机关举报的，要坚决站出来，这不仅是在维护自己的权益，而是让更多的人不受到欺凌，不受到伤害。我们孝义市检察院法治进校园开展的这些工作针对性很强，希望今后还要进一步坚持做得更好。

我是一名检察官，要从我做起，今天我所做的其实也就是在履行检察官的职责。搞好法治进校园活动，是检察机关的重要职责，我们要将它做好，从形式上、内容上、方式上来改进我们的法治宣传、法治教育，努力让法治教育要更加贴近人、打动人、感染人。如果说检察机关是供给侧，那我们就是来为我们青少年提供更好的、更对路的、更富有实效的检察产品，包括法治教育产品。同学们，今天你们是听众，但你们不应该是观众。维护法治人人有责，法治就是要从我们守法做起，当遇到问题的时候要相信法，去找法，靠法律来维护自己的权益，解决我们面临的一些矛盾和纠纷问题。今天在座的，有我们学校的老师，也有我的同事，我们都是孩子的领航人、园丁，塑造祖国的未来，责任重大，党中央要求我们教师，当然也包括我这个法治副校长，要将教书育人和自我修养结合起来，以德立身，以德立学，以德施教，要做传递正能量的言传和身教，所以在这方面，我们必须要自觉地做一个社会主义法治的崇尚者、遵守者和捍卫者，自觉做到学法为明礼，行法为示范，让我们的学生在社会主义大家庭中充分地享受和沐浴着法治的阳光、法治的温暖，成为德、智、体、美、劳全面发展的社会主义合格的建设者和可靠的接班人，成为能够担当民族大任的时代新人。

今天的法治课就暂时讲到这里，我很荣幸地成为孝义中学的一员，我在这里衷心地祝愿我们孝义中学明天更美好，同学们的明天更灿烂，我也将用"以人为本、敬业创新"来要求我自己，为实现中华民族伟大复兴的中国梦共同努力！

谢谢同学们！

崇法尚德　知行合一

内蒙古自治区人民检察院党组书记、检察长　李琪林

📖 授课情况

授课时间： 2018 年 9 月 26 日

授课地点： 内蒙古自治区呼和浩特市第二中学

授课对象： 高二学生 1000 余人

逻辑结构： 首先，通过讲解发生在身边的案例，提出案件带来的思考和启示，引出中学生要关注未成年人成长发育过程的易感性和亚文化对未成年人的浸润性。通过定义阐释和案例解读，引发深入思考，告诫学生远离亚文化、远离违法犯罪，进而倡导社会主义核心价值观并用其引领行动。其次，通过阐释法律内涵，结合校园发生的违法案例或事件，引导学生知法懂法、信法守法，促进学生法治观念、法治意识提升。最后，阐明法律与道德的关系，辅之以家教家风、校规校纪，告诫学生"扣好人生第一粒扣子"，遵规守纪，崇法尚德，知行合一。

目的效果

通过讲解知法懂法、信法守法，崇尚道德、涵养道德，增强学生对法律的信赖、对法治的信仰和"法治兴衰，匹夫有责"的信念，以国家主人态度和法治主体角色，尊崇法律，弘扬道德，做社会主义法治的崇尚者、遵守者、捍卫者。

部分新闻链接

1. 检察日报正义网 2018 年 9 月 27 日：《内蒙古：检察长被聘为法治副校长为千余名学生上法治课》

2. 最高人民检察院网站 2018 年 9 月 29 日：《内蒙古：检察长为学生讲授法治课》

3. 新浪网 2018 年 9 月 27 日：《检察官开讲秋季法治第一课　李琪林为呼市二中学生授课》

4. 法制网 2018 年 9 月 27 日：《内蒙古检察院检察长李琪林变身法治副校长》

5. 内蒙古新闻网 2018 年 9 月 27 日：《大检察官开讲秋季法治第一课　李琪林为呼市二中学生授课》

6. 内蒙古自治区人民政府网站 2019 年 5 月 28 日：《内蒙古自治区人民检察院召开"携手关爱，共护明天"做好未成年人保护工作新闻发布会》

7. 内蒙古自治区人民检察院网站 2019 年 2 月 19 日：《上讲台：大检察官们的一道必答题》

◤授课讲稿

尊敬的各位同学、老师：

下午好！

很荣幸成为二中的一员。二中是有历史、有传承，有目标、有理念，师资雄厚、生源优良、荣誉叠加、成效卓著的学校。从王文梅校长手中接过聘书，一位同学给我带上校徽的时候，我是激动的，也是自豪的。但作为二中法治副校长仅有心动是不够的，还必须有行动。这个行动就是履职。这个职，一是作为检察官落实习近平总书记关于全面依法治国要从娃娃抓起重要指示送法治到校园之职，二是作为一名教师的授业解惑之职。现在，就给同学们讲授履职的第一课，崇法尚德，知行合一。

"崇法尚德，知行合一"的含义同学们都懂，我不想赘述，这里我想说的是"崇法尚德，知行合一"的意义。首先从发生在我们呼市一所中学的一个真实的案例讲起。

在呼市一所中学，两个同学课间互相打闹，一个同学把另一个同学推倒在地，被推倒的这个同学感到丢了面子，对推他的那位同学说"你等着"，放学后，叫来十几个同学，结果形成了两方的互殴。在双方打斗过程中，那位让同学"等着"的，被对方用刀捅伤，抢救无效死亡，拿刀捅刺的，被法院判了有期徒刑，受到了法律制裁。

这样的结果是令人痛惜的。这么，为什么这样一件看似平常被推倒的事情，就导致一位同学生命的终结，一位同学付出自由的代价？这么一个简单的案子，它留给我们那些思考？给我们什么启示呢？

关于思考，我想主要有这么两个方面。一是要关注未成年人成长发育过程的易感性。易感性，原本是传染病学中的一个概念，是指由遗传基础所决定的个体患病的风险，也可以理解为相同环境下，不同个体的患病风险。我在这里讲的易感性是心理学和社会学的概念。未成年人，特别是14—18周岁的未成年人，处在人生的起步阶段，敏感、脆弱、好

奇、叛逆，情绪行为两极波动，对成人闭锁、对同伴开放，由于心智尚未成熟，缺乏抵御外部诱惑心理机制，呈现不断"试错纠错"的行为历程，冲动往往是这个阶段的典型特征，"你等着"是一种冲动，纠集群殴是一种冲动，拿刀捅刺依然是一种冲动。面对这种阶段性特征，就需要家庭、学校、社会有针对性地引导、教化，提醒和必要的约束，防止他们跑偏、脱轨，甚至违法犯罪。作为未成年人要正视自身的阶段性特征，以身边的反面典型为镜子，以先进典型为楷模，在教训中反思，在学习中成长，不断矫正自己的行为，避免出现难以逆转的人生错误，走好人生的第一步。

二是要关注亚文化对未成年人的浸润性。亚文化是相对主流文化而言的。教育倡导的是主流文化，道德弘扬的是主流文化，法治引领的也是主流文化。亚文化是指具有某一地区或某一群体色彩的文化，当亚文化和主流文化抵触时，就会成为反文化，成为违法犯罪潜在基因。在这个案例当中，好面子是亚文化，争强好胜是亚文化，哥们义气也是亚文化。这就提醒我们，亚文化不仅会浸染熏陶逐渐渗透我们的未成年人，而且可能变异转化，引发人们的犯罪意念和犯罪的行为。因此，我们要以与我们的社会形态相适应的主流文化即中国特色社会主义文化为引领，培育和践行"富强、民主、文明、和谐；自由、平等、公正、法治；爱国、敬业、诚信、友善"的社会主义核心价值观，树立"改革开放，诚信友善、品牌创新，公正和谐"的当代中国文化形象，树立"为天地立雄心，为民生立使命，为发展求创新，为世界求和平"宏伟志向，用主流文化辨别亚文化、反文化，用社会主义核心价值牵引我们的思维，引领我们的行动。

关于启示，我想至少有两个方面，一是尊崇法律，二是崇尚道德。

先说尊崇法律。法律是什么？法律是行为规范，是由国家制定和认可，并有国家强制力保证实施的行为规范。国家强制力是什么？就是军队、警察、法庭、监狱。刑事犯罪惩处需要国家强制力，民事纠纷的执行同样需要国家强制力，国家强制力是法律的底线，法律是人们行为的底线。法律规定不能杀人，伤人，你杀了，伤了，就要受到法律的制裁。我们在这里讲法律的强制性，不是在渲染法律的严厉，而是讲法律是底线，不应逾越。事实上，法律不只是对违法者的惩处，更多的是对权利者的保护。我国现行267部有效法律，绝大多数是调节社会关系的法律，是保护公民合法权益的法律，即使是惩治犯罪的法律，也是对犯罪者的震慑，对受害者的保护和抚慰，对人们赖以生存的社会秩序的维护，正是从这个意义上我们应当尊崇法律，因为法律给我们提供了权利的保障，安全的环境和稳定的秩序。

同学们正值花季，渴望理解，渴望认可，渴望尊重，渴望自由，但行止皆有尺度。这个尺度是什么？就是法律。从国家层面上讲"奉法者强则国强，奉法者弱则国弱"，强大的中国必然是"法治中国"。而法治中国的建设离不开包括同学们在内的广大中小学生的法治观念、法治意识的提升，某种意义上说，你们法治素养决定着未来中国社会整体的法治素养，决定着未来中国发展的方向，我们在座的各位同学的使命，也决定了大家必须尊崇法律。

怎样才能尊崇法律？我以为尊崇法律，一是要知法懂法。知法就是要通过对法律的学习，知道哪些行为是法律所允许的，哪些行为是法律所禁止的，怎么做才是正当有效的，此所谓知其然。比如，当你和同学发生冲突的时候，是应当报告老师，通过学校正当渠道解决呢，还是依靠自己的力量来解决，如果想靠自己的力量解决，那么解决问题的方式是否合法？如何判断是否合法，前提是我们知不知法，知法一般就不会去违法，因为违法是会有法律后果的。只有那些主观恶性较深的人，才会知法犯知法。如果不知法我们就可能在糊里糊涂中犯法犯罪，招致终身的悔恨。所以，知法是大家的必修课。懂法就是要在知法的前提下，进一步弄清立法的主旨和现实的考量，以及法所体现的精神，此所谓知其所以然。而所谓知其然知其所以然的过程，也是我们法律意识提升的过程。法律意识是法律心理和法律思想的总和，是人的社会意识和心理自觉，俗话讲就是规则意识，它的本源在于对法律和规则的认知，而这种认知非一朝一夕之功。比如，我们每天都经历"中国式过马路"，明明人行道是红灯，而"红灯停绿灯行"是常识，是规则，也是法律，但有人就是要过，而且只要有人过，大家都一起过。再比如，校园欺凌，有人就认为，同学之间打打闹闹是正常现象，大欺小、强凌弱是生态法则。凡事都有度，如果超过了度，就不再是游戏，而是违法，甚至犯罪了，笼统讲"正常"、讲"生态"，同样是缺乏法律意识的表现。前述案例因争强好胜，纠集群殴也说明我们的一些同学缺乏起码的法律意识，这些现象看似表现不同，但在缺少对法律的尊崇，对法律的敬畏上是相同的。对于缺乏法律意识怎么办？我们说，要学习，要养成。这里的学习，不是让同学们像背书一样把所有法律条文都记在脑子里，但起码的法律意识要有，起码的法律常识要知道，基本的法律精神要掌握。这里的养成也不是要大家一蹴而就，而是要大家在不断的学习中养成，在不断的实践中养成。要心中有法、遇事找法、办事靠法。

二是要信法守法。法律的权威源自人民的内心拥护和真诚信仰，只有信法才可能更好地守法。在我们的社会有一种奇特的现象，这就是信访不信法，信官不信法。应当说，在我们中华文明中有过法治的思想和法治的萌芽，但更多的是人治文化，现阶段我们倡行法治，但法治思维的培育需要一个过程。现在有一种说法，叫作"富可以一代，贵则要三代"。这是说，改革开放40年，我们成为世界第二大经济体，可以说富起来了，这中间我们用了一代人多一些的时间，但是要贵起来，也就是说要建成社会主义法治国家则要三代、五代，甚至更长的时间，这就是说，建设社会主义法治国家任重道远。从现实讲，我们的执法司法现状也存在许多不尽如人意的地方。虽然2011年，我们就向社会、向世界宣布，中国特色社会主义法律体系已经基本建成，也就是有法可依的问题在我们国家已经基本解决，但是有法必依、执法必严、违法必究的问题并没有得到有效的解决。与几十年前无法可依相比较反显得更加突出。这也在一定程度上为一些人不信法，提供了口实。相信这些消极的现象，随着政治体制和司法体制的改革，通过司法责任制的落实会得到有效的遏制。作为祖国未来的同学们，不应以消极现象的客观存在而丧失对法律的信赖，对法治的信仰，而不应当仅是独善其身，而是要秉持"法治兴衰，匹夫有责"的信念，以国家主人态度和法治主体角色，尊崇法律，敬畏法律，做社会主义法治的崇尚者、遵守者、捍卫者。

守法是有层次的，因恐惧法律的制裁惩罚而守法，是被动的守法，是守法的初级阶段。而守法的高级阶段是在法治意识、法治思维的支配引领下的自觉守法。因为这个时候，守法者知道，对法律的违反是对他人权利的危害，对自身权利的威胁，只有保障了他人的权利，才能有效保障自己的权利，只有对他人权利的尊重，才能防止侵害的恶性循环。

守法要从自身做起。在座的各位现在还是学生，将来都要进入公民社会。一个合格的公民首先是一个守法的公民。要成为一个守法的公民就要从现在做起，从自身做起。一是要自觉抵制外界的诱惑。现在有些青少年喜欢游戏，沉迷网络，没钱上网，就威胁其他同学"借钱"，甚至盗窃、抢劫、抢夺其他学生的财物，这在一定的年龄段是罪错，但到了一定的年龄段就是罪行。二是要守住法律的底线。知道法律规定是违法犯罪的事情，坚决不碰；知道法律规定是违法犯罪的行为，坚决不做。法律虽然不会给大家人生的捷径，但法律能避免你误入歧途。三是要依法保护自己。要避免侵害他人，同时要心存依法保护自己的意识，这方面法律给我们提供了自我保护的路径，遇到不法侵害要敢于说"不"，绝不能让我们青少年群体，成为犯罪分子的"天堂"。

再说崇尚道德。但丁说过"一个知识不全的人可以用道德去弥补，而一个道德不全的人却难以用知识去弥补"，崇尚道德是中华民族的传统美德。百家争鸣，道德为大，皇家百姓，道德为首。法律是最低限度的道德，道德是最高标准的法律。法律和道德都是社会行为规范，而最高境界的自觉守法是恪守社会公德、职业道德和家庭美德，最低限度的自觉守法是做到法律底线不能逾越、道德红线不能触碰、道德责任不能丢弃。法安天下，德润人心。哲学家康德说，头上的星空和内心的道德法则始终让人充满敬畏。同学们今后的人生道路还很漫长，如果说有一种无形的力量能够一直伴随着你、约束着你，指引你的人生方向，并最终实现人生梦想，那这种力量就是道德。希望同学们在今后的学习、生活和工作当中，能够始终坚守做人的底线和原则，坚守做人的良心和道德，积极践行社会主义核心价值观，大力弘扬中华传统美德，遵守社会公德、职业道德、家庭美德，努力提高个人品德，以良好的德行做一名对社会有益的人。

涵养道德要从家教家风、校规校纪做起。"国有国法，家有家规"。家教家风也是行为规范。我们可能从记事起，父母就教我们尊老爱幼、尊敬师长，友爱同学，热爱劳动，助人为乐，中国一直有"耕读传家"的好传统，家教家风，同样需要遵守。校规校纪作为一个学校学生应当遵守的行为规范，在引导和约束方面发挥着独特的作用，遵守校规校纪是我们做学生的本分。

涵养道德要协调好家风、校纪、道德和法律的关系。家长是孩子首任教师，教师是学生灵魂的工程师。家规严、家风正，有助于家庭子女树立正确的人生观、价值观，如果我们从小就在良好的家风中成长，走进学校我们就不会不遵守校规校纪。如果在学校养成遵规守纪的良好习惯，今后走到社会上就不会不讲道德、不守公德。道德是内心的法律，法律是有形的道德。如果人人都讲道德、行美德，就不可能发生故意触犯法律的行为。所以说，道德是高线，法律是底线，离道德高线越近，离法律底线就越远。总书记讲，要扣好人生第一粒扣子。第一粒扣子扣错了，剩余的扣子都会扣错。我们办理的很多青少年犯罪案件，都能从家庭教育和学校教育找到根源。希望同学们平时在家里守家规家教，在学校守校规校纪，养成遵规守纪的良好习惯和优良品德。

应该说我们一出生就与生命有了一份契约，这份契约的约定就是珍惜生命；后来我们逐渐长大，就与父母、长辈有了一份契约，这个契约的内容是孝敬父母，尊老爱幼；进入学校我们与学校和老师有了一份契约；这份契约记载着遵守纪律，好好学习，不负教诲；而步入社会，我们将与国家和社会有份契约，这份契约承载的是中国特色社会主义的核心价值。这里为什么要强调契约？就是因为希望大家诚实信用，遵守契约，按规则行事，保障社会有序运转。

作为二中的法治副校长，同时，也是一个检察官第一次跟大家交流，自然不会忘了介绍检察机关的职能。我们检察机关主要有民事、刑事、行政法律监督和2017年修改后的民事诉讼法赋予的公益诉讼四大职能，这里我要介绍的是由法律监督基本职能派生出来的未成年人检察工作。面对未成年人、青少年这样一个特殊群体，检察机关专设一个未成年人检察工作部门，采用符合未成年人身心特点的工作方式，处理涉及未成年人的案件，维护未成年人的合法权益。办理的未成年人案件，要求我们的检察官要有法律的品格和母亲的情怀，法律的品格讲的是公平正义，母亲的情怀说的是爱和奉献。对未成年人犯罪案件，我们秉持"教育感化挽救"的方针，注重从源头预防。今天来讲课，做的就是源头预防的基础性工作。

以上就是我作为二中一员和同学们的交流，今后我将积极创造条件和同学们多交流，也希望大家有什么需求及时反馈给我，便于今后的交流更有针对性。最后，祝愿同学们学习顺利、学有所成，祝愿老师们工作顺利、身体健康！

谢谢大家！

人生之旅　法治相伴

辽宁省委常委、政法委书记　于天敏 [①]

授课情况

授课时间： 2018 年 11 月 23 日

授课地点： 辽宁省实验中学

授课对象： 高二学生 496 人

逻辑结构： "法治兴则国家兴，法治强则国家强"，法治作为治国理政的基本方略，在中国振兴发展的历程中，起到了维护社会安定和谐的重要作用，首先，通过分析三个概念，讲授法治内涵及其功能。其次，从中国改革开放 40 年法治发展历程，介绍中国特色社会主义法治道路。再次，介绍检察机关刑事检察、民事检察、行政检察、公益诉讼等主要职能。最后，通过讲述两则真实案例，引导学生尊法、学法、守法、用法，做社会主义法治的崇尚者、遵守者、捍卫者。

---

① 时任辽宁省人民检察院党组书记、检察长。

✍ 目的效果

改革开放 40 年来，党中央全面推进依法治国，科学立法、严格执法、公正司法、全民守法深入推进，中国特色社会主义法治体系日益完善，全社会法治观念明显增强。人生之旅，离不开法律的守护，高中生刚刚成年，更需要学习法律知识，遵守法律规范，树立法治意识，运用法律维护自身合法权益。通过讲授法治课让同学们学习法律，遵守法律，为社会主义法治建设贡献力量。

🌐 部分新闻链接

1. 辽宁省人民检察院网站 2018 年 11 月 23 日：《于天敏检察长进校园担任法治副校长开展未成年人法治教育》

2. 搜狐网 2018 年 12 月 2 日：《辽宁：检察长进校园开展法治教育》

授课讲稿

辽宁省实验中学的老师、同学们：

大家好！

很荣幸担任省实验中学的法治副校长。辽宁省实验中学是辽宁省教育厅直属的首批示范性普通高中，具有悠久的历史，学校的创办人是老一辈无产阶级革命家，可以说省实验中学是一所具有"红色基因"的学校。辽宁省实验中学培养了无数的杰出毕业生，在许多行业领域都是担当大任的栋梁之才，尤其是在新中国成立后输出了七位院士，这是我们学校的骄傲。能够成为省实验大家庭中的一员，我感到非常荣幸。

按照中央"七五"普法要求，作为执法部门我们坚决落实"谁执法谁普法"的普法责任制，按照有关青少年教育方面的法律规定，走进学校对大家进行法治教育。法治教育课也是学校课程应该有的内容。今天，我将结合30多年的学习和工作感悟与大家交流体会。

我今天讲授的题目是"人生之旅，法治相伴"，大家正处于青春时代，人生之旅才刚刚开始，在这个过程当中，我想有一样东西一定要伴随终生——法治。其他伴随终身的也有很多，如体育运动等兴趣爱好，但从司法工作者的角度来看，无论你今后从事什么工作，法律知识都是必须具备的基本知识，所以"法治"是应该相伴一生的良师益友。

今天主要从以下四个方面与同学们交流：第一部分是"法治兴则国家兴，法治强则国家强"，我之所以选这样一个标题，也是受到梁启超先生《少年中国说》的影响启发。在《少年中国说》中，国家要复兴，民族要昌盛，我们民族的青少年首先要自强。在现代，法治作为治国理政的基本方略，只有法治兴盛，国家才能够强大。我们国家从站起来、富起来，到现在强起来的过程中，法治扮演了非常重要的角色。放眼世界，一些国家战争频发、社会动荡不安，而中国改革开放几十年所取得的成就有目共睹。改革开放40年有两大奇迹：一是经济发展的奇迹，中国用

短短 40 多年的时间，走完了西方发达资本主义国家 200 多年的道路，这是人类社会发展史上的经济奇迹。二是中国改革开放 40 年，国内没有动乱，稳定也是中国 40 年来发展的奇迹。在中国振兴发展的历程中，法治起到了维护社会安定和谐的重要作用。所以我拟了"法治兴则国家兴，法治强则国家强"这一标题，主要向大家介绍法治及其功能。

经过 40 年改革开放，从经济角度来讲，我国走出了一条中国特色社会主义市场经济道路，从法治角度来讲，我国也开辟了一条中国特色社会主义法治道路。所以第二部分，我将从中国改革开放 40 年法治发展历程给大家做介绍，希望大家能够厘清脉络。

由于我是辽宁省检察机关的负责人，第三部分就向大家介绍一下检察机关的职能。从级别上讲，辽宁省检察系统有省、市、县三级检察机关。检察机关究竟是干什么的呢？大家从热播剧《人民的名义》，或者从父母口中和社会各界等其他渠道，对检察机关有了一定了解。今天借这个机会再与大家交流一下检察机关的职能定位。

第四部分就是今天交流的落脚点，作为法治副校长与省实验中学的师生一起，尊法、学法、守法、用法，真正做社会主义法治忠实的崇尚者，自觉的遵守者，坚定的捍卫者。

一、"法治兴则国家兴，法治强则国家强"——法治的功能与作用

首先，我想从三个概念引出法治及其功能。第一个概念是"法律"，简单说法律就是一种规则。在家里有"家法"几条；在学校有学校的规章制度若干条；再到国家层面，有法律若干部。家法、校规和法律，三者有一个共同的特征，它们都是约束我们行为的规范，哪些事可以做，哪些事不能做，都有明确的界定。家法，有一代代留传的戒律；校规是学校制定的规章制度，如不得迟到，不得早退，不得无故旷课，这都是

有明确规定的，是规范同学们行为的一种规则；法律则对社会生活的方方面面做了详细规定。只是家法仅仅适用于家庭中；学校的规定只适用本校学生；而法律则适用于所有中华人民共和国的公民，包括驻外使领馆。从实质的层面讲，三者都是规则；但是从实施的范围来讲，一个是家庭，一个是学校，一个是整个社会。

还有一个更大的区别或者说是本质区别，法律与家法、校规相比，最本质的差异就在于它具有强制性。在家里，如果不听父母的话，最多挨几句批评；学校里不按规则办事，学校会有记过、开除等处分；但是都不如法律的强制性来的严格。大家知道我们国家的刑罚最重的是死刑；其次是无期徒刑、有期徒刑，代价是失去自由；轻一些的还有财产刑等。这个强制性的适用，是以国家机器作为强大后盾的。所以，不同的规范和制度，适用的范围和效力、主体手段、程序不一样。简单来讲，法律是依靠国家强制力保证实施的规范社会关系、维护社会秩序的规则体系。

第二个和第三个概念是"法制"与"法治"。"制"与"治"是有区分的，1999年以前，在政府相关文件和领导讲话中，用到的是"制"，1999年后改成了"治"。实际上，"制"和"治"都强调依法办事，"制"侧重于按制度办事，按规则办事，治理国家首先要建立相应的制度，所以这个"法制"是从有一套规章制度开始，我们按照这个规章制度来执行。但是，"治"强调的不仅仅是有规章制度，而且是要有好的规章制度。在"法制"中我们说的最多的是有法可依，在"有"和"无"之间先是要"有"，才能依法办事。而"法治"，就是在"有"和"无"之间已经是"有"了，但强调的是在"有"和"好"之间，要追求"好"。所以，"制"与"治"的区别是，"治"的层次更高，有更高的价值追求，强调的是"良法善治"。"法制"侧重的是"有法可依，有法必依"，是一种静态，而"法治"不仅是"有法可依"，更是一个动态的过程，即法律的运行，包括立法、执法、司法、守法四个方面，缺一不可。

首先要科学立法。社会万象，纷繁复杂；立法所向，千头万绪。科学的法律要适应经济社会发展的需要，要符合人民群众的根本利益，要

有利于维护国家安全稳定。"良法"的诞生要经过千锤百炼，我国人民代表大会及其常委会在立法工作中起到主导作用，重要法律草案由全国人大相关专门委员会、全国人大常委会法工委组织起草，并由全国人大及其常委会表决是否通过。

其次要严格执法。执法，也叫行政执法，是指国家行政机关依法行使行政管理职权的活动，如工商、税务等，就属于行政执法机关。行政执法机关的职责和履职方式是由法律明确规定的，应当做到法定职责必须为、法无授权不可为，否则就要承担责任。

再次要公正司法。"法治中国"的实现，最主要、最根本、最基础的就是要树立法律的权威性。法律的权威是指法律在整个社会调整机制和全部社会规范体系中居于主导地位，一切国家及社会行为均须以法律为依据。具体到司法机关，就是要建设公正高效权威的社会主义司法制度，无论是公安机关、检察机关还是人民法院，都要严格按照法律的规定办事，公正司法，确保每一个案件都经得起法律和历史的检验。

最后要全民守法。"法治"是既要有好的法律，又要在实践当中得到贯彻执行。法治中国究竟能够建设到什么程度，法治中国何时能够全面建成，还有一个非常重要的基础条件，这个条件就是要每一个老百姓都守法，这样才能使整个社会的法治进程向前推进。

法治的功能是给大家一个明确的规范，划定了应为、可为、勿为的行为界限。比如，他人的生命健康权不得侵犯，你打了别人、伤害了对方，就要受到追究；再如，他人的财产所有权不容侵犯。前者可能构成故意伤害，后者可能构成盗窃，一旦严重到犯罪程度就要追究刑事责任，可能失去人身自由。

强调法治中国的原因是什么呢？因为整个社会治理需要按法律规定来实现。同学们走出校园以后，在社会上无论从事什么样的职业，都与法律密不可分，如搞金融，就要依法经营。实际上，在生活中我们从出生到死亡都是与法律相伴的，出生以后要上户口，之后要求学、工作、成家立业等。人生每一步都是有相应的法律可依。因此，我们要了解法律，真正让法律伴随人生，用法律来维护我们的合法权益。

二、中国特色社会主义法治道路

我国走过了 40 多年的改革开放历程，取得了举世瞩目的伟大成就，在法治建设方面也取得了前所未有的巨大发展。中华人民共和国成立后中国共产党高度重视法治建设，1954 年制定了新中国第一部宪法，在宪法之下，婚姻法是新中国成立后最早制定的基本部门法，到现在全国人大及其常委会已经通过了 200 多部法律，国务院各部门制定部门规章，再到地方性法律法规，我国现在的法治体系已基本建立。特别是党的十八大以来，我们强调"法治中国、法治社会、法治政府"一体化建设。建设法治中国，从国家层面要建立法治国家，从社会层面要建设法治社会，从政府层面要依法行政，三位一体推进我国法治实践。

法治实践的开展，离不开法治理论的指导。我国改革开放 40 年法治建设的最大成就，一言概之就是开辟了中国特色社会主义法治道路。我们现在强调"四个自信"，其实也包含了对我国的法治思想、法治体系、法治实践的自信。

我们走中国特色社会主义法治道路，需要有法治思想，法治体系和法治实践。但是更需要有法治文化的支撑，今天我们走到学校里来，文化氛围非常浓厚。我们要推进全面依法治国，也需要相应的法治文化支撑，这个法治文化也包括我们在座每个同学的法律意识、法律认知。当然，同学们对法律的认知，受中国传统文化影响，有些认识未必准确。但近年来，我国对法治文化建设高度重视，这也有利于推进全面依法治国建设的进程。

三、检察机关的基本职能

"国家的法律监督机关"是对检察机关的定性。按照我国宪法的规定，检察机关是国家的法律监督机关，平时大家听得比较多的"公检法"，检察机关是放在中间的，公安在前，法院在后。那么，检察机关究竟是干什么的呢？大家平时通过观看国内外的影视作品，对检察机关有了一定了解。我国走的是中国特色社会主义法治道路，司法机关的实质与国外也是有差异的。

我国宪法界定了检察机关性质是法律监督机关，赋予其相应的职能和手段来履行好自己的职责。法律赋予检察机关哪些职能呢？简单来说是四项职能，说得形象一点是"四轮驱动"，"四轮"分别是刑事检察、民事检察、行政检察、公益诉讼。所谓"检察"，可以理解为监督，检察机关就是法律监督机关。

那么，刑事检察职能是怎样的呢？比如，一个刑事案件发生后，公安机关第一时间到达现场，把犯罪嫌疑人抓获，把现场固定起来，然后对犯罪嫌疑人进行讯问。审讯后，公安机关先对犯罪嫌疑人依法拘留，确认犯罪嫌疑人的犯罪事实后提请检察机关批准逮捕。检察机关审查后，认为犯罪嫌疑人确实实施了犯罪行为，就会决定对其批准逮捕。批捕后公安机关在法定期限内再进行深入调查。公安机关在侦查完毕后，把犯罪嫌疑人的犯罪事实、相关证据移送检察机关，检察机关对案件进行审查后，认为构成犯罪的，就会起诉到法院，法院依法进行审判并作出判决。检察机关在这个过程当中，既不是在案发后第一时间冲到现场去抓人，也不是最后判处被告人刑罚，前面是公安机关的侦查职能，后面是法院的审判职能，检察机关是中间环节，对侦查机关是否按照法律规定的程序执行，是否存在侵犯犯罪嫌疑人的合法权益进行监督；同时，对法院审判中定罪是否正确、量刑是否适当，检察机关根据情况决定是否提出抗诉。检察机关还在整个刑事诉讼过程中行使监督权，公安机关、法院行使职权违法的话，检察机关就要提出检察建议，督促相关部门纠正违法行为。所以我们说检察权就是一种监督权，在刑事诉讼程序中检察机关行使批准逮捕、提起公诉、出庭支持公诉、诉讼监督等主要职能。这就是检察机关在刑事诉讼中扮演的角色。

在民事案件中，如果双方当事人对法院判决不服，一种出路是可以向上级法院上诉；另一种办法也可以请求检察机关抗诉。同时，如果觉得原判法官有徇私舞弊、枉法裁判等行为，检察机关对法官的违法犯罪行为也可以进行监督。

行政检察就是行政机关不履行职责，或者履行职责过程中侵犯了个体的利益，公民个人可以向法院起诉，法院判决后，公民个人、行政机关对判决不服的可以向检察机关请求抗诉，检察机关对行政判决及法院的行政诉讼活动等进行监督，这就是行政检察职能。

2017 年，党中央又把公益诉讼职能赋予检察机关，就是说国家利益、公共利益由检察机关来维护。国家利益和公共利益，具体涉及环境污染，食品、药品安全，国有土地出让，国有资产流失等方面，相关部门、企业的违法问题就由检察机关来监督。比如，一个企业在生产过程中造成了环境污染，影响周边居民身体健康；厂商生产的食品、药品不符合质量要求；国有土地出让、国有企业转制改制过程中，出现国有资产流失等问题，都是由检察机关来履行监督职责。

2018 年，全省检察机关公益诉讼部门已经立案几千件，还开通了12309 热线电话，凡是涉及环境污染，食品、药品安全等方面的问题，大家可以拨打电话，检察机关将第一时间到现场收集固定证据，督促相关企业和个人整改，如果拒不整改，检察机关可以向法院提起诉讼。

上述我向大家介绍的刑事检察、民事检察、行政检察、公益诉讼，就是现在检察机关的四大主要职能。当然，我们还有其他方面的职能，比如，诉讼当中，对公安机关（侦查机关）、人民法院（审判机关）、监狱（刑罚执行机关）等司法机关的工作人员利用职权实施的非法拘禁、刑讯逼供、非法搜查等侵犯公民权利、损害司法公正的犯罪案件进行立案查办，这也是检察机关保留的部分职务犯罪侦查权。

四、未成年人要尊法学法守法用法

我今天讲授法治课的落脚点，就是想要同学们在思想上树立起对法律的信仰、对法律的尊崇。2014年，中央专门出台《关于全面推进依法治国若干重大问题的决定》，这是第一次以中央文件形式对全面依法治国作出决定，具有里程碑意义。全面依法治国，不仅仅是党和国家机关的任务，也是我们每一个公民的义务。同学们是祖国的未来，大家一定要自觉尊法、学法、守法、用法，为实现依法治国作出自己的贡献。

既然法律与我们终身相伴，我们就要有法治意识。培养法治意识，首先要树立"规则意识"，只有每一个人都将规则意识深植内心，整个社会才能形成人人遵守规则的和谐氛围。法律讲究公平、公正、公开，要用正当的程序来解决问题，比如，在刑事案件中，非经人民法院审判，不得对任何人定罪量刑，对于实施犯罪行为的人员，在侦查、起诉阶段叫"犯罪嫌疑人"，在审判阶段要称为"被告人"，只有在最终判决后才能称之为"罪犯"，所以同学们还要树立"程序意识"。在生活中，公民相互之间有经济往来，如果只是口头约定，没有证据，假如对簿公堂，当事人的主张就不一定得到法院的支持，所以我们还要有"证据意识"。同学们还要树立"权利义务统一意识"，从法律关系上讲，权利与义务是同时产生的，没有权利，就没有义务，没有义务，也就没有权利。我国公民享有宪法和法律规定的权利；同时也必须履行宪法和法律赋予的义务。

从行为上来讲，我们要遵守法律。如何遵守法律呢，我想通过两个真实的案例，向同学们介绍遵纪守法的重要性。第一个是校园暴力案例。

高中生小陈在自习课上大声说话，被班干部小张制止。一向强势的小陈因此数次殴打、羞辱小张，逼迫小张在教室当众道歉。

讲到这里，我想先问同学们一个问题，如果你是小张，你会怎么办？（学生发言略。）大家谈了自己的想法，我们看看小张是怎么做的。

小张感觉非常屈辱，便萌生了杀掉小陈的念头，几天后的凌晨潜入小陈宿舍，用水果刀划了正在睡觉的小陈脖子一刀，但因紧张只划破皮就跑了。第二天早自习时，小张又听到小陈要打自己，一下子激动起来，趁小陈不备用水果刀再次扎小陈脖子，将其脖颈处静脉血管扎断。小陈被送往医院紧急抢救脱险，经鉴定构成轻伤。检察机关对小张提起公诉，同时根据本案被害人有过错、双方达成和解等情节，提出了从轻处理的量刑建议。法院经审理，以故意杀人罪（未遂）判处小张有期徒刑3年，缓期3年执行。

这是一起典型的校园暴力案件。我们从案件中可以看出，校园欺凌、校园暴力没有赢家。小张受到欺凌时，没有及时告诉老师和家长，用法律维护自己的权益，而是以暴制暴，意图杀死小陈，最终由被害者转化为加害者，受到了法律的制裁，对自己的学业和生活产生了严重影响。可以说，校园安全，人人有责，大家应当友善对待同学，拒绝任何形式的暴力。同时在受到校园欺凌时，要立即告诉家长、老师或者报警，用法律维护自己的权益，切不可以暴制暴。

第二个是"校园贷"案例。大家是高中生，再过不久即将步入大学，开始新的人生旅程。但是，大学并不是"真空"的象牙塔，也有一些"陷阱"需要同学们火眼金睛，小心识别。近年来，一些不良网络借贷平台虚假宣传，通过降低贷款门槛、隐瞒实际资费标准等手段，诱导学生过度消费、陷入"高利贷"的漩涡。

2017年12月，某高校大二学生小飞，因无力支付购买新手机，在网络借贷平台借款2000元，承诺一周内还清。借款周息高达30%，这意味着一周后他要还2600元。一周后，他未能按时还款，借款人告诉他可以通过另一个借款平台继续借款，先还利息。结果在短短的三个月里，他采用"拆东墙补西墙"方式，从多个借款平台借钱，欠款从2000元变成了惊人的11万元。面对越滚越大的数字，小飞倾其所有还是无力偿还，他瞒着家人辍学打工，偿还了2万元，但欠款却仍在不断增多。

有的同学会问，作为几乎没有收入来源的大学生，借贷人怎么就能确保小飞能还款呢？原来，对方在借钱前，要求小飞提供了个人身份信息、学校信息、父母联系方式和手机通讯录信息等。这些最后都成了借款人威胁、恐吓小飞还钱的资本。

同学们想一想，到底是什么原因导致这个局面呢？

我想，原因有两点，一是"攀比心理"在作怪，个别学生不顾自身承受能力，一味追求"高品位"生活；二是部分同学风险意识薄弱，对不良商人的贪婪和"套路"缺少足够的辨别力。而一些无良的"校园贷"正是看准了这两点，引诱学生们高消费和超前消费，进而从中牟利。同学们将来走进大学校园，父母不在身边，需要大家擦亮眼睛，明辨是非。首先，要找准自身定位，消费不能替代学业、攀比无助于进步，要培养勤俭节约的良好习惯；其次，合理规避风险，以"能承担、减轻家庭负担"为消费原则，拒绝盲目跟风；最后，提高金融、消费领域的敏锐性，既不回避新生经济事物，也要有相应的风险意识。

上面提到的案例虽然涉及的法律规定不同，但也有共同的特点。这些未成年人走上违法犯罪道路或者被侵害，既有未成年人法治意识、自护意识不强的问题，也有学校、网络和社会管理薄弱的原因。一方面，学校、家长和社会要负起保护、教育孩子的责任，为孩子们创造一个安全健康的环境。检察机关将一如既往依法充分履行法律监督职责，努力为同学们的成长提供更专业更有效更全面的司法保护。更为重要的是，希望通过今天的讲座，同学们能够做到尊崇法律，树立法治意识；学习法律，掌握自护技巧；遵守法律，养成良好习惯；依靠法律，维护合法权益；宣传法律，传播正义之声，为国家的法治化进程添砖加瓦。

最后，希望同学们在未来的路上，牢记法律是准绳，任何时候都必须遵循；道德是基石，任何时候都不可忽视。加强自身的道德修养，注重养成规则意识、契约精神，从而进一步坚定自己的法治信念，做社会主义法治忠实的崇尚者，自觉的遵守者，坚定的捍卫者。

以上就是我今天交流的全部内容。谢谢大家！

让法治精神伴随青少年健康成长

黑龙江省人民检察院党组书记、检察长　高继明

📖 授课情况

授课时间： 2019 年 3 月 1 日

授课地点： 哈尔滨市第三中学校

授课对象： 高一、高二学生 2000 余人，其中现场 300 人，其他学生通过校园广播在教室同步收听

逻辑结构： 首先介绍检察机关职能，以两个社会热点事件引出关于法是什么、违反法律与违反社会行为规范的界限的讨论，进而从情理、道理、法理方面，分析德、纪、法的递进关系，通过对遵守道德规范与遵守法律关系的阐释，深化学生们立德、守纪、遵法的认识、理解和思考。

✍ 目的效果

现代社会，不仅需要"法制"，更需要"法治"。开展法治教育，不仅是传授法律知识，更重要的是灌输法治观念，把法治的种子播种在未成年人的心中，使之崇法、敬法、信法，才能更好地学法、用法、守法。

🌐 部分新闻链接

1.中国新闻网 2019 年 3 月 1 日:《高继明检察长受聘兼任哈尔滨市第三中学法治副校长并讲授首场法治课》

2.光明网 2019 年 3 月 4 日:《黑龙江省检察长高继明受聘兼任哈尔滨市第三中学法治副校长》

授课讲稿

尊敬的各位同学、各位老师：

大家好！

今天，接过聘书，戴上校徽，我有了一个新的身份，感到非常荣幸，又感到肩上沉甸甸的责任。担任法治副校长，是检察机关落实习近平总书记关于全面依法治国要从娃娃抓起重要指示精神的一个举措，送法进学校，帮助同学们更好地树立法治意识。今天，围绕学法、懂法、守法、用法，与老师、同学们分享一下我的体会和认识。

一、检察机关的职能

借此机会和同学们简单介绍下检察机关。检察机关的主要工作，一是批准逮捕、提起公诉、出庭支持公诉（发生了犯罪，公安机关立案侦查，认为构成犯罪、需要逮捕的，移送检察院审查批准；批捕以后，公安机关按照检察官提出的意见和要求继续侦查，然后移送人民检察院，由检察院向法院提起公诉；开庭审判时检察官要出庭支持公诉），这是检察机关最基本的刑事检察职能。二是民事、行政检察监督，就是对法院作出的民事、行政裁判，当事人认为确有错误、不公正的，检察院接到申诉，经过审查，认为确实有违反法律规定、处理不公的，依法向法院提起抗诉，法院依法应当重新审判，并对法院的民事和行政诉讼活动进行监督，这是对法院审判工作的检察监督，这是第二项职能民事、行政检察监督职能。三是检察机关一项新的职能——检察公益诉讼，这是2017年修改后的民事诉讼法、行政诉讼法赋予检察机关的新职能。比如，有一些工厂乱排放污水，破坏了环境，侵害了社会大众的公共利益，而有关国家机关却不管，检察机关就有权作为社会公共利益的代表，按照法律规定向人民法院提起公益诉讼，要求法院作出判决，相关国家机

关就要履行职责，相关企业就要受到处罚。在此，我着重介绍与大家密切关联的一项工作——未成年人检察。主要包含三方面内容：一是办理未成年人犯罪以及未成年人受侵害的案件，二是为未成年人提供各方面的司法保护，三是预防未成年人犯罪。今天，我作为一名检察官站在三中的讲台上，给大家上法治课，就是在履行检察机关预防青少年违法犯罪普法宣传的职责，落实国家关于"谁执法、谁普法"要求，这也是我们未检的一项基础性工作。所以，大家记住，在你们成长的路上，有检察机关的一路陪伴！

二、关于法，要向同学们说的三句话

第一句，认识法，了解法，走近法。

同学们记不记得发生在北京八达岭动物园的事件？

一位来此游玩的女同志违反园区不允许游客下车的规定，自行下车，遭到老虎袭击而被咬成重伤，其母下车施救，也被老虎咬死。

还有当年舆论影响比较大的"刺死辱母者"的于欢案：

于欢在自己及母亲被多名追债人限制人身自由、其母亲受到人身侮辱并且报警无果后，持刀刺伤对方4人，其中1人死亡、2人重伤、1人轻伤。

就此，我和同学们谈谈什么是法，为什么说它有重要作用。

谈到"法"，同学们会联想到有关"法律""法制""法治"这些词语。那么，它们都是什么含义，它们之间有什么区别和联系？我想，这不仅仅是法律专业的大学生要研究的问题，在座的都是同龄人中品学兼优的佼佼者，有着深刻的思想、活跃的思维，一定会有同学思考过这个问题。无论将来你们是否从事法律专业，了解、理解这三个词语，都有助于树立法的思维，更好地尊重法律、敬畏法律、维护法律。

如果给这三个词排序，应是法律——法制——法治。

法律是指具体的法的条文，其本质是一种社会行为规范。在现代国家，最高的法律形式是宪法，此外还有刑法、民法等，包括我们正在受其规范、保护的教育法、未成年人保护法等。而行为规范除法律外，还包括社会主义道德、社会主义核心价值观，以及校规校纪、家规家风等，所以，法律与道德、纪律等同为行为规范，但法律具有道德与纪律等所不具备的特征：国家性（由国家制定或认可）、强制性（靠国家强制力保证实施）、普遍性（对全体社会成员具有普遍约束力）。

而法制和法治，是既有区别又有联系的两个概念，不能混淆！法制是法律制度的简称，是有形的、实际存在的东西；而法治是用法律来统治的简称，就是我们强调的"依法治国"，是一种治国原则和方法。可见，法制是静态的，而法治是动态的。而且，法治的内涵要比法制丰富很多。现代社会，我们需要的是"法治"，而不是单纯的"法制"。我国当代社会所提倡和努力建立健全的，是现代意义上的依法治国和法治国家。

关于"法治"的重要意义，习近平总书记在四中全会上有段关于法治的讲话，"法治兴则国家兴，法治衰则国家乱。什么时候重视法治、法治昌明，什么时候就国泰民安；什么时候忽视法治、法治松弛，什么时候就国乱民怨"，这就把法治上升到保证国家繁荣、昌盛、稳定的高度。这也是法治应有的高度。我国《宪法》第5条明确规定"中华人民共和国实行依法治国，建设社会主义法治国家"，法治是我们国家建设的目标，人类历史经验证明，法治是人类社会进入现代文明的重要标志。同学们，你们的生活、学习、成长，同样时时处处离不开法治的环境。

中央从党的十八届四中全会以来，把"法制教育"改为"法治教育"，具有重要意义和深刻含义。我们检察机关在开展法治宣讲中，也正在做到从"法制教育"向"法治教育"的转变。在我们司法实践中发现，一些未成年人（尤其是高中生）走上违法犯罪道路，并非不知道相应的法律知识，而是缺少法治意识，知法犯法，没有对法治形成应有的敬畏和信仰。所以，我们开展法治教育，不仅是传授一些法律知识，更重要的是，灌输法治观念，把法治的种子播种在未成年人心中，并生根发芽。

这是我们的目标！

第二句，以德护法，德纪相彰，远离"红线"。

前面讲到，行为规范除法律外，还包括社会主义道德观（社会主义核心价值观），纪律，家教等，那么，同样作为行为规范，以上四种行为规范哪种最有效？多数同学可能会选择法律，因为它最有强制力！但我们也可以从情理、道理、法理几方面，换个角度、换种思维来思考这个问题，可不可以这样排序：家规家教—纪律（党纪、军纪、校纪等）—社会主义道德—国家法律。这里的思路，首先强调的是发挥传统美德、社会倡导的道德的作用，遵守纪律和社会规范等，而将法律作为最后一道防线，不得已才要用到它！每个人都加强道德修养，遵守社会规范、规则，才能做到遵守法律，这样社会才有秩序，我们自身以及别人的合法权益才能得到保障。正如我们前面讲到的例子，那个在动物园随意下车的女子，很可能就是从小或平时没有养成遵守社会秩序、社会规范的意识和习惯，行为随意、任性，她的行为虽然没有触犯刑法，但违反了园区规定，违反了社会规范，付出了血和生命的代价。而于欢呢，虽然对方有严重过错，于欢的行为也确是事出有因，社会舆论也多站在于欢的一方，认为他是被逼无奈之举，但是，国有国法，家有家规，维护自己的权益也要在法律允许的范围之内，而不能以触犯法律的方式去对抗不法行为。于欢的行为虽有"防卫性"，但属于"防卫过当"，依法应当负刑事责任，法院最终以故意伤害罪，改判于欢 5 年有期徒刑是公正的（原判无期徒刑）。生活中还有一些例子，比如，"中国式过马路"，红灯时也强行过马路；还有重庆万州长江大桥上，一位女乘客因为错过了一站，与公交司机抢夺方向盘，导致公交车坠入长江，全车人均未能生还，这些都是缺少规则意识、缺乏自我行为约束、不遵守社会规范的鲜活例子，都要引起我们的警示。

第三句话，让法治意识根植于心。

法治是实现法律的途径。法治的基本要素包括立法、执法、司法和守法。这里，和同学们密切相关的、要求同学们做的是守法。守法是全体公民应尽的义务，大家都守法，法才有生命力，大家都能在井然有序、规范公正、友爱和谐的社会中生产、工作、生活。当前，在我们建设法治国家进程中，应该说法治意识还没有在全社会普遍树立，还不是所有人都能做到自觉地守法，心中有法、遇事找法、办事靠法。每个人都养成良好规则意识、法治意识，需要一个过程。所以，习总书记讲，建设法治国家要从孩子抓起、从娃娃抓起，逐渐地养成，所以同学们肩负着建设社会主义法治国家、建设社会主义强国的重任！希望同学们都能自觉地尊崇法律、学习法律，用社会主义核心价值观约束自己的言行，养成良好的法治意识，成为更好的自己，也为我们建设社会主义法治国家贡献自己的一份心、一份力。

三、爱护自己，就是为社会尽责任

同学们，你们是父母家庭的希望和寄托，是国家的期盼和未来。家庭和社会都盼望你们健康快乐成长，承担起建设社会主义国家、实现中国梦的重任。你们要珍惜自己，爱护自己，不做触犯法律和社会规范、道德的事，还要善于用法、用智慧保护好自己。未成年人处于成长发育阶段，有一些违法行为，当前可能因为未达刑事责任年龄不构成犯罪，过了这个年龄段可能就是罪行，需要予以重视，切记"勿以恶小而为之"。养成良好的习惯，时刻严格自律，严防不法、不良习气、习惯侵袭，就是保护自己最好的方式。

比如，对于目前高发的网络犯罪问题以及网络对青少年的影响，在此和大家谈一谈。"网络猛于虎"的说法，并不是危言耸听，网络诱因已经成为青少年犯罪的重要原因之一。有的同学打游戏，钱不够，父母不给，就去强"借"、去抢、去盗窃；有的利用自己的"才能"，去做黑客，侵入、破坏、篡改计算机信息网络系统，如果年龄不到 16 周岁，属于违法，经济处罚由家长承担，如果达到法定年龄可能就要追究刑事责任。比如，检察机关办案中，有一个 17 岁的"电脑高手"，聪明才智用

错了地方，利用网络盗窃他人 41 万元，触犯了刑法构成了犯罪。还有在 2016 年，大批电脑遭到一个"混客帝国"网站的攻击，全国 10 余万台电脑受到破坏，经查，肇事者为黑龙江省七台河市一重点高中一名 17 岁的"尖子"学生。还有更极端的案例，一个少年玩网络暴力游戏成瘾，当被父亲关掉即将通关的游戏时，竟然持刀将父亲刺伤；还有的孩子因为母亲不让玩手机，竟然持刀杀死母亲，触目惊心。另外，利用互联网侵害未成年人的案例也屡见不鲜，从最高人民法院公布的案例看，有的不法分子以网络聊天、网友见面等为幌子，对未成年人实施身体侵害、抢劫、敲诈勒索等犯罪；有的不法分子借助网络平台引诱未成年人吸毒、贩毒或进行其他违法犯罪活动；有的不法分子通过网络聊天哄骗未成年人拍摄不良视频，并在网上传播；有的单位和个人转载不符合事实的新闻，侵犯未成年人隐私；等等。这些案例都警示同学们，在享受互联网带来的资源和便捷时，更要强化网络法治意识、安全意识，严格自律，遵守法律法规。特别要加强自我防护，不轻易泄露个人信息和隐私，不要受网络犯罪分子的哄骗和引诱，避免自己的人身、财产受到不法侵害。

最后，作为法治副校长，我想对各位老师和家长们说几句话，提几点期望。前段时间看到发生在湖南的两个案例，都是发生在 2018 年 12 月份，其中一个 12 岁少年，因不满母亲管教，持菜刀砍死母亲，其后用母亲的手机接来电、回复信息，并以母亲口吻向老师请假；另一个 13 岁少年，因家庭纠纷用锤子锤杀自己的父母，然后去网吧上网。是什么让他们对生养自己的父母痛下杀手，并且漠然处之？他们有着什么样的成长、教育环境和经历，让他们毫无对父母的感恩、对生命的尊重，也没有基本的法治意识？我觉得家庭、学校、全社会都应深刻反思，而不是仅仅质疑，为什么这么严重的行为法律却不能制裁，还有一些人为此强烈呼吁降低刑事责任年龄。我想我们更要深入思考如何承担起责任，更好地关心关爱、教育、引导未成年人，防患于未然，而不能一味将责任归到未成年人身上。家长是孩子们的首任老师，父母对孩子的成长格外重要！老师是园丁，是学生们的灵魂工程师，肩负塑造祖国未来的巨大责任，包括我这个法治副校长，要按照党中央的要求，把教书育人和自我修养结合，言传加身教。在此与所有的家长、教师共勉，为帮助孩子们走上健康成长的阳光道路，让孩子们更多地感受到社会的爱和温暖，成为德智体美劳全面发展的社会主义建设者和接班人，成为担当民族大任的时代新人，让我们一起共同努力！

以上就是我——新上任的法治副校长，与同学们、老师们交流的一些体会和看法，供大家参考。

谢谢大家！

大检察官讲法治小故事

——争做尊崇宪法、信仰法律的社会主义法治捍卫者

上海市人民检察院党组书记、检察长　张本才

📖 授课情况

授课时间： 2018 年 12 月 3 日

授课地点： 上海中学

授课对象： 高一、高二学生 800 余人

逻辑结构： 本课程围绕四个设问展开。首先从"检察官是干什么的"这一问题切入，结合宪法及相关法律规定介绍检察机关的主要职能。其次通过"何为法、为什么需要法"的设问，结合"獬豸的故事""重庆公交车坠江事件""基因编辑婴儿""冷冻人""换头人"等神话传说和新闻热点事件，生动阐释法的作用、价值以及法的未来发展方向，帮助学生深入理解法的基本原理，养成法治思维。再次以"宪法是什么，为什么要学习宪法"为题，结合《宪法与我的一生》动画视频重点讲解宪法的历史、宪法的地位、作用以及主要内容，引导学生树立尊崇宪法、信仰法律的意识。最后围绕"作为未成年人，我们身边有哪些常见的法律问题"深入展开，通过对发生在中学生身边的典型案例的深入剖析，进一步增强学生遵守法律，依法维护权益的意识和能力。

目的效果

未成年人是社会主义法治国家的建设者和捍卫者。加强未成年人法治教育，让他们从小树立尊崇宪法、信仰法律的意识，具有非常重要的意义。本课程结合法治小故事、社会生活中的热点事件、发生在学生身边的典型案例等，深入浅出地向学生普及宪法、法律的基本知识，并通过互动式教学，引导学生深入思考法的作用、价值以及法的未来发展等前瞻性问题，激发学生对法学研究的兴趣，帮助他们更加深入地理解社会主义法治的核心要义，更加自觉地遵守、践行宪法和法律。

部分新闻链接

1. 搜狐网 2018 年 12 月 5 日：《"法治副校长"张本才在上海中学"敲黑板"，借热门案例谈宪法》

2. 新浪网 2018 年 12 月 5 日：《大检察官讲法治小故事！上海三级检察院 21 名检察官受聘担任中学法治副校长》

3. 检察日报 2018 年 12 月 5 日：《大检察为 800 名中学生上法治课》

4. 央广网 2018 年 12 月 3 日：《上海 21 名检察长受聘担任中学法治副校长》

5. 人民网 2018 年 12 月 3 日：《上海首次聘 21 名检察长担任中学法治副校长》

6. 新民网 2018 年 12 月 4 日：《大检察官讲法治小故事！上海三级检察院 21 名检察长受聘担任中学法治副校长》

7. 检察日报正义网 2018 年 12 月 3 日：《上海：全市 21 名检察长受聘担任法治副校长》

8. 大众网 2018 年 12 月 3 日：《沪首推"检察长兼职法治副校长"形式 21 名检察长"上岗"》

9. 中国新闻网 2018 年 12 月 4 日：《上海市 21 名检察长受聘担任中学法治副校长》

授课讲稿

同学们、老师们：

大家下午好！

上海中学有着非常悠久的历史，建校 150 余年来，培养了一大批优秀杰出的校友，有大科学家、大政治家、大企业家，当然还有大法学家。今天受聘担任上海中学法治副校长，我感到很荣幸。

正式开始讲课前，我先给大家讲一个宪法小知识。明天是国家宪法日，为什么要将 12 月 4 日确定为国家宪法日呢？"家有家规，国有国法"，宪法是国家的根本法，对于国家和人民有着不可替代的重要作用。我国现行宪法是 1982 年 12 月 4 日正式实施的，为了增强全社会的宪法意识，弘扬宪法精神，加强宪法实施，2014 年 11 月 1 日十二届全国人大常委会第十一次会议决定，将 12 月 4 日设立为"国家宪法日"。我们上海中学从今天起，也将举办为期一周的"走进法的世界——上海中学2018 年普法周系列活动"。希望我今天的课能够让同学们走进法的世界，体会法的价值，感受法的魅力，今后有更多的优秀法学家、法律工作者从你们当中涌现。

今天这堂课，我重点讲四个问题。

一、检察官是干什么的

我是上海市人民检察院的检察官。相比公安和法院，大家可能对检察机关了解得少一些，在这里我简要地给大家介绍一下。

《宪法》第 134 条规定，检察机关是国家的法律监督机关。检察机关主要有以下五个方面基本职能：一是审查批准逮捕。公安机关等侦查机关需要逮捕犯罪嫌疑人的，依法须提请检察机关审查批准。二是审查提起公诉。大家可能在一些影视作品中看到过"国家公诉人"的形象，检察官在法庭代表国家追诉和指控犯罪。英美法系、大陆法系国家的检察官都有这一职能。三是诉讼监督。对刑事诉讼、民事诉讼、行政诉讼活动以及刑罚执行和监管活动实行法律监督。简单说，就是法院、公安、司法行政机关等部门要是在办案等执法司法工作中有什么不公正、不正确的地方，检察机关依法督促他们及时纠正。四是提起公益诉讼。检察机关以公益起诉人身份向法院提起公益诉讼，保护受侵害的社会公共利益。大家如果看新闻，可能会了解一些环境污染的案件，检察机关就可以代表国家提起公益诉讼。五是依照法律规定对有关刑事案件行使侦查权。

这么说比较抽象，我通过一个案件来具体说明。在滨江的长椅上，一个小偷企图盗窃一名游客随身携带的挎包，游客意识到自己被偷，于是把包护在胸前，但包内的钱包还是被小偷偷走了。游客马上追上去，将钱包夺了回来，但小偷又把钱包抢了过去。游客就大声呼救，在其他人的帮助下把小偷按倒在地，扭送公安机关。公安机关侦查后，以小偷涉嫌盗窃罪，提请检察机关批准逮捕。这就是检察机关办理刑事案件中的一个环节——审查批准逮捕。检察机关在作出是否批准逮捕决定的同时，也会对公安机关的侦查行为进行监督。比如，这个案件公安机关以盗窃罪来报捕，但是检察机关认为定性错误，以抢劫罪批准逮捕。接下来，公安机关在侦查终结后将这起案件移送检察机关审查起诉，这就是后续的一个环节——审查提起公诉。检察机关以犯罪嫌疑人涉嫌抢劫罪向法院提起公诉，但法院判决认定其构成抢夺罪。为什么会有争议呢？因为案件中有个细节，小偷把东西偷走了，游客抢了回来，小偷又给抢走了。这个细节对于认定小偷行为是"抢夺"还是"抢劫"十分关键。如果检察机关经过查证，有充分证据证实小偷在抢包时对游客使用了暴力，就可以依法向法院提起抗诉，要求上一级法院对案件再次进行审理。这就是对法院的审判活动进行监督。不光是刑事案件，民商事案件判决不公的，检察机关都可以依法向法院提起抗诉。这个案例比较全面地说明了检察机关刑事案件办理和诉讼监督的职能，其中也涉及罪名认定的技术性问题，希望能引起同学们的兴趣。

除了上述案例体现的职能，检察机关还有公益诉讼职能，这是近年来新增的职能。习近平总书记讲，检察机关要做公共利益的代表者。比如，大家关心的空气污染、水污染事件，不光损害了老百姓的利益，也给地方的生态环境造成严重破坏，那怎么办？让涉及的人民群众自己向法院提起诉讼，实践中有很大的困难。这时候，检察机关就可以作为公共利益的代表，向法院提起民事公益诉讼；如果是因为行政机关不作为，导致了这些损害事实发生，检察机关也可以对行政机关如环保局或者对水务局提起行政公益诉讼。

同时，2018年新修改的《刑事诉讼法》第19条第2款还规定，人民检察院在对诉讼活动实行法律监督中发现的司法工作人员利用职权实施的非法拘禁、刑讯逼供、非法搜查等侵犯公民权利、损害司法公正的犯罪，可以由人民检察院立案侦查，这是检察机关的侦查权。

在检察机关的众多职能中，保护未成年人合法权益是我们非常重要的一项职能，检察机关设立了专门办理未成年人案件、保护未成年人权益的未成年人检察部门。上海是我国未成年人检察制度的发源地，1986年6月，全国首个少年起诉组就在长宁区检察院设立。2018年12月，中央批准最高人民检察院成立第九检察厅，专门负责未成年人检察工作，就是要更好地保护未成年人的合法权益，为同学们创造更好的成长环境。

二、何为法、为什么需要法

一开头我就说到，宪法是我们国家最重要的一部法律，那么大家有没有想过什么是法？为什么需要法？我给大家讲一个与法有关的传说。

相传上古时代，尧舜时期有一名贤臣，叫作皋陶，舜帝任命他为主管刑法的"士"，并对他说："蛮夷侵扰华夏，坏人为非作歹，你担任司法官，处刑要让人信服。只有公正明允，才能取得民众的信任。"皋陶饲养了一头神兽，叫作獬豸，似羊非羊，头上有独角，非常有灵性。每当

他断案，遇有疑难不决时，就将神兽放出，它会用头上的独角指向无理的一方，令犯法者不寒而栗。

后来，皋陶被史学界和司法界公认为中国古代司法的鼻祖，獬豸也被视为中国古代法律的象征，古代法官戴的帽子被叫做"獬豸冠"，明清时代御史的官服上也绣着獬豸的图案。以獬豸作为法的象征，也一直沿用至今，如天安门城楼大殿的屋檐上、各地许多法院的门前都有它的形象。

当然，依靠神兽进行断案只是传说，主要是因为在法律制度尚不完善的古代，统治阶级需要依靠神明的力量来塑造、维护法的权威。现如今，我国社会主义法律体系正不断完善，全社会的法治意识不断加强，我们不是依靠"神兽"，而是通过程序正义来实现实体正义。比如，检察机关履行法律监督职能，不仅可以对公安机关的侦查活动进行监督，也可以对法院的审判活动进行监督，最大限度避免出现冤假错案。这就需要检察官不仅会办案，还要有明察秋毫的能力，这对我们的工作提出了更高的要求。

从远古野蛮时代进入现代文明社会，法律一直是指引社会进步的明灯。打个比方，远古时代部落之间经常有战争，种族被灭亡的事经常发生。近现代社会也发生过这样的事，比如，"二战"时期希特勒对犹太民族的屠杀，那有什么措施可以规制他呢？这就是国际法。"二战"结束后，很多德国、日本战犯因为反人类罪在国际军事法庭受到审判。随着航天科技的发展，我们的法律已经延伸到了太空中，对太空中的卫星通信，国际法中就有基本的规定。但是人类到太空去怎么规制，现在还没有法律规范。我想未来太空法的制定者，很可能就坐在台下。

现在大家看到屏幕上显示的这是一个繁忙的十字路口，但是现状非常混乱，为什么呢？因为红绿灯失效了。再打一个比方，在座的同学有喜欢打网游的吗？不管是"英雄联盟""王者荣耀"还是"绝地求生"，要想最终顺利"吃鸡"，也得遵守游戏里的规则。从一定程度上说，法就相当于我们人生道路中的一个又一个"红绿灯"，"通关"旅途中的一道又一道"攻略"。每个人都向往自由，但如果没有一套规则来限制每个人行使自由的边界，维持正常的秩序，每个人都为所欲为，就会出现堵成一团的十字路口或者游戏中弱肉强食的砍杀大战，最终的结果是所有人都没有办法自由通行、所有人的生命安全都无法得到保障。这其实就是权利和义务的关系。

法律是如何来保护我们的权利、督促我们履行义务呢？一是指引作用，让我们知道哪些行为可以做，哪些行为不可以做。比如，2018年4月份，国家通过了英雄烈士保护法，其中有"禁止歪曲、丑化、亵渎、否定英雄烈士事迹和精神"的规定。我们就知道了，不能在网络上发帖，调侃、污蔑英雄和烈士。二是评价作用，我们可以依据法律规定，去判断、衡量他人的行为是否合法。比如，2017年10月1日正式实施的《民法总则》第184条规定："因自愿实施紧急救助行为造成受助人损害的，救助人不承担民事责任。"这被很多人称为"好人法"，因为它打消了人们做好事的后顾之忧，让我们在路边看到摔倒的老人可以不再犹豫要不要扶。从这其中，我们就可以看到法律所蕴含的价值导向和对人们行为的评价、引导作用。三是预测作用，人们能够根据法律预测到相互之间会如何行为，以及行为的后果，从而对自己的行为进行合理的安排。比如，大家都很喜欢的作家金庸前阵子不幸离世，有人在网上问："我是不是可以随便用他的IP了？"当然不行！著作权法规定，公民的作品，其发表权和有关财产权的保护期限为作者终生及其死后50年。那么在保护期限内，如果要发表他人的作品，就要经作者或者其继承人的同意，并根据协商支付知识产权费用，而在保护期外则不必如此，可以直接发表。此外，法还有教育和强制作用，通过惩治违法行为，对社会公众产生教育示范作用。

法作为一种行为规范，就是这样来实现调整社会关系、维护公序良俗的价值。我们知道，道德是人们关于善与恶、正义非正义的观念，也是一种行为规范。那么，法律与道德是什么样的关系呢？习近平总书记有一个非常经典的比喻：法律是准绳，道德是基石。

孔子有曰，"道之以政，齐之以刑，民免而无耻；道之以德，齐之以礼，有耻且格"。就是说用政令和严酷的刑罚来治理百姓，百姓只求免于刑罚而没有廉耻之心，用道德和礼制来引导百姓，百姓就会心悦诚服。"法安天下，德润民心"。正如习近平总书记说的，"法律是成文的道德，道德是内心的法律"。

前段时间发生的重庆公交车坠江事件大家应该都知道了，一名乘客因为错过了车站，就非要司机违反规定中途停车，在司机拒绝后不断辱骂、扇打司机，司机一气之下也还手反击，导致车辆失控，撞断护栏坠入江中，15条生命就此消逝。这场悲剧的教训是非常深刻的。乘客辱骂驾驶员、驾驶员还手反击，一个是违背社会公德的行为，一个是违背职业道德的行为，最终酿成一场大祸。乘客和驾驶员的行为严重危害公共安全，已触犯《刑法》第115条，涉嫌以危险方法危害公共安全罪。如果他们并没有在事故中丧生，等待他们的将是法律的严惩。所以，看似很小的违背道德的行为也可能会导致违法犯罪，而有时看似很小的善意举动也能温暖人心甚至救人一命。有些地方也发生过与重庆公交车上的情况类似的情形，但由于在场的乘客勇敢站出来、积极劝阻，就避免了悲剧的发生。所以，同学们一定要记住，"勿以善小而不为，勿以恶小而为之"。希望同学们在未来的路上，牢记法律是准绳，任何时候都必须遵循；道德是基石，任何时候都不可忽视，加强自身的道德修养，注重养成规则意识、契约精神。

如果大家有兴趣，我可以再讲一些例子。最近我经常和我的同事探讨科技进步可能引发的法律问题。比如，上海公检法联合开发了人工智能的办案辅助系统——206系统，这个系统对提高办案效率作用非常大。但是如果人工智能进一步发展，有没有可能代替人类来审判案件呢？现在，美国华尔街上很多公司、律师事务所已经在用机器人进行商业金融合同的合规性审查。可能在不远的将来，机器人就能够具备审判案件的能力，但是能不能由它来对人类进行审判呢？这涉及人类的自由权、人身权、财产权要不要交由机器去主导这样一个司法伦理问题，是需要深入思考的。

最近有一则非常热的新闻，南方科技大学一个叫贺建奎的副教授通过基因编辑技术，帮助一名女性生下了两个女婴，一个叫娜娜，一个叫露露，在社会上引起了轩然大波。无论是国内还是国外，都是一片谴责，为什么会这样？就是因为他触及了医学伦理和司法伦理的边界，他的行为可能给女婴以及人类带来不可预计的伤害。

还有一个例子，前几年山东济南有一名绝症患者将自己冷冻起来，打算等医学进步到能够治好她的病时再"复活"。但是这个冷冻行为和我刚才讲的基因编辑技术一样，会带来一系列不可控的问题。我们可以设想，如果这中间发生事故，比如断电了，这个人最后没有"复活"，将怎么办呢？冷冻人没有生命体征，是作为物看待，还是作为人看待？如果作为一个人，那导致她死亡的这个事件，是认定过失杀人罪，还是其他罪？再比如，前两年中国和俄罗斯合作实施了一例"换头术"，将张三的头换到李四的身体上去，虽然实际中这个人存活的时间并不长，但可以想象一下，如果他活着，根据宪法规定，我们有人格权、姓名权、人身自由权等权利，那么这个人，张三的头李四的身体，到底是叫张三还是叫李四？如果他的家人主张权利，就会出现问题。比如，张三有30亿元的财产，那么换头以后财产到底属于张三，还是李四，如何解决这个问题？更进一步说，如果这个换头人犯了罪，如何追究责任？

前两年，上海有一个真实的代孕案例，一对夫妻非法购买卵子并"借腹"代孕生了一对龙凤胎。孩子出生后，提供卵子的人，怀孕生子的人以及委托代孕的人，到底谁是孩子的母亲？

上面这些例子，都是科技发展所引发的法律问题。目前还没有人把这些问题作为一个法学学科来研究。我希望将来能设立未来法学这门学科，专门研究这些问题，这对于我们国家法治发展有很大的好处。

三、宪法是什么，为什么要学习宪法

刚才我们说了法是什么，法很重要，那么法律发挥作用的关键又是什么呢？"法律要发挥作用，需要全社会信仰法律。"正如法国著名哲学家卢梭的名言，"一切法律中最重要的法律，既不是刻在大理石上，也不是刻在铜表上，而是铭刻在公民的内心里"。国家的每个公民都"用法律的准绳去衡量、规范、引导社会生活"时，国家法治就能实现。

我们要增强法治观念，首先要学习根本法——宪法，掌握宪法知识，树立宪法精神。新中国成立后，我国一共制定过四部宪法，分别是 1954 年宪法、1975 年宪法、1978 年宪法和 1982 年宪法。现行宪法自 1982 年 12 月 4 日正式实施，到明天就整整 36 年了。这 36 年中，它经历过 5 次修订，都是以修正案的形式进行。2018 年年初的第十三届全国人民代表大会第一次会议就通过了最新一次的宪法修正案，我本人作为全国人大代表也参加了会议，为宪法修正案的通过投下了神圣的一票。会议过程中，有很多人大代表都提出"学习宪法要从娃娃抓起"，因为掌握宪法知识，维护宪法权威是一个合格公民的基本条件。"求木之长者，必固其根本"，青少年是弘扬宪法与护卫宪法的重要力量，大家要充分掌握宪法这个法律武器，把它始终放在自己今后人生旅途的行囊里。

这里，我和大家分享一个一分钟的视频。（播放视频《宪法与我的一生》。）通过视频，大家可以看到宪法其实就在我们身边，和我们的日常生活息息相关。作为中华人民共和国的公民，我们要敬畏宪法。为什么要敬？因为宪法是公民利益的基本保障。习近平总书记强调，"保证宪法实施，就是保证人民根本利益的实现"。作为国家的根本法，宪法规定了我国社会制度、国家制度、公民的基本权利和义务、国家机构的组织和活动的基本原则以及国旗、国歌、国徽和首都等重要内容，涉及国家生活的各个方面，是我们每个人根本利益的集合、体现和保证，也应该是我们每一个人行动的最高准则。

为什么要畏？因为违反宪法的行为将受到法律的严惩。宪法又被称之为母法，因为它具有最高法律效力，是制定其他法律的依据，一切法律都依据宪法制定，一切法律、法规都不得同宪法相抵触。比如，宪法保护公民财产权、人身权、健康权等基本权利不受侵犯。为了保护这些权利，国家制定了民法、刑法等部门法，让侵犯他人合法权益的人，承担不利的后果，受到法律的制裁。这是我们国家当前的法律体系，宪法及相关法之下，七大部门法各有侧重，根据宪法规定的原则，具体保障大家方方面面的权利。

四、作为未成年人，我们身边有哪些常见的法律问题

下面我用几个发生在同学们身边的真实案例，跟大家讨论一下，我们身边常见的一些法律问题。

我们现在身处校园内，就先来讲一起发生在嘉定区某中学的案件。

高一学生小张在自习课上大声说话，学习委员小李劝阻无效后告诉了老师，小张因此受到批评。小张觉得小李不讲义气、"打小报告"，就联合几个同学殴打、羞辱、孤立小李，甚至在教室里强迫小李给他下跪"道歉"。

讲到这里，我想先问同学们一个问题，如果你是小李，你会怎么办？（学生发言略。）大家谈了自己的想法，我们看看小李是怎么做的。

小李感觉非常屈辱，看到其他同学聊天，就认为是在嘲笑自己，渐渐开始远离同学、沉默不语；他觉得事情是"打小报告"引起的，于是也不愿意告诉老师和家长；就这样，小李每天浑浑噩噩，学习成绩直线下降，甚至产生了和小张"同归于尽"的念头，就从家里拿了一把水果刀揣在口袋里。这天，小张又在走廊里拦下了小李，使用侮辱性的绰号称呼小李，小李羞愤难当，拿出水果刀就顶住小张的脖子，将他一路推到顶楼天台，说要和他"同归于尽"。最终，在老师、民警们的联合劝解下，小李扔下了手中的刀。

这是一起典型的校园暴力案件。我们从案件中可以看出，在校园欺

凌、校园暴力事件中没有赢家。小李受到欺凌时，没有寻求家庭、学校和法律的保护，而是以暴制暴，意图和小张"同归于尽"，最终由被害者转化为加害者，需要接受法律的惩戒，对自己的学业和未来发展产生一定影响。小张欺凌同学，没想到自己最终也受到了伤害。知道小李被小张欺凌而袖手旁观甚至跟随、起哄、参与的同学们，目睹了天台一幕后，很多都受到了惊吓，心理上也承受压力。可以说，校园安全，人人有责，从我做起。同学是缘分，守法是责任，大家应当友善、真诚地对待同学，拒绝任何形式的暴力，包括冷暴力、言语暴力，万一遭到侵害，要立即告诉家长、老师或者报警，用法律维护自己的利益，切不可以暴制暴，而其他在场的同学，即使是"吃瓜群众"，也请做一个有态度的"吃瓜群众"。我们的学校和家长，也要及时发现学生们的异常，及时干预，注意帮助学生排解压力、疏解心理问题，把校园欺凌解决在萌芽状态。

再来看一起发生在网络虚拟世界中的案件。

浦东新区某重点高中的高三男生小陈是个"电脑高手"，有一天偶尔加入了一个专门讨论 IT 技术的群组，这个群组中，每天都有人分享各种电脑软件、手机 APP、网络游戏中的漏洞 bug，小陈很快就学到了几招，攻破了某个理财类软件的防护墙，给自己的账户里充值了 40 余万元。小陈非法修改、删除计算机信息系统存储的数据，并且窃取虚拟财产，涉嫌破坏计算机信息系统罪和盗窃罪，最终付出了十分惨痛的代价。

网络同样要讲法律、讲秩序。有些同学可能觉得网络空间是虚拟空间，似乎没有约束，非常自由。实际上，网络空间是现实社会的延伸，不是法外之地，同样受到国家法律的规范和约束；公民的人格尊严、身体健康权、财产权等在网络空间里同样受到国家法律的保护，我们每个人同样都为自己在网络空间中的言行负责。同学们在享受互联网带来的资源和便捷的同时，也要注意防范其中可能存在的危险，既要自我保护、及时求助、避免伤害，也要依法行事、避免误区、拒绝违法犯罪行为。

说了男同学感兴趣的网络技术，再来看看女同学感兴趣的追星故事。我知道，在座的很多同学可能也有自己喜欢的明星，你们的"饭圈"还有很多专用名词，比如，"爱豆""应援"等。

浦东新区某高中的女生小梦和小溪都是"追星族"，两人在网上相识后时常相约一起追星。小梦喜欢的一位明星即将在北京举办生日粉丝见面会，但她始终没能得到入场券。就在着急时候，小溪突然跟她说自己有关系可以取得少量的入场券。小梦一直认为小溪是个很有能力的"大大"，赶紧根据小溪要求的数额打钱过去。消息传开后，还有其他十几个"粉丝"委托小梦转款给小溪换取入场券，总数额近20万元。可就在小梦和小伙伴们憧憬亲眼见到偶像的时候，小溪却携款失踪了。小梦这才意识到自己上当受骗了，既没能见到偶像、又被朋友们纷纷指责的小梦一念之差，服用了过量安眠药自杀，经过抢救保住了性命。一个月后，小溪被抓获到案，身边竟然身无分文。原来，小溪之所以欺骗小梦，就是因为她自己在追星过程中已经欠下了大量债务。骗得这20万元后，她还了一部分欠款，其余的又投入追星中，挥霍一空。

借这个案件，希望同学们理性追星，合法合理消费。偶像崇拜是青少年时期重要的心理特征之一，无可厚非。且合理追星是一种追求成功的心理渴求，是很正常的心理现象。但在追星过程中，要注意与自己的行为能力和经济能力相适应。刚才提到的案件，就是因为超出经济能力去追星，使两个来自普通家庭的未成年女孩，一个被诈骗钱财后选择自尽；一个欠下巨额债务后实施诈骗最终锒铛入狱，她们超越经济能力的"过度消费"行为，给自己和家庭都造成了巨大损失和伤害，令人惋惜和心痛。

其实类似的情况还有很多，比如，网络直播中给喜欢的主播高额打赏、在打游戏的过程"氪金""氪肝"等。希望同学们都能选择与自己年龄等相适应的方式，参与娱乐活动，有理、有度，让课余生活更丰富多彩的同时健康成长。

此外，也要提醒同学们的是，要提高警惕，注意财产安全。近年来犯罪分子频繁利用未成年人涉世未深来骗取钱财，有的冒充学校或者执法机关，谎称网络游戏中奖、电话欠费、考试作弊来骗财，有的则采用

"套路贷""校园贷"等手段。长宁区曾经发生过这样一起案件，犯罪分子利用一名高二男生急于购买一双名牌限量版篮球鞋的心理，诱骗他签下所谓的贷款协议和欠条，男生实际只拿到 5000 元现金，欠条上却写着借了 20000 元，而且很短时间内就"利滚利"成了 40000 多元，男生无法偿还、只能离家出走躲避债务。最后，通过检察机关提前介入、引导公安机关侦查取证，查明了事实、打击了犯罪，保护了该男生的合法权利。同学们在日常生活中，消费时要量力而行，不轻信花言巧语、也不贪图便宜，遇到困难时要主动求助，及时报警。

同时，我们也发现，一些不法分子通过非法渠道获得家长的手机号码、社交账号，编造"你孩子发生事故急需用钱"等理由诱使家长转账。大家回家也要给爸爸妈妈提个醒，遇到这类情况时不要惊慌，在与任何人发生大额度经济往来前，都需要打电话确认。

上面提到的案例虽然涉及的法律规定不同，但也有共同的特点，这些未成年人走上违法犯罪道路或者受到侵害，既有未成年人法治意识、自护意识不强的问题，也有家庭、学校、网络和社会管理薄弱的原因。一方面，同学们一定要增强法治意识，提高自护能力，远离违法犯罪，依法维护权益。另一方面，我们的学校、家长和社会也要负起保护、教育孩子的责任，为未成年人创造一个更加安全健康的环境。检察机关将依法履行法律监督职责，努力为未成年人成长提供更专业、更有效、更全面的司法保护。

在结束今天的讲课内容之前，我再给大家留一道思考题。

现在纳米技术已经应用在医学领域，医生可以将纳米机器人放入病人的脑血管中来清除血栓。但是万一有人发明了一种黑科技，利用纳米机器人将"黑暗料理"加入人类大脑，将你变成坏人。这时候，到底谁来负责呢？是植入纳米机器人的医疗机构还是你自己呢？如果那个在网络游戏中盗窃 40 万元的同学，说是自己被纳米机器人改造了脑子，这不是我做的，是机器人做的，我们要怎么界定这个行为的性质呢？大家有兴趣的话，可以认真思考一下。

　　今天我主要讲了如何遵从宪法，信仰法律。希望通过我这一堂课的讲解，能让大家产生对法律的兴趣。也希望今后有许多同学能报考法学院，成为大法学家、大法官、大检察官，为社会的公平正义、为中国法治事业做出年轻一代的贡献。当然我相信，更多的同学会在其他领域发光发热、成长成才。别忘了，人生的道路上，宪法在你身边，法律保护大家。未来的中国，未来的上海，还要看千禧年后出生的你们。最后，祝同学们身体健康、学习进步！

　　今天的课就到这里，谢谢大家！

树立法治意识　书写精彩人生

江苏省人民检察院党组书记、检察长　刘　华

📖 授课情况

授课时间： 2018 年 11 月 22 日

授课地点： 南京市金陵中学

授课对象： 高一学生、部分全国和省人大代表、政协委员约 400 人

逻辑结构： 以未成年人检察工作职能与未成年人的关联为切入点，系统介绍了当前涉及未成年人的热点问题，结合案例提出相应的解决和预防措施。授课内容分为五个部分，一是防范校园欺凌，从一个典型案例出发，介绍校园欺凌的种类及如何预防应对；二是远离毒品侵害，用一对一图片展示的方式介绍新型毒品的种类，提出六项防范措施；三是预防网络犯罪，通过讲述一名网络高手从"黑客"变成"白客"的案例，教育学生科学、健康用网；四是加强自护意识，面对即将或可能发生的侵害事件，提出七条"自护妙招"；五是重视家庭关系，讲述青少年如何与父母相处以及青少年应当承担的责任。全文以青少年的视角，用典型的事例、接地气的用语，深入浅出地开展法治宣传和教育，鼓励青少年树立法治意识，书写精彩人生。

目的效果

中共中央《关于全面推进依法治国若干重大问题的决定》强调，把法治教育纳入国民教育体系，从青少年抓起，在中小学设立法治知识课程。各级检察长担任法治副校长，正是落实这一要求的具体举措。为了给未成年人提供更加专业、更有针对性的法治教育，江苏省检察院刘华检察长回到母校金陵中学，担任法治副校长，结合办案中发现的高中学生可能触犯的犯罪，用孩子们喜欢的语言，为他们讲授法律知识和自护知识，使他们树立法治意识，做知法守法的小公民。讲课既紧贴实际又风趣幽默，取得良好普法宣传效果，得到了学生、老师、家长的高度认可。

部分新闻链接

1. 新浪网 2019 年 1 月 7 日:《江苏省人民检察院刘华检察长金陵中学上法治课》

2. 搜狐网 2018 年 11 月 26 日:《江苏省人民检察院检察长担任中学法治副校长》

3. 中国教育报 2018 年 11 月 26 日:《江苏省人民检察院检察长担任中学法治副校长》

4. 东方资讯 2018 年 11 月 23 日:《乐当法治副校长 "学姐"刘华检察长金陵中学上法治课》

授课讲稿

尊敬的老师、亲爱的同学们：

大家好！

刚刚从孙校长手中接过聘书，成为金陵中学这所百年名校的法治副校长，非常高兴。金陵中学是我的母校，我在这里度过了人生最美好的读书岁月，毕业之后我上了法学院，一直从事法律工作，和法律打交道。今天，我想用半个小时的时间，和同学们聊一聊，大家与法律相关的内容。

检察机关是国家的法律监督机关和重要的司法机关。但大家是否知道，检察机关有一项特别重要的职责，和同学们密切联系，就是未成年人检察，专门办理未成年人案件，保护未成年人合法权益。在案件办理中，检察官也常常会遇到你们的同龄人，同样年轻的脸庞，却不再洋溢着自信和微笑。

习近平总书记说过："如果第一粒扣子扣错了，剩余的扣子都会扣错。"扣扣子讲究规则，我们在社会活动中也要讲规则、明法度。人生之路是漫长的，但紧要处只有几步。十六七岁正是人生起步的关键时期，朝气蓬勃、求知欲强；但是，涉世不深，认知判断容易出现偏差。而法律就像人生的红绿灯，时刻警醒着我们的行与止、边与界，确保我们走在安全的轨道上。比如，出行时要遵守道路交通安全法，言行举止应遵循《中学生日常行为规范》，行为活动不能违反预防未成年人犯罪法，权益保障要知晓未成年人保护法，违法、犯罪会受到治安处罚法、刑法的严厉处罚。可以说，法的精神是社会规则的灵魂，因此，在这个时期，懂法、知法、守法尤为重要，要让法律成为我们一生的护身符。

一、校园美好，珍惜情谊

当前，同学们生活的环境主要是在校园，绝大部分的时间是和同学们一起度过的，校园生活是美好的，但相处中发生小摩擦在所难免，产生矛盾时一定要正确面对，处理不当可能引发校园欺凌。校园欺凌也称校园暴力，是指发生在学生之间，蓄意或者恶意通过肢体、语言及网络等手段，实施欺负、侮辱，造成伤害的行为。校园欺凌包括身体、语言、网络、关系等方面的伤害，特点是以大欺小、以强凌弱、以多欺少、以暴制暴、威逼利诱、因小事大打出手等。另外，给同学起侮辱性绰号，孤立别人，语言羞辱，恶作剧侮辱等软暴力、冷暴力的行为也属于校园欺凌。和同学们聊聊一个校园欺凌的案例：

小明是一名在校生，经常受到同学大刚的欺负，所谓的欺负，在别的同学看来也只是很小的摩擦，比如，时不时被大刚推搡一下、言语上嘲笑、差遣干活等，日积月累，渐渐成为长期压抑小明的痛苦。有一天，大刚让小明给自己买包烟，小明拒绝了，大刚心生不满，放学后拦住小明，两人发生了冲突，打斗中小明用刀捅死了大刚，小明因犯故意伤害致人死亡罪被判处有期徒刑6年。

这个案件告诉我们，在校园欺凌事件中，没有赢家！

校园欺凌中一般有三类人群，一是欺凌者，二是被欺凌者，三是旁观者。那么，面临校园欺凌，我们该怎么做呢？

作为被欺凌者，一要学会保护自己：发生了轻微矛盾要懂得谦让；上下学结伴而行、避免落单；如有伤口，及时到校医务室或者医院处理。二要寻求帮助：及时告知老师、家长，有必要时要寻求法律的保护。不能以暴制暴、以牙还牙，恶意报复只会雪上加霜。三要机智应对：如果在校外遇到，要大声呼救，或者假装顺从，拖延时间，寻找机会拨打110。

作为欺凌者，我给你们的忠告是：学会尊重和善待他人。每个人都无权侵犯他人的权利，否则会受到法律的惩处。我们要管理好自己的情绪，学习生活中遇到不开心的事，要控制好自己的小宇宙，找到情绪发泄的正常出口，打打篮球、踢踢足球、听听音乐都是很好的方式。

作为旁观者，请你在确保自己人身安全的情况下，为受欺凌者提供适当的帮助，不要成为冷漠的看客。

二、毒品陷阱，明辨严拒

说完了校园内同学之间的人际交往，那么在校园外的交往活动中，我们还应该注意什么呢？比如，同学聚会一定少不了饮料和零食。可同学们知道吗，很多化了装的新型毒品，已悄然出现在我们身边。我们需要辨别它们的伪装。

一是"奶茶"。如果一个"暖男"为你泡上一杯奶茶，那可不是你的优乐美。这种毒品类似奶茶，但制作粗糙，没有成分和食用说明，里面是均匀细致的粉末，而不是普通的茶叶碎末。这种粉末甜甜的，直接饮用或掺在奶茶里，都不易被人发觉，喝完使人极度亢奋，容易上瘾。一会儿我们会给大家播放一部关于女生误喝掺入毒品的奶茶成瘾，被人利用进行贩毒的教育片。

二是"干花"。谁会想到玫瑰除了有刺还能藏毒呢。不法分子就把K3毒液稀释后浸泡在花叶上晒干，吸食者不知不觉中就会中毒。

三是"止咳水"。止咳水，遵医嘱服用没有问题。但滥用可能成瘾，对身体造成危害，引发心脏神经系统的损伤，或引起其他恶性反应。

四是"跳跳糖"。如果有人给你这样一包所谓的"怀旧零食"，这可不是你儿时的回忆，而是放倒你的毒药利器。

五是"邮票"。指甲盖大小的纸片，被密封装在塑料袋内，看上去就像是一张邮票，但它却是新型毒品LSD。口含一小片就能使人产生强烈幻觉，严重的会自杀。

六是"蓝精灵"。一种日本生产的药丸，具有极强的催眠、遗忘、成瘾作用，常被不法人员用于迷奸。

这些毒品在很多场合会出现，比如，网吧、酒吧、KTV，家庭成员有人吸毒，或者不良交友都容易接触到毒品，陌生朋友较多的社交聚会也要注意。切记，不要给毒品有可乘之机，更不要轻易尝试。

首先和同学们分享六个防范措施：一是远离高危场所，不去禁止未成年人进入的公共娱乐场所；二是拒绝抽烟、喝酒等不良嗜好；三是不要接受陌生人的饮料食物；四是不沾染不良社会关系；五是不尝试来路不明的药物食品；六是主动学习防毒科普知识。如果不巧碰到有毒品的场合，我们也不要慌张，还有拒绝的办法：一是直截了当，坚定地拒绝吸食；二是金蝉脱壳，找借口离开；三是主动出击，提建议转移话题；四是秘密报案，当好"北京朝阳群众"；五是及时告知家长或老师。

面对毒品，我们不仅不能吸食，更不能提供和买卖，我国刑法明确规定：已满 14 周岁不满 16 周岁的人，犯贩卖毒品罪的，应当负刑事责任；已满 16 周岁的人实施其他毒品犯罪，应当负刑事责任；走私、贩卖、运输、制造毒品，无论数量多少，都应当追究刑事责任。组织，容留他人吸毒的也会受到相应的处罚。

同学们，你们是国家的未来，民族的希望，要珍爱自己的生命，懂得拒绝毒品。

三、网络虚拟，循规守矩

社会生活，有现实的，也有虚拟的。如今，只需要一部手机，就能进入繁华的网络世界。根据最新发布的《中国互联网络发展状况统计报告》，截至 2018 年，我国网民规模已达 8 亿人，其中的未成年"小网虫"就有 1.7 亿人，今天在座的各位同学就是其中的一分子，沟通交友 QQ 微信、实在无聊刷刷抖音、过年过节抢个红包、课余闲暇游戏"开黑"，每天的生活都布满了互联网的印记。

《红楼梦》里有一副对联："假作真时真亦假，真作假时假亦真。"在虚拟的网络空间里，"时空可以穿越、满血就能复活"，这种看似随心所欲的自由，却让一些人忘记了义务、漠视了规则，比如，为了引起他人关注、寻求刺激，在网络上散布谣言、发布虚假信息，造成了不良的社会影响。这种不遵守网络空间秩序，把"自由"当作"为所欲为"的行为，会受到法律的严惩。

有很多同学喜欢钻研电脑程序，爱好编程，这是非常值得肯定的，但是，行为方式一定要依法合规，不能任意地去侵犯他人的合法权益。现实生活中，我们不能未经允许就破门直入别人的房屋，因此，我国刑法中有一个罪名叫"非法侵入住宅罪"。网络世界也是这样，网络中的每一个终端就像一个个房间，也具有私密属性，受到法律的保护。

从小喜欢电脑知识的小王，无意中看到中美黑客大战的新闻，开始对黑客技术产生好奇，并牵头建立了一个QQ群，与全国各地的电脑爱好者探讨网络技术、琢磨黑客攻略。一次群里有人询问如何窃取到各大网站的后台数据，为了炫耀自己的"黑客"技能，吸引更多电脑爱好者加入自己的QQ群，小王不经思考就随便侵入了一个网站系统后台，窃取了大量公民身份证号码、手机号等个人信息压缩包，上传到群里供大家下载分享。自顾得意的小王根本没有意识到自己的行为已经涉嫌侵犯公民个人信息罪。

借助黑客技术实施网络犯罪，本应被法律严惩，但检察官通过案件审查，发现小王的本意不是为了非法牟利，仅仅是年轻人出于炫耀而做出的一时冲动之举。通过检察官的正确引导，小王认识到了错误，并利用自己的网络技术积极协助公安机关侦破其他网络刑事案件，成功从"黑客"变身为"白客"，成为网络安全的守护者。

纵有"十八般黑客技艺"，也不可在网络世界中横行霸道，不要把自己的爱好，变成了违法犯罪的工具。希望大家能够自觉提高网络素养，善于正确利用网络，在上网冲浪的同时约束自己的行为，让网络成为自己成长成才的帮手和推进器。

四、自护有方，临危不惧

金庸先生说过："有人的地方就有江湖。有江湖的地方就有险恶。"面对躲藏在暗处的犯罪分子和随时可能发生的不法侵害，同学们要修炼好自我保护的武林秘籍，在最美丽的年华里平安成长。

当我们遭遇危险，比如，遭受抢劫、绑架、勒索、拘禁等暴力型侵害时要牢牢记住"生命第一、财产第二"，尽最大努力让自己保持冷静，不要"硬碰硬"。一是舍财保命。空手夺白刃的场景只会在出现在武侠片中，现实中，如果给钱就能逃命，千万不要以命相搏。二是趁机逃跑。如果身处公众场所，周围人很多，你可以大声呵斥，趁其不备向人多的地方跑，并大声呼救，寻求周围人的帮助。三是不要逞强。如果周围比较偏僻，犯罪分子凶恶，要暂时顺从对方，争取同情，避免受到更大的伤害。四是耐心周旋。尽量平稳心情，保存好体力，不要轻易激怒对方，静下心来寻找、创造报警、呼救、求助的机会。五是保守秘密。不要轻易透露有效信息，不要向坏人轻易暴露任何关于自己实际情况的细节线索，谨防被利用。六是及时报案。记住坏人的相貌、体型、口音、着装等重要特征，离开现场后，尽量记住经历、大概时间、标志性建筑、坏人数量、现场特点等，第一时间报案，方便警察及时破案或解救自己的同伴。七是巧妙求救。事先和亲人约定好求救暗号，在被胁迫的情况下，如果有机会电话联系家人，说出暗号可以增加被救助的概率；如果联系不上，要仔细考虑下一个电话打给谁，谁会第一个做出最快反应。同学们，如果你的朋友和你电话时前言不搭后语，请耐性听他说完，或许你就是他获救的希望。

另外，夏天公交车和地铁上的"咸猪手"、游泳馆和更衣室里的"偷窥狂"，还有不怀好意要与你独处的人，面对这类性侵害，同学们首先要正确认识，被侵害并不是被侵害人的错，应当谴责和追究侵害者的法律责任，请勇敢拿起法律武器保护自己的权利。有些同学觉得自己遭受侵害是一件难以启齿的羞耻之事，就藏着掖着不告诉老师和家长，这样做反而助长了犯罪分子的嚣张气焰，从而变本加厉地实施侵害。所以，如果遭受了侵害，要第一时间告诉家人或者报警，并采取一些适当的方法保留证据，为司法机关成功把犯罪分子绳之以法提供帮助。比如，保存好现场证据，像衣物、现场痕迹、及时到医院检查身体。收到的骚扰信息、手机录音录像、聊天记录不要偷偷处理掉，当警察询问时，要原原本本、仔仔细细地将事情经过告诉警察。

同学们，遇到危险，要用自己聪明的大脑进行分析判断，在保证自己生命安全的基础上采取正确的办法。

五、父母不易，爱是唯一

每个孩子都是家里最珍贵的宝贝，父母对你们的爱是最崇高、无私的。作家龙应台曾在《亲爱的安德烈》中这样描述亲情："母亲想念成长的孩子，总是单向的；充满青春活力的孩子奔向他人生的愿景，眼睛热切望着前方，母亲只能在后头张望他越来越小的背影。"古训也有言："羊有跪乳之恩，鸦有反哺之义。"爱是相互的、圆融的，作为即将成年的你，会用怎样的方式来回应父母之爱呢？

一是要有爱父母之心。我们已经长大了，做事情要让他们安心，让他们真切感受到我们的爱心。古语云："树欲静而风不止，子欲养而亲不待。"同学们，爱要趁早，我建议大家回家后可以和家人做个"五个一"互动：给父母一个拥抱，饭后洗一次碗，帮父母泡一次脚，陪父母逛一次街，父母生日送上一份礼物。如果你够时尚，不妨带着父母一同年轻。比如，来一段"海草舞"愉悦身心，告诉父母易烊千玺是学霸明星，听一场德云社的相声，感受传统艺术碰撞流行。要用行动告诉父母，我们不再是父母那难念的经，而是天空中最亮的星，往后余生，牵起父母的手勇敢前行。

二是要解父母之意。不知道大家有没有听过苏芮和潘玮柏合作的一首《其实我想更懂你》："每次我想更懂你，我们却更有距离。"天气转凉

了，有一种冷——叫妈妈觉得你冷。除了秋裤难题，我们还总结了"六大冲突"：存在代沟观点不一，成绩下降有恋情，痴迷电脑和手机，要求过高管理严厉，压力过大心理疾病，孩子太小不能独立。当你面对这些的时候是否有过心生逃离。我们曾经遇到过部分未成年人因与父母赌气，离家出走后，结果误入歧途。所以，同学们，即使我们面对矛盾压力，也请做到"四个不"：不恶言相向、不离家出走、不伤害自己、不自暴自弃。冷静聆听、有效沟通、心存感激，我们和父母的心可以和靠得更近。

三是担家庭之责。你们即将成年，当家庭遇到困难时，要尽可能地为父母分担，不要埋怨指责。父母有不适当的行为时，我们可以对父母做有益提醒。家庭成员遭受家庭暴力，请及时报警。要相信自己，你们都很独立，预防犯罪、保护家人同样是你们的应尽的责任。

四是担社会之责。既然我们已经长大了，就要不断增强社会责任感。要懂得明辨是非，明确自己肩负的责任和义务，懂得我们的所处时代的特征；要参加有意义的社会实践活动，培养良好品格和社会使命感；要关心国家的命运，关心社会的发展，并把它与自身发展紧密联系在一起，成为坚定的信仰和高尚的感情；一个勇于积极承担责任的人不仅对他人和社会有意义，还能赢得他人的信任、尊敬和赞赏。一个自私自利的人即使本领再高，也不会得到社会的认同。

同学们，法国思想家卢梭说过："一切法律中最重要的法律，既不是刻在大理石上，也不是刻在铜表上，而是铭刻在公民的内心里。"我衷心希望今天我讲的这些内容能够走进大家的心里，得到大家最大的认同，真正做到心有敬畏，行有所止。

"青年者，人生之王，人生之春，人生之华也。"金陵中学的学子们，作为新时代的青少年，我们不止诗和远方，更有梦和家国！请记住习近平总书记给我们的座右铭——勤学、修德、明辨、笃实，用汗水和智慧谱写"到中流击水，浪遏飞舟"的人生诗篇，为铸就一个意气风发的青春中国贡献我们的力量。

学法懂法　争做守法好公民

浙江省人民检察院党组书记、检察长　贾　宇

授课情况

授课时间： 2018 年 9 月 2 日

授课地点： 浙江大学附属中学（玉泉校区）

授课对象： 玉泉和丁兰两个校区全体学生约 3600 人

逻辑结构： 首先，通过神兽"獬豸"、工具"觽"和苏格拉底之死小故事的引入，讲授法的特征、功能，阐明学法、懂法、守法的重要性。其次，介绍法治的基本概念，介绍检察机关在落实全面依法治国战略中的职能、作用，重点强调青少年在新时期法治建设中的角色担当。再次，剖析青春期特殊身体规律和心理特点，引导学生更好处理自身与家庭、学校、友伴、社会之间的互动关系，强化法治、规则意识培养。最后，通过青春寄语和热烈互动，进一步启发学生带头做社会主义法治的崇尚者、遵守者、捍卫者。

目的效果

党的十八届四中全会作出了全面依法治国的战略部署，在"科学立法、严格执法、公正司法、全民守法"的十六字方针中，青少年作为祖国的未来、民族的希望，在"全民守法"层面承担着至关重要的角色。通过教学，普及法和法治的基本常识，引导学生进一步增强法治意识、公民意识，带头做社会主义法治的崇尚者、遵守者、捍卫者。

部分新闻链接

1. 人民网2018年9月2日：《浙江百名检察长进校园 送上"开学法治第一课"》

2. 中国新闻网2018年9月2日：《浙江百名检察长进校园 开启新学期法治第一课》

3. 法制网2018年9月4日：《贾校长开讲新学期法治第一课》

4. 检察日报2018年9月3日：《浙江百余名检察长走进校园上法治第一课》

5. 检察日报正义网2018年9月2日：《开学第一天，浙江百名检察长走进校园上法治第一课》

6. 中国教育报2018年9月3日：《别样迎新 资助暖心 备课精心——各地学校用心用情迎接新学年》

7. 浙江日报2018年9月3日：《开学季，普法活动进校园》

8. 浙江法制报2018年9月3日：《大检察官走进浙大附中上"开学第一课"》

9. 浙江工人日报2018年9月3日：《百名检察长进校授课》

10. 钱江都市频道2018年9月2日：《开学了 我省各级检察官走进校园担当法治课老师》

11. 浙江交通之声2018年9月2日：《检察长贾宇走进浙大附中，全省联动办未成年人法治讲座》

12. 杭州日报客户端2018年9月2日：《来看看！浙大附中的开学第一课，大检察官讲了"昆山龙哥案"》

授课讲稿

浙大附中于 1947 年建校，历史悠久、文化底蕴深厚，同学们能来到这样的学校学习、交友、生活，无疑是幸福的、令人羡慕的。非常高兴担任你们的法治副校长，并举办这次法治讲座。今天讲座的主题是学法懂法，争做守法好公民。为什么讲这个主题？因为在我看来，学业无须惊天动地，有成就行；朋友无须如胶似漆，知心就行；生活无须事事如意，开心就行；但法律必须知行合一，严守才行。接下来，让我们一起去探讨如何守法。

一、法的内涵和功能

法是什么？我们对法的直观印象往往有：冷峻威武。如我们在文艺作品中见到过闪烁的警灯、冰凉的手铐、阴森的监狱等画面；温情似水。如我们听到过保护权益、保障财产与自由这些词。下面，让我们通过一只神兽、一种工具和一个故事，来共同认识法的"真面目"。

（一）神兽"獬豸"——法与法的特征

"獬（xiè）豸（zhì）"是传说中的一只神兽。獬豸怒目圆睁，性情中正，明辨是非，用以断案；仓颉造字将其融入"灋（fǎ）"也就是今天的"法"字中。《说文解字》中对法的解释有描述："灋，刑也。平之如水，从水；廌（zhì），所以触不直者；去之，从去"。解构"灋"字可见："灋"的左边是水，平之如水，表示公平；右边是"廌"，表示发生纠纷时，由神兽廌来裁判；右下角是"去"字，古文中的意思是"弃"，即处罚的意思。古人用"音、形、意"三结合之法，让我们直观"法"之堂奥——公平、正义、惩恶。

神兽獬豸和仓颉造字中关于法的描述都是传说，事实上，法的定义是法学中最引人入胜、最具有魅力的问题。

春秋时期政治家管仲直言，"法者，天下之程式也，万事之仪表也"；欧洲中世纪哲学家托马斯·阿奎那说道，"法是人们赖以导致某些行为和不作其他一些行动的行为准则或尺度"；罗马法学家西塞罗提出，"法律是人性中所蕴含的最高理性"；美国法学家富勒总结，"法是使人们的行为服从规则治理的事业"。

法的共性特征，是调整人的行为的社会规范。法就是规矩，是我们治国理政最大最重要的规矩。

（二）工具"觿"——法的功能与作用

"觿（xī）"是一种骨制的锥子，后有用玉、铜来制成，古人用其来"解结"。清人王明德著有名篇《读律佩觿》——书名之意是阅读和应用法律时，可将此书带上，以解惑释疑。引申之意为大千世界，芸芸众生，不免身心两分，滋生纷争，需有人来解结，法学就担当此功用。法律是定分止争的智慧，它经国济世，且一言九鼎，位高权重，是解社会之结的觿。

现代社会用法律的准绳去衡量、规范、引导社会生活。法作为由国家制定的社会规范，通过告示、指引、评价、预测、教育和强制等作用来实现其自身的价值。

法国启蒙时期思想家孟德斯鸠提道："法律是人类最伟大的发明。"美国当代法学家博登海默有言："别的发明让人类学会了驾驭自然，只有法律的发明，则令人类学会如何驾驭自己。"

（三）苏格拉底之死——守法的意义

公元前339年苏格拉底被指控犯有违反宗教、亵渎神灵和腐化青年等莫须有之罪名，并被判处死刑——饮毒鸩而死。行刑时，苏格拉底毫无畏惧、慷慨赴死。而事实上，在狱中时，他的弟子已经买通了狱卒，让苏格拉底逃走，但是他断然拒绝了。苏格拉底说："如果我逃走了，法律得不到遵守，就会失去它应有的效力和权威。当法律失去权威，正义也就不复存在。"

这个故事告诉同学们，法的功能与作用的发挥，或者讲法的价值的实现，取决于我们每一个公民对法律所秉持的态度。信仰法律、遵守法律是我们每一个公民的基本义务，我们也只有在尊重遵守宪法和法律的前提下才能享有权利和自由。

二、法治及其重要组成部分

（一）历史性选择——法治及其建设的意义

法治是指充分发挥法的作用，用法律的准绳去衡量、规范、引导社会生活。它是社会发展进步的产物，是社会文明的标志，是治国理政的基本方式。

法治与人治，是两种对立的国家治理方式。对两者的关系，习近平总书记指出："法治和人治问题是人类政治文明史上的一个基本问题，也是各国在实现现代化过程中必须面对和解决的一个重大问题。综观世界近现代史，凡是顺利实现现代化的国家，没有一个不是较好解决了法治和人治问题的。"这一重要论述深刻揭示了法治与现代化之间的逻辑关系——内在联结、相互依存。

新中国法治成就伟大，法治道路曲折。新中国成立之初，以 1954 年宪法为标志，我国制定了一系列法律制度，有了较完善的法制体系。"文革"时期，民主和人权惨遭破坏，法制荡然无存。改革开放以后，中国真正步入法治道路。

1978 年党的十一届三中全会提出发展社会主义民主、健全社会主义法制的方针。

1997 年党的十五大明确"实行依法治国，建设社会主义法治国家"。

2012 年党的十八大强调"全面推进依法治国"。

2014 年党的十八届四中全会作出"全面依法治国"的决定。

2017 年党的十九大将"坚持全面依法治国"纳入新时代坚持和发展中国特色社会主义的基本方略。

2018 年 3 月，党中央组建全面依法治国委员会。

新中国成立 70 年，改革开放 40 年，什么时候重视法治，就国泰民安；什么时候忽视法治，就国乱民怨。全面依法治国的提出绝不是凭空而来，而是经济社会发展的必然规律，是一个历史性的选择。

（二）全面依法治国——检察机关的地位和作用

全面依法治国总目标是建设中国特色社会主义法治体系，建设社会主义法治国家。这是党的十八届四中全会决定的。

全面依法治国重点任务是要实现"科学立法、严格执法、公正司法、全民守法"十六字方针，涵盖了法治中"立法、执法、司法、守法"四个基本方面，分别对应前提、关键、防线和基础。（PPT 展示四个基本方面的具体内容。）

检察机关是国家法律监督机关，检察官是公共利益的代表。检察机关通过履行审查逮捕、审查起诉、出庭公诉、公益诉讼、诉讼监督等职能，来实现打击犯罪，保护人民，维护国家安全、社会稳定和经济发展的重要职责。保护未成年人合法权益也是我们的重要职责之一。

《孟子·离娄上》有言，"徒法不足以自行"，这句话说明监督在保证制度的刚性，保证人在制度规范下行为的重要性。国家法律监督机关的宪法定位，体现了检察机关在维护国家法律权威、推进全面依法治国中的重要地位和作用。

（三）全民守法的重点——青少年的角色和担当

法国知名哲学家卢梭提出："一切法律中最重要的法律，既不是刻在大理石上，也不是刻在铜表上，而是铭刻在公民的内心里。"习近平总书记指出，宪法的根基在于人民发自内心的拥护，宪法的伟力在于人民出自真诚的信仰。这一重要论述揭示，人民是依法治国的主体；法律的权威源自人民的内心拥护和真诚信仰。

习近平总书记强调，青年一代有理想、有本领、有担当，国家就有前途，民族就有希望。守法是青少年的重要责任和担当，在"全民守法"问题上，在座的每一位同学都承担着至关重要的角色。

浙大附中是全国依法治校示范学校，作为附中学子和祖国的未来，我们需要有尊法的意识，培养用法的思维，充分相信法律、自觉运用法律，在心里种下法治的"种子"，并让它生根发芽，茁壮成长。

三、青春期未成年人法治规则意识培养

（一）从认识自己开始，做守法好公民

青春期最大的身心特点是身体的快速发育和暂时落后的心智发育之间的矛盾。青春期是非常关键的发展和负重时期，有更强的自主意识和反抗意识。青春期最常见的问题是情绪冲动。从生物科学角度看，青春期就是"疾风暴雨"的，几乎每个人或多或少都会面临情绪冲动和深思熟虑之间的失衡状态。失衡过度导致一些危险甚至是触犯法律的行为。

因此，正处青春期的同学们，要正确认知自己的身心变化，充分了解自身享有的合法权利，包括生存权、受保护权、参与权和发展权等，树立规则和法律意识，学会管控情绪，做守法的公民。

（二）正确认识处理家庭、友伴、学校、社会四个层面的关系，强化法治规则意识培养

1. 家庭层面

家庭与孩子是什么关系呢？通过字形拆解我们来回答这个问题。汉字的"安"，是一个在家中正在行礼的女子，女儿归家为安；"宁"则表现男子在家中，儿子归家则为宁。这两个字形象地说明了家庭与孩子的

关系：一方面，孩子是家庭中的重要成员；另一方面，家庭是一个为子女提供安全和保护的地方。

家庭常见法律问题是什么呢？监护问题。父母是未成年人的法定监护人。父母的职责一是监护，对未成年人的人身、财产以及其他一切合法权益的监督和保护；二是抚养，物质上进行养育和照料；三是教育，尊重受教育权，用良好品行、适当方式教育和影响未成年人，预防和制止不良行为。基于以上立场和职责，父母根据自己的人生经验，设定家庭规则，出发点主要是为了保护孩子安全，避免危险发生。在家庭中要尊重孩子的自主意识，但是不能忽视父母经验的重要性。

当发生家庭问题或冲突，法律为我们提供的解决途径有哪些呢？面对监护失职（甚至监护侵害），我们一定要使用法律武器来维护自己正当的权益；面对监护不科学，我们要重视自身的参与权，并用好参与权。

心理学小实验表明，人们在被要求回顾过去的人生时，青春期前后发生的事情是被回忆次数最多的。从回忆的内容来看，参与实验的成年人，回忆自己的青春期会显得特别生动，但是已经无法记得或理解青春期时期自己的想法。这可以解释学生与父母在沟通中产生一些问题的原因。我们再来看一个案例：

16岁的高中生小王，为了反抗父母对他出国留学要求，在暑假期间用网上学来的方法盗窃了多部苹果手机，后被抓获并移送检察机关审查起诉，受到刑事处罚。

小王在用这种方式伤害父母同时，也为自己的行为付出了沉重代价。这就是不正确处理方式引发的相互伤害和法律后果。希望同学们自己思考，从中获得启示。

2. 友伴层面

美国天普大学做了一个有趣的同伴影响力实验。结果表明，与和成年老鼠在一起相比，青春期的老鼠在同龄老鼠面前更容易冒险，会喝更多的酒。心理学家们以此例证人类青春期同伴关系的影响之大。同龄人之间的互动对塑造自我意识、习得社会技能和健康人格有非常重要的作用。

交友中常见法律问题表现在青少年犯罪案件中，共同犯罪居多，而且绝大多数出于朋友义气。

高中生小李因为女友的问题与大一新生小赵发生了争执，为了泄愤，双方分别纠集十余名同学在学校附近的空地上约架，并使用匕首、木棍等工具。这场打斗造成2人重伤、2人轻伤、多人轻微伤。最终20余名参与人员分别以故意伤害罪（重伤转化）和聚众斗殴罪被追究刑事责任。

在这里我要特别提醒同学们，这个案例中不管是纠集别人自己实际没打的，还是明知斗殴积极提供工具的，都构成了刑法上的共同犯罪，均要受到法律惩戒。

义气，可以有多种解读，为国为民、刚正忠孝之义是褒"义"；但是好勇斗狠、拉帮结派之义实则是贬"义"。珍惜朋友、重视情谊是一份很好的品质，但是做任何事情都不能没有原则和底线。在处理友伴关系时，要做到目的合法、行为合理、方法恰当。朋友是青春期阶段最为看重的关系，但要牢记交友的原则和底线。

3.学校层面

从法律的角度看学校和学生的关系，它是在教育与被教育、管理与被管理的过程中产生的权利与义务关系，可称为教育法律关系。学校具有教育、管理和保护的义务，学校是保护者。

最近，杭州市检察机关联合教育局等部门出台了侵害未成年人案件强制报告制度，规定学校等机构的工作人员，在工作中发现未成年人遭受或疑似遭受强奸、猥亵、虐待、遗弃、暴力伤害等非正常损伤、死亡情况时，应当及时向公安机关报案并向检察机关备案，不得瞒报、漏报、迟报。这一机制的出台，充分体现学校在依法保护青少年权益方面的责任和担当，取得了良好社会效果。

而作为学生，我们的义务包括遵守法律法规、学生行为规范，尊敬师长、养成良好的思想品德和行为习惯，努力学习、完成规定的学习任务，遵守所在学校或者其他教育机构的管理制度等。

在学校，常见的法律问题有相应的解决方法。当遭遇财物失窃，我们要及时向校方或司法机关寻求帮助。当遭遇同学挑衅，我们要冷静应对，忌用暴力。暴力从来都不可能解决任何问题，只会让问题变得更加严重。当遭遇校园欺凌，该怎么办？我在这里分享检察官在办案过程中总结的"三不原则"：一不鲁莽。要保持头脑清醒，学会理性应对，避免采用极端方式，牢记生命第一；二不以暴制暴。遇到校园欺凌，要机智地选择反抗方式，势单力薄时不能进行正面搏斗，以免受到不必要的伤害。过后也不能联合他人去以暴制暴，否则就和施暴者没有任何区别。三不沉默。沉默不可取。一旦有情况发生，应在确保安全的情况下第一时间告诉家长、老师。做"沉默的羔羊"就是纵容持续暴力的发生。

总而言之，学校是我们的保护者，我们在学校要承担受教育者的义务，遇到事情要冷静对待，必要时及时求助。

4. 社会层面

什么是社会？社会在汉字中的本意是指特定土地上人的集合。现代意义上的社会是指为了共同价值观和目标的人的联盟。微观上，社会强调同伴的意味，并且延伸到为了共同利益而形成联盟；宏观上，社会是由长期合作的社会成员，通过发展组织关系形成的团体，并形成了机构、国家等组织形式。

青少年面临社会化的问题。（播放网易公开课视频《领悟人生的真谛——人生是一个社会化的过程》。）对青少年来说，幼儿时期，我们的世界很简单，基本只有我们和家庭，舞台是单面的。长大一点，我们进入学校。再大一些，更多地接触到社会，参与社会事务。在这个社会化过程中，舞台开始有多面性，有不一样的视听效果。刚开始的时候，可能会有一些不适应，我们会面对很多的选择、问题、困难、挑战。社会化是我们青春期最重要的任务之一。

在青少年社会化过程中，法律也在起保护作用。同学们都会打游戏，当你刚开始打一个游戏、初入江湖的时候，你的级别很低，是个"菜鸟"或者说是个"小虾米"，你没有好的武器装备、没有给力的组团队友，一些高级的关口对你是封锁的，否则你一进去可能被灭；这个过程，和我们真实生活中刚踏入社会的过程是一样的，因为级别不够被锁掉的关口，就像现在法律对我们未成年人的特殊规定，如我们不得进入网吧、营业性歌舞厅，我们不能吸烟、饮酒等。和成年人相比，我们缺少经验，级别比较低、能力稍微欠缺一些，没有那么高的级数和段位，就不能进入一些目前不适合我们去的场所，从事一些暂时不适宜做的行为。（PPT 展示《预防未成年人犯罪法》中对不良行为与严重不良行为的规定。）

从法律上说，网络世界中，无论是微博、微信、贴吧还是 QQ 空间，和我们的学校、公园一样，在其中活动的时候，一言一行也都要遵守相应的规则。

高中生高某，他在自己家中使用个人电脑登录"浙江省考试招生报名系统"的网站后，利用网站漏洞，研究并自制程序非法下载网站中的考生信息 50 万余条，后将上述信息上传至个人数据库，并自行注册了一个能够查询上述信息的网站，将该查询网站网址通过个人 QQ 发布。截至发案，该查询网站访问量达 5 万次左右。最终，他以侵犯公民个人信息罪被追究刑事责任。

我们在网络世界中不能抱有侥幸心理，不能因为"披了个马甲""开了个小号"就肆无忌惮。传谣造谣，情节严重的可能会构成编造、故意传播虚假信息罪；窃取他人账号里有价值的虚拟财产，达到一定数额，可能会构成盗窃罪；当黑客破解系统的，可能会构成破坏计算机信息系统罪。作为初入社会的"菜鸟"，我们一定要牢记法律设定的屏障。网络空间也是公共场所，行为一样要守法。

四、青春寄语

果戈里说过，"青春终究是幸福的，因为它有未来"，青春期是人生最重要的发展时期，未来的世界充满无限可能，积极探索，找到自己的闪光点，是成长所必需的，我们是未知世界的探索者。在前行路上一定

不要忘了带上一个特别给力的小伙伴、一种特别给力的武器装备——法律！他会一直伴随你的人生，积极保护大家的有益探索。

希望同学们珍惜宝贵的青春时光，坚定理想、脚踏实地、砥砺德才、陶冶情操，努力成为建设伟大祖国、建设美丽家乡的有用之才、栋梁之才，用青春书写无愧于时代、无愧于历史的华彩篇章！

共筑法治中国梦　争做现代文明人

安徽省人民检察院党组书记、检察长　薛江武

📖 授课情况

授课时间： 2018 年 12 月 12 日

授课地点： 合肥市第一中学

授课对象： 高一、高二学生 500 人

逻辑结构： 首先，从合肥一中"怀天下抱负、做未来主人"校训切入，激发学生产生情感共鸣，鼓励大家筑牢法治中国梦、争做现代文明人。其次，阐述法律意识本质上是规则意识，并以基因编辑婴儿事件为例，强调公民必须遵守规范，法律就是一种行为规范，践踏规则、破坏规则的行为，最终都会让自己受到伤害；进而激发大家自觉养成规则意识、法律意识。再次，引导学生知晓法律边界，先介绍刑事责任年龄的概念，然后通过几个典型案例，重点介绍校园暴力与欺凌、网络犯罪、毒品犯罪三个领域的法律边界。最后，传授如何寻求法律帮助、保护自身权益的方法，引导大家面对困难时，学会宽容、加强自我调节；求助司法，用合法手段解决问题；提升品位，加强个人道德修养，做坚守法律底线的合格公民。

目的效果

现代社会首先是法治社会，青少年要想实现伟大抱负、成就伟大理想，必须学会知法、懂法、守法、用法，依靠法律护佑一生平安。该课程力图通过对法治精神、法律知识的诠释与引导，进一步提高广大青少年的法律意识，认知和掌握法律边界，正确运用法律手段保护自我、维护权益，努力做有法治精神的现代人。

部分新闻链接

1. 人民网 2018 年 12 月 12 日:《安徽省人民检察院检察长薛江武担任合肥一中法治副校长》

2. 搜狐客户端 2018 年 12 月 13 日:《安徽省检察院检察长薛江武担任合肥一中法治副校长》

3. 新浪网 2018 年 12 月 12 日:《安徽合肥一中迎来一名副省级 "副校长"》

4. 合肥热线 2018 年 12 月 21 日:《厉害了！合肥一中迎来一名副省级副校长！》

5. 网易安徽 2018 年 12 月 14 日:《这所学校迎来省检察院检察长出任副校长》

6. 万家教育网 2018 年 12 月 13 日:《检察长化身 "薛老师" 合肥这所学校迎来了副省级副校长》

7. 安徽检察微信公众号 2018 年 12 月 12 日:《同学们好！我是薛老师》

授课讲稿

各位同学、老师们：

大家下午好！

刚刚从封校长手中接过法治副校长的聘书，内心感到特别高兴，也特别荣幸。环顾全场，今天我的身份最为特殊，一方面，我是省级检察院的检察长，在老师同学们眼中是一名司法官员；另一方面，我也是合肥一中的兼职老师、法治副校长，这是我刚刚获得的新身份。

走进充满活力、孕育希望的合肥一中，这让我倍感年轻、倍感兴奋。你们中的每一个人，都让我羡慕和嫉妒，因为年轻就是资本，年轻孕育着希望和未来！合肥一中历史悠久、底蕴深厚、人才辈出，蜚声于海内外，能在这样一所殿堂级学校就读，是每一位同学的幸运和幸福，祝贺你们。我注意到，我们的校训是"怀天下抱负、做未来主人"，这 10 个字非常契合这所百年名校的独特气质。除了高考状元之多、考入名校的人多之外，合肥一中也是名人辈出的学校，未来的名人就在你们当中！今天你以学校为荣，明天学校以你们为荣，希望大家能立大志、成名人，为人生、为国家增光添彩。

在座的各位，肩负着民族复兴的重任，都是未来国家的主人，要想实现伟大抱负、成就伟大理想，必须做一个具备法治精神的现代人，必须学会知法、懂法、守法、用法，依靠法律护佑一生平安。今天，我很荣幸能有机会站上这个讲台。课讲过不少，但给中学生讲法治课，还是第一次，没有经验，十分忐忑，就怕讲不好，如果有不当之处，还请大家包涵。

下面，我想讲三点认识和体会，供大家参考。

一、树牢法律意识

法律意识，本质就是规则意识，是指崇尚法律、认同法律，自觉遵守法律法规，运用法律解决问题的习惯和意识。就是习近平总书记常说的：自觉守法，遇事找法，解决问题靠法。这是法治社会的标准，也是公民个人法律意识的基本要求。大家可能注意到，最近基因编辑婴儿事件刷了屏！南方科技大学贺建奎副教授带领科研团队，通过编辑技术修改人体胚胎基因，催生出一对分别叫露露和娜娜的婴儿，引起一场社会舆论风暴。究其原因，就是这对被编辑过基因的婴儿，虽然对艾滋病病毒有免疫力，但人体基因会发生不可逆的变化，编辑基因如果遗传下去，未来后果无法预测！大家知道，在发达国家医学界这项技术早就明令禁止临床试验，科技部、原卫生部制定的《人类胚胎干细胞研究伦理指导原则》，原国家卫计委公布的《涉及人的生物医学研究伦理审查办法》，都有约束此类临床试验的要求，这项试验既违反了社会公序良俗原则，也违反了国家行政规章，属于违法行为。

我讲这个事例，目的是想告诉大家，科研不是没有边界的，无论你的科研成果多么先进，都应该在既定的法律框架内进行。各行各业都必须讲规则、守底线，每个公民都应该有规则意识，讲行为规范。而法律就是一种行为规范！

行为规范的表现形式有很多种。比如，家教家规、校规校纪、乡规村约、职业操守、法律规范，等等。

这些规范都有约束力，校规校纪管学生老师，职业操守管不同职业的人。其中，法律是国家制定认可的行为规范，它规定一个人可以干什么？禁止干什么？违反了怎么办？罪与非罪的界限在哪里？违法犯罪应该承担什么样的责任？等等。法律具有强制性，主要靠军队、警察、法庭、监狱等国家机器来保证实施。比如，法律规定禁止偷盗，出现偷盗行为，数额较小的要受到批评教育，盗窃公私财物数额较大构成犯罪的，可能会被判处3年以下有期徒刑、拘役或者管制；数额特别巨大的可能会被判处无期徒刑。再比如，故意伤害，法律规定不许打人伤人，达到轻伤以上等级的，就会触犯刑律而构成犯罪；没有构成轻伤的，也要受到相应的行政治安处罚、承担相应的赔偿责任等。

可见，我们生活在一个规则无处不在的社会，就要遵守规则、守住法律底线，不要以身试法、挑战法律、我行我素，不然就会摔跤、栽跟头。在学校里，学生很多，明确规定8点钟上课，大家就必须准时到课，如果大家都睡懒觉不遵守规定，老师就无法开讲。再比如，食堂吃饭要按序排队，没有先来后到的规矩，你插队的时候既能讨巧、又能节省时间，别人插队的时候，你就会受到伤害，大家都插队，每个人都无法安心吃饭。规则是维护秩序的，也是有利于每个人的。在社会上，如果某个从业者违反了职业操守，比方说，消防员见到火灾时逃之夭夭，警察遇到歹徒行凶时只求自保，法官碰到司法案件时徇私枉法，都会受到行业纪律的严厉惩罚，甚至会被开除出这个职业队伍。因此，规则是维护秩序的需要，也是人们和平相处、相安无事的现实需要，只有大家自觉遵守，生活才能安定、社会才能和谐，各自的权利才能得到有效保护，才能让每个人都获得切实的安全感。

任何践踏规则、破坏规则的行为，最终都会让自己受到伤害！自由不是无边界的，从来没有绝对的自由，公民自由是在不违反法律前提下的自由。你有睡懒觉不上课或上课睡懒觉的自由，学校就有开除你的自由；你有穿衣戴帽的自由，但在公共场合你不能裸奔，在法庭上你不能踩拖鞋、穿短裤。

当今世界，任何现代化国家必须是法治国家，国家要实现现代化，必须走向法治化！党的十八大以来，以习近平同志为核心的党中央，提出要全面依法治国，扎实推进法治中国建设，这就注定我们都将生活在一个走向法治的时代，一个崇尚法治、依靠法律治理国家的社会。法治的基本特征是有法可依、有法必依、执法必严、违法必究。有法可依的问题已经解决，国家相继出台了260余部法律，现行有效的法律239部，行政法规600余件，地方性法规7000多件，条例600多件，形成了比较完备的法律体系。这些法律涵盖了我们生活的方方面面，约束着我们每一个人的行为，一旦触碰，必然遭到违法追究。要想让人生走得顺畅，想一生平平安安，想有效保护自己，就必须自觉崇尚法治、信仰法治、

践行法治。在座的每一位同学应该自觉养成规则意识，牢固树立法律意识，做到心中有法、自觉守法、遇事找法、办事靠法，努力营造自己美满幸福的人生。

二、知晓法律边界

十六七岁的青少年正处于身体、心理成长发育期，朝气蓬勃、求知欲强，但也因涉世不深、经验缺乏，因为不懂法、不知法，有时不知不觉、无意识地走上了违法犯罪的道路，需要我们格外关注、及时提醒。需要强调的是，很多人以为未成年人违法犯罪可以不追究刑事责任，这是一种误解！依据我国刑法规定，已满16周岁的未成年人犯罪，属于完全刑事责任年龄，应当负刑事责任，应当从轻或减轻处罚，且不适用于死刑。14—16周岁的未成年人犯罪，属于相对刑事责任年龄，因触犯故意杀人、故意伤害致人重伤或者死亡、强奸、抢劫、贩卖毒品、放火、爆炸、投毒等8种罪名的，应当负刑事责任。14周岁以下的未成年人犯罪，属于不负刑事责任年龄，不予刑事处罚，但也应由家长或者监护人加以管教；在必要的时候，也可以由政府收容教养。

下面，我重点就学校、家长普遍关心的，比较常见的青少年违法犯罪现象作些介绍，主要是为了引导大家严格守法、自觉用法，时刻警醒自己的言行举止，确保行走在正确的人生轨道上。

第一，珍爱友谊，杜绝欺凌。2016年以来，全省检察机关共批准逮捕了涉及校园安全类犯罪365人，提起公诉797人，案件类型主要有4种：学生之间的校园暴力与欺凌，校外人员在校园及周边侵害学生，校园设施设备安全事故犯罪、学校教职员工侵害学生等。这其中，涉及校园暴力与欺凌犯罪被提起公诉的就有458人，占校园安全类犯罪的57.5%，可见校园暴力与欺凌离我们并不遥远。

校园暴力与欺凌有多种表现形式。包括身体、语言、关系等方面的伤害，特点是以大欺小、以强凌弱、以多欺少、以暴制暴。发案起因大多是同学之间琐碎矛盾处理不当，施害者法律意识淡薄，被害人防护意识不强，等等。校园暴力与欺凌，轻则会受到批评教育，重则会受到行政治安处罚，一旦触犯刑法，如果有聚众斗殴、故意伤害等犯罪行为的，将会受到刑事处罚。按照我国刑法相关规定，犯聚众斗殴罪，最高可能会被判处 10 年以下有期徒刑；故意伤害致人死亡的，也可能会被判处 10 年以上有期徒刑、无期徒刑或者死刑。下面介绍两个典型案例。第一个是邵某寻衅滋事案。

邵某是一名中学生，与孟某是同班同学，平日讲究时髦、追求高消费，又不敢向父母要钱，见孟某家庭条件较好，就萌生了要点零钱花花的想法，于是邵某就纠集他人在学校附近无人处，强行索要钱财并殴打孟某，造成孟某身体软组织损伤。经法医鉴定，孟某伤情属于轻微伤。法院经审理认为，被告人邵某随意殴打他人并造成轻微伤后果，已构成寻衅滋事罪，考虑到邵某未满 18 周岁，依据刑法规定，判处被告人邵某有期徒刑 1 年，缓刑 2 年。

第二个是张某故意杀人案。

张某和王某都是某职业中学学生，因坐公交车时发生口角，以致互相殴打。当日，张某购买一把弹簧刀伺机报复，学校得知此事后，经教育批评后平息了事端。事后，张某怀疑是王某举报了自己，使自己颜面扫地，于是就怀恨在心。一天，课外活动期间，张某在操场找到王某，肆意挑衅，并持刀连刺王某数刀，导致王某大量失血休克死亡。此案后经法院审理，考虑到张某未满 18 周岁，依据法律规定，以故意杀人罪判处张某有期徒刑 12 年。

列举这两个极端案例，就是想说明，校园欺凌和校园暴力的伤害不容忽视，大家能成为同学关系，是人生中一大幸事，也是难能可贵的缘分，值得倍加珍惜。在校园暴力和欺凌事件中，没有赢家，只有输家！高三同学不久将步入大学校门，将来还要走向社会大舞台，善于正确处理各种复杂的人际关系，塑造健康人格显得特别重要！俗话说"良言一句三冬暖，恶语伤人六月寒"，学会尊重、宽容和善待他人，也就不至于

发生"友谊的小船说翻就翻"的情况。

第二，理性上网，循规守矩。网络可能是拯救我们的天使，也可能是让我们堕落的恶魔。正像硬币的两个面，一方面，网络拉近了时空距离，改变着我们的生活方式；另一方面，在带给人们便捷的同时，又会引发一系列严重的社会问题，网络犯罪在逐年上升。比如，常见的网络诈骗、网络赌博、传播网络色情、贩卖违禁物品、侵害他人名誉、侵犯他人隐私、制造网络病毒、黑客盗窃财物等。在虚拟的网络空间，看似人们有随心所欲的自由，但同样不允许有法外之地，不允许有超越法律底线的自由。如果有人把"网络自由"当成"为所欲为"的理由，那必将会自食其果！大家可能会问，网络违法与犯罪究竟离我们有多远？答案是：仅仅一键之遥，键盘的"键"，这绝不是危言耸听。请看两个案例。一个是叶某信用卡诈骗案。

2014年，某公安机关破获一起案件，17岁的少年叶某，经过自学网络编程知识，成为一名黑客。他通过建立数据库，将用黑客技术在网络上获取的公民个人信息进行分类筛选、匹配、重组，竟破解出19万条可直接在网上盗刷的银行卡信息，涉案金额达上亿元，创造了用黑客技术盗取用户信息，并在网上盗刷银行卡的先例，但最终未能逃脱法律的制裁。

另一个案例是发生在2011年。

日本东海岸发生9.0级地震，造成日本福岛核电站发生核泄漏事故。一位化名叫"渔翁"的网友，出于好奇和恶作剧，在QQ群上发信息，宣称日本核泄漏事故已对沿海地区造成污染，转告大家多储备食盐、不要吃海产品。这条消息被转发后，引起市场恐慌并致使当地食盐脱销，给社会带来严重不良影响。事后，公安机关及时侦破了此案，"渔翁"这名网友也被行政拘留10天，并处罚款。

举这么两个案例，想告诉大家的，不是阻止大家上网，而是提醒同学们理性看待网络世界、网络科技，一方面不要成为涉"网"犯罪的施害者，另一方面也要防止成为涉"网"犯罪的被害人，切实增强法治意识、边线意识和自我保护意识。

第三，筑牢防线，远离毒品。毒品泛滥是全球性问题，也是公认的世界性难题。近年来，党和国家采取零容忍的态度，强力推进全民禁毒工作，取得了明显工作成效。但是，目前全国禁毒形势依然十分严峻复杂。比如，据不完全统计，2017年全省公安机关共抓获毒品犯罪嫌疑人3000余人，缴获各类毒品200多千克，检察机关依法批准逮捕1832人，提起公诉3105人。我国《刑法》第347条至第357条，共11个条文专门列举了"走私、贩卖、运输、制造毒品罪""非法持有毒品罪"等罪名，将涉及毒品的全部行为都纳入违法和犯罪的管制范畴，给予最严厉的惩罚。比如，非法持有海洛因10克以上，即可构成犯罪；走私、贩卖、运输、制造海洛因50克以上即可能被判处死刑。非法吸食毒品不构成犯罪的，也属违法行为，一些知名影视明星、歌星因为吸毒而被行政拘留就是例证。

先让我们了解一下毒品的真实面目。毒品包括：鸦片——娇艳孕育的"世界毒源"，海洛因——红极一时的"毒品之王"，大麻——西方国家的"穷人毒品"，冰毒——人工合成的"大力冰丸"，五彩缤纷的"伪装"者——麻古、彩冰、摇头丸、K粉，等等。

毒品的危害相信大家早有耳闻，概括起来主要有：毁灭自己，沾毒即刻上瘾，进而产生依赖症，对人体造成极大、不可以逆转的破坏，结局便是走向死亡。祸害家庭，一旦成瘾便会陷入癫狂状态，六亲不认、道德沦丧，"毒瘾一来人似狼，卖儿卖女不认娘"，结局便是倾家荡产、家破人亡。触犯法律，我国刑法、治安管理处罚法等法律法规对所有涉毒行为都有禁止性规定，比如，刑法规定已满14周岁不满16周岁的人，对大部分犯罪不负刑事责任，但贩卖毒品的犯罪行为应当负刑事责任；青少年吸毒成瘾的，也要进行强制性戒毒。

青少年涉毒情况表现最多的有三种。一种是吸食毒品的，大多是为了满足于一时的刺激，尝上两次即刻上瘾，最终走上以贩养吸的道路；要么是内心空虚，情绪无法宣泄，希望通过吸毒品排解烦恼，从此

走上不归路。另一种是非法持有毒品，明知是毒品，出于吸食的需要或者帮助他人藏毒，被抓获时无法说明毒品来源，非法持有鸦片200克以上，海洛因10克以上，或其他毒品数量较大的，即构成涉嫌非法持有毒品罪。还有一种是，认为毒品来钱快，能够一夜暴富，有的因生活贫困，想通过贩毒发财致富，或者帮助他人运输毒品，以至于铤而走险，进而触犯走私、贩卖、运输、制造毒品罪。因此，未成年人务必远离毒品诱惑，务必杜绝好奇心态、侥幸心理，万万不能为寻求一时刺激而去盲目尝试，否则一旦染上毒瘾，人生就会万劫不复！请大家牢记，毒品是人间毒药，是人类的敌人，对毒品我们要坚决说"不"！

三、寻求法律保护

虽然身处现代社会、法治社会，但是人与人之间存在矛盾，权利可能会被侵害，也会有压力很大的时候，有心烦意乱的时候，甚至可能会有违纪违法的时候。世界上没有无忧无虑的人生，一帆风顺只是一种美好的愿景，每个人的一生始终都在面对矛盾、化解矛盾，遇到问题、解决问题的过程之中。通常说的，"遇事找法""有困难找警察"都是在提醒大家，必须在法律框架内寻找出路、寻求保护。以牙还牙、以暴制暴、同态复仇，都不是最高明的解决问题方法。否则，可能就会误入歧途，一失足而成千古恨！

第一，要学会宽容。小事要靠忍，大事要找法。要始终牢记冲动是魔鬼，小不忍则乱大谋，试着学会放下、学会面对、学会排遣，俗话说忍一时风平浪静、退一步海阔天空，说的就是这个道理！比如，重庆公交车坠江事件，起因是一件很小的事，一位坐过站而心生不满的中年乘客，不顾他人生命安全，横行霸道、戾气横生，在与司机互殴对骂过程中，导致车辆失控坠入长江。一场本就无谓的纷争，司机和乘客不仅涉嫌触犯了危害公共安全罪，而且还让十几条鲜活的生命作了"陪葬"，不守公德的教训如此惨痛！

举这个极端的例子，主要是想告诉大家，任何时候、任何场合都要遵守规则，按规则做事才会安全，遇到不讲规则的人，学会加强自我调节，学会忍让、宽以待人。

第二，要求助司法。小事找老师，大事找警察。法律最具约束力，也最具权威性，司法是维护公平正义的最后一道防线，我们要始终相信法律会伸张正义、捍卫公平。比如，如果有人寻衅滋事，轻则会触犯治安管理处罚法，将受到公安机关行政拘留、罚款等处罚；重则会触犯刑律，公安机关就要作为刑事案件立案侦查。公安机关侦查结束后移送检察院审查逮捕、审查起诉；经过检察院审查，认为构成犯罪应该逮捕的，依法批准逮捕，并向法院提起公诉，出席法庭支持公诉，最后由法院依法作出判决；检察院认为不构成犯罪的，可以免予起诉，这就是普通刑事诉讼程序。再比如，在日常生活中，当事人的个人财产利益受到侵害，可以向法院提起民事或者行政诉讼，法院会依法作出判决。如果对已生效的刑事、民事或者行政裁判不服，当事人依然可以向检察院申诉，检察院受理案件后，经过审查，认为确实有违反法律规定、处理不公正的，可以依法进行诉讼监督，督促相关部门予以纠正。可见，不管遇到哪种疑难复杂的问题，都有不同的司法途径解决，切不可为了逞一时之快，盲目自救而触犯法律，每位现代公民都要学会正确对待纠纷，依法规范维权，妥善寻求保护！

第三，要提升品位。作为现代文明人，要生活优雅、精致、有情趣，要有格调、有追求、有修养，做到这些就要不断地加强自我警醒、自我修炼、自我约束、自我提高。古语说，书中自有黄金屋，大家要多学习、多读书、多思考，不断提升自身能力和综合素质，做一个有文明涵养的人、有道德境界的人、有法律底线的人。大家都是未来的社会精英，不仅要学习好，还要处世好，在家孝顺父母，出门爱戴师长。即使我们面对各种复杂矛盾的时候，也要做到不恶语相向、不离家出走、不伤害自己、不自暴自弃，始终保持客观、理性、平和的心态对待身边的一切人和事，在各种人生逆境中经受历练、茁壮成长。

以上是我作为大家中的一员，和同学、老师们分享的一些体会和心得。希望对大家有一些启发和帮助，并希望大家做一个知法守法、有法治精神的现代人。如果大家能成为一个有法治思维的人，在今后的人生道路上，一定会少摔跤，少走弯路，少一些坎坷。

最后，祝每一位同学能够胸怀天下、报效祖国、拥抱幸福，走好成功的人生路！祝愿同学和老师们事业有成、百尺竿头、更上层楼！谢谢大家！

学法懂法　守法用法　走好人生道路

福建省人民检察院党组书记、检察长　霍　敏

📖 授课情况

授课时间： 2019 年 4 月 29 日

授课地点： 福建省福州第一中学

授课对象： 高二学生约 600 人

逻辑结构： 以受聘担任学校法治副校长为切入点，从现实有需要、国家有要求、实践有基础三个层面，阐述推进法治进校园的意义。结合介绍未成年人检察职能和近年来检察机关所做的工作，用具体数据和案例，分析未成年人走上违法犯罪道路的原因，引导未成年人运用法律武器保护自己的合法权益，从源头上预防和减少违法犯罪发生。

✍ 目的效果

青少年时期是世界观、人生观、价值观形成的重要时期，也是法律意识和法治理念养成的打基础阶段。通过法治演讲，引导同学们珍惜在校学习机会，做到办事依法、遇事找法、解决问题靠法，为走好人生路打下坚实的基础。

🌐 部分新闻链接

1. 人民网 2019 年 5 月 3 日:《省院检察长担任法治副校长 福建创建法治示范校再注检察力量》

2. 搜狐网 2019 年 4 月 30 日:《检察长受聘法治副校长 我省"法治教育示范校"创建工作启动》

3. 福建法治报 2019 年 4 月 30 日:《福建省"法治教育示范校"创建工作启动》

4. 检察日报正义网 2019 年 4 月 30 日:《福建:"法治教育示范校"创建工作启动》

5. 福建检察、福建政务网、网易 2019 年 4 月 30 日:《欢迎您，霍校长！百年名校福州一中聘任福建省检察院检察长霍敏为法治副校长》

6. 清朗天空 2019 年 5 月 3 日:《省检察院霍敏检察长点亮福州一中法治之灯》

7. 东方新闻 2019 年 5 月 6 日:《为检察长担任"法治副校长"点赞》

8. 腾讯网 2019 年 4 月 30 日:《为检察长担任"法治副校长"点赞》

授课讲稿

亲爱的各位同学、各位老师，尊敬的杨贤金副省长、各位领导、同志们：

大家下午好！

今天，我们在这里举行福州一中法治副校长聘任仪式暨福建省法治教育示范校创建工作启动仪式。感谢福州一中对我个人的信任，感谢省教育厅对法治教育示范校创建工作的支持配合。作为个人和检察系统，我们很珍惜这次合作的机会，我和我的同事将尽心尽力做好各项工作，不辜负大家的信任和期望。特别是贤金副省长百忙中出席今天的活动，更是对我们的鼓舞和激励。

政法机关人员受聘担任学校法治副校长，是从 20 世纪 90 年代开始的。我们现在继续做这项工作，是对过去工作的传承和延续，也是履行新时代赋予的新使命。我理解，设立学校法治副校长，是创建法治教育示范校的重要组成部分，是推进法治进校园的具体体现。主要有三个方面考量和意义。

一、现实有需要

在我们的成长过程中，法律伴随着我们的终身。青少年时期是世界观、人生观、价值观形成的重要时期，也是法律意识和法治理念养成的打基础阶段。法律就像是人生的红绿灯，告诉我们哪些事情能做，哪些事情不能做，确保始终走在安全的轨道上。青少年崇尚自由，期盼过一种无拘无束的生活，这是天性，但自由从来都是相对的、有界限、有边界的。所以从小到大，不管是父母还是老师，都教育我们要遵纪守法。西方法学理论的奠基人孟德斯鸠说过："自由不是无限制的自由，自由是一种能做法律许可的任何事的权利。"无知或者无视这些忠告或箴言，是会付出重大代价的。我这里有一组数据，2018 年全省检察机关批准逮捕

未成年人刑事犯罪 791 件 1252 人，向法院提起公诉 1426 件 2433 人。他们当中，就有相当数量是在校学生，触犯的罪名包括盗窃、抢劫、敲诈勒索、聚众斗殴、故意伤害、贩卖毒品以及参加黑社会性质组织等。这也意味着，他们的命运将因此改变，美好的前程将蒙上阴影。在这里，我与同学们一起思考一个问题，未成年人为什么会走上违法犯罪道路？我想，原因是多方面的，其中很重要的一条是法律意识淡薄，不学法、不懂法、不尊法，以致一失足成千古恨。还有一些同学在权利遭受侵害时，不知道如何运用法律来维护自己的合法权益，而是选择以暴制暴、以牙还牙，最后也要为自己的不法行为承担相应的法律后果。通过设立学校的法治副校长等法律服务方式，可以确保普法、法治教育到位，从源头上避免或减少违法犯罪发生，可以及时发现和预防侵害学生合法权益案事件，保护师生合法权益。这有着非常现实和紧迫的需要。

二、国家有要求

一直以来，国家对法治建设都很重视。但是，纵观我们的历史，法治理念、法治建设历史还很短。我们国家有 13 亿多人口，要让每个人都养成法治意识，还需要几代人甚至更长时间的努力。因此，我们国家在推进全面依法治国中，提出要"把法治教育纳入国民教育体系，从青少年抓起，在中小学设立法治知识课程"。这就是国家赋予我们新时代的共同使命和责任。这个职责是学校的，是教育行政部门的，也是我们政法机关的。执法者、司法者有普法的义务，检察机关作为司法机关，按照国家"谁执法谁普法"的普法责任制要求，有义务、有责任开展好普法工作。2018 年，最高人民检察院张军检察长担任北京二中法治副校长，共和国首席大检察官带头走进校园，为全国检察机关树立了榜样。最高人民检察院专门设立第九检察厅，专职负责未成年人检察工作。2019 年 3 月底，省检察院设立第九检察部，市县检察院也将成立相应的机构或者办案组。这一系列措施和工作，都是落实国家对未成年人的特殊保护，起到守正护苗的作用。这次我们与省教育厅共同启动法治教育示范校创建工作，与福州一中共建法治教育示范校，并开展一系列的活动，就是要更好地落实国家赋予我们的职责。希望通过这些载体，把法治搬进学校，把一些鲜活的案例变成生动教材，配合学校把法治教育落到实处。

三、实践有基础

从 1986 年开始，检察机关就针对未成年人身心特点，积极探索开展未成年人检察工作，依法办理涉及未成年人案件。孩子是家庭的希望，一人犯罪，全家难安。挽救一个孩子，拯救的是一个家庭，维护的是一方平安。我们对于涉罪未成年人适用特殊的司法理念措施，仅 2018 年，我们就对有犯罪行为、但经各方帮教，可不作为犯罪处理的 372 名未成年犯罪嫌疑人作了不起诉决定，让他们重新回归校园或融入社会。在依法办案的同时，我们主动前伸后延，从源头上预防和减少未成年人犯罪。从 2016 年开始，我们会同省教育厅、司法厅在全省开展为期 3 年的"法治进校园"巡讲活动，已经累计有 4500 余所中小学 230 余万名师生接受教育。2018 年，我们在福州市鼓楼区检察院建设了未成年人检察工作展示平台，通过一些典型案例以案释法，取得了很好的效果。也欢迎大家有机会走进这个平台，以直观可视的方式接受法治教育。正因为有这些实践，我们有信心与学校和社会有关方面共同努力，做好学生普法教育工作。

福州一中是一所有 200 多年历史的名校，很多方面都走在全省、全国前列，为国家和社会培养输送了一大批优秀人才。希望通过今天我们这个安排，大家共同努力，让一中的法治教育也能走在全省、全国前列，像教育部要求的"引领中国基础教育"那样，引领起新时代法治教育的潮流。同学们正值人生起步的关键时期，希望大家珍惜在校学习机会，学法懂法、守法用法，树牢法律意识，坚定法治信仰，做到办事依法、遇事找法、解决问题靠法，使遵法守法成为同学们的自觉行动，为走好

人生路打下坚实的基础。愿法律成为大家健康成长的守护神！

由于时间关系，我就讲这些。接下来还有资深的检察官为大家上法治课，相信大家会有更直观的感受和体会。再次感谢学校提供给我们这个机会和安排，感谢贤金副省长和各位领导亲临指导和鼓励，谢谢！

培养法治意识　系好人生纽扣

江西省人民检察院党组书记、检察长　田云鹏

授课情况

授课时间：2019 年 7 月 1 日

授课地点：江西师范大学附属中学

授课对象：江西师大附中高一学生 200 余人

逻辑结构：课程分为三个部分，分别是法是什么、法与未成年人的关系以及未成年人要注意的几个法律问题。首先，从体育比赛规则讲起，让学生树立法是规矩、规则的感性认识，并从法的三个作用帮助同学们进一步了解法律。其次，以青少年的生活和学习为切入点，从宪法以及民法、刑法等部门法不同角度，阐述法与未成年人的两种关系，加深对法的理性认识。最后，采取以案释法的方式，提示学生要重点防范校园欺凌、毒品陷阱和网络风险三个问题，通过交流和互动，激发学生对法律的热情，培养学生的法治理念，坚定做法律的忠诚崇尚者、自觉遵守者、坚定捍卫者。

◢ 目的效果

　　通过巡讲活动，向学生普及基础法律常识，增强学生自我保护能力和防范不法侵害的能力，培养遇事找法、解决问题靠法的思维习惯，推动他们进一步养成遵守法律的法律意识和法治观念，系好人生纽扣。

◉ 部分新闻链接

　　1.江西师大附中2019年7月2日:《系好人生的法律纽扣　省检察院检察长莅临我校开展普法知识讲座》

　　2.江西检察2019年7月15日:《检察官：法治副校长为孩子们播下法治的种子》

授课讲稿

亲爱的各位同学、老师：

　　大家好！

　　很高兴来到拥有 65 年历史的全国名校、全省首批重点中学，美丽的师大附中，一进入学校就感受到整个校园洋溢着青春的气息，也感受到同学们的朝气与热情，特别是你们的校训"做有责任的中国人"，让人肃然起敬。从担任师大附中"法治副校长"时起，我就成为附中的一员，这是我的荣誉，更是我的责任。

　　今日之风华少年，明日之国家未来、民族希望、社会栋梁，习近平总书记说过，如果第一粒扣子扣错了，剩余的扣子都会扣错。开展青少年法治教育，提升青少年法治意识，帮助同学们系好人生的纽扣，很有意义。今天，我和同学们谈一谈"培养法治意识　系好人生纽扣"的问题。

一、法是什么

　　足球比赛、篮球比赛都有不同的比赛规则，这个规则就是篮球场、足球场上的"法律"，裁判员就是"执法者"。我们社会生活中的法是什么呢？通俗一点讲，法就是规则、就是规矩。法是由国家立法机关制定，由国家强制力保证实施的。立法机关主要包括全国人民代表大会、地方人民代表大会等。国家强制力保证实施，就是这些规则、规矩必须得到遵守，如果违反这些规矩、规则，就有执法机关和司法机关来"裁判"，违规者还要承担相应不利的后果。

　　在国家法律体系中，具有最高地位的法是宪法，宪法规定国家的根本制度，是国家的根本法。我国实行社会主义制度，这是宪法规定的；中国共产党是我们的领导力量，是执政党，也是宪法规定的；公民合法的私有财产受法律保障，还是宪法规定的。宪法之下，还有很多法律，

覆盖生活的方方面面。面对诸多法律，同学们尚在中学求学阶段，无法全面详细了解。那么今天，同学们在这里学习法律、了解法律，主要达到什么目的呢？就是要培养法律意识，树立法治观念，在心中播下法治的种子。以下我从三个方面，帮助同学们进一步了解法是什么。

（一）法是人们的行为准则

法是一种规矩，它规定人们在生活中应当做什么、不得做什么。比如，新的道路交通安全法出台后，大家发现在没有红绿灯的斑马线路口，机动车司机看见行人路过，会停下来让行人先行。为什么？因为新的道路交通安全法规定，在经过没有信号灯的道路时，遇到有行人横过马路，机动车必须避让。但在这里我还想提醒大家，在过马路时一定要"左顾右盼"，增强防范意识。又比如，同学们还是未成年人，能不能开车？道路交通安全法规定，开车必须要有机动车驾驶证，无证驾驶是违法的。同时，法律规定年满18周岁才能申领机动车驾驶证，所以未成年人驾驶机动车属于无证驾驶，是不允许的。还有，如果你们把父母的车子卖了，这样的行为有效吗？在座的同学们都是未成年人，可以进行与你的年龄、智力相适应的民事活动，如购买学习用品。卖车的行为超出了与你们年龄、智力相适应的范围，除非家长追认，否则是无效的行为。这些事例告诉我们法是一种行为准则，规范人们的行为，一旦违反了，就会受到相应的处罚或者承担相应后果。只有人人心中敬畏法律、遵守法律，这样我们的社会才会更安全、更文明。

（二）法是社会关系的调节器

社会是由人组成的，人与人之间的关系就是社会关系。人与人会因为各种事情联系起来，形成不同的社会关系。人与人之间的关系如何调整，法律起着重要的作用。比如，我们的城市到处都是高楼大厦，如果有人被从高楼上丢下的瓶子砸伤了，谁负责？谁扔的瓶子谁负责。但是如果找不到是谁丢的瓶子呢？原则上这栋楼里的所有人都要承担赔偿责任，除非能证明这个瓶子不是你扔的。再比如，小明的妈妈向房地产开发商定购了一套房子，交了 3 万元定金。定金是一个特有的法律概念，作用是让交易双方都遵守承诺，诚实守信。如果小明妈妈后来不想买这套房子，不遵守承诺，她不能要回这 3 万元定金。如果房地产开发商违约，不卖给小明妈妈这套房子，那开发商就要双倍返还 6 万元。

这两个例子告诉我们，人与人之间的关系是由法律来调整的。法律给社会关系设定规则，当人们之间产生矛盾和纠纷时，能够依据法律得到解决，因此法律具有定分止争的作用，是社会关系的调节器。

（三）法律是公平正义的守护神

"公平正义"是一个国家文明的标志，是最重要的法律原则，是人类共同的价值追求。当公平正义遭到破坏时，法律是维护公平正义的最后一道防线。

这是一起真实的案例。

一名苏州大学的法律专业学生，在中国知网上下载了一篇 7 元的付费论文。因为中国知网的最低充值限制，他需要先充值 50 元。文章下载后，他要求退还剩余充值费用，但与知网多次协商无果，最后这名大学生把中国知网告上了法庭。法庭支持了这名学生的诉求。中国知网不仅把剩余的钱退还，还改变了现有的充值规定，最低充值额降低为 0.5 元。

在这起案件中，中国知网最低额消费的充值条款侵犯了消费者的自主选择权，是一种不公平、不合理的规定。法院的判决保护消费者的合法权益，法律发挥了维护社会公平的作用。

2018 年发生了一起轰动全国的"昆山砍人案"。于海明骑自行车正常行驶，刘某醉酒驾驶小轿车强行闯入非机动车道，与于海明险些碰撞，后刘某从轿车内取出一把砍刀击打于海明，在争夺砍刀过程中，于海明将刘某杀了。谁来负责？该不该负责？这起案件在社会上引起了强烈的反响。最终于海明的行为被确定为正当防卫，不负刑事责任。正当防卫是指对正在进行不法侵害行为的人，在一定限度内采取的制止不法侵害

的行为。醉酒的刘某有错在先，于海明在面临危及人身安全、不反抗可能会被砍死的情况下，进行反击，符合正当防卫的规定。这个处理结果充分体现了法律惩恶扬善的作用，既维护公平正义，又弘扬社会正气。

二、法与同学们有什么关系

法在调整社会关系中发挥着极其重要的作用。法对于社会、对于每一个人，就像空气和水对人们一样重要。没有法社会将陷入无序的危险状态，人们也会处于各种危险之中。法对于每一个人都是极其重要的，对同学们更是如此。同学们平时有没有感受到法的存在呢？法和你们发生了什么关系？大家能够平安幸福地生活和学习，参加各种活动，没有感受到法律的存在，其实，这就是法和你们的最大关系。法无时无刻不在维护社会的安定有序稳定，这正是法律发挥作用的最高境界、最好状态。法律，保障我们每一位同学平安出行、幸福生活和学习；法律，保障我们生活安定有序。

同时，法对未成年人有特殊的规定，法与你们还有特殊的关系。宪法规定，年满18周岁属于成年人，不满18周岁就属于未成年人。成年人和未成年人有什么区别？成年人享有法律规定的广泛公民权利，具有选举权和被选举权，可以参军服兵役；成年人违法就要负法律责任。未成年人根据民法规定，具有限制民事行为能力。比如，胎儿也有一定的民事权利能力。老奶奶赠与还未出生的孙子10万元，留着以后上学用，因为胎儿享有接受赠与的权利，所以这种赠与行为是有效的。还比如，8周岁对未成年人来讲是一个界限。不满8周岁的未成年人没有民事行为能力，一般由父母代理实施民事法律行为。8周岁以上的未成年人为限制行为能力人，可以实施与其年龄、智力相适应的民事法律行为，其他行为需要父母追认。年满18周岁是成年人，具备完全民事行为能力。刑法中，年满16周岁，对一切违反刑法的行为负责。已满14周岁不满16周岁，对故意杀人、故意伤害致人重伤或者死亡、强奸、抢劫等8种非常危险的暴力犯罪负刑事责任。未满 14 周岁，一般不负刑事责任。是不是不负刑事责任就可以随心所欲呢？不是的。只是不把你投放到监狱，但国家还是要进行管教。通过教育挽救和预防犯罪，帮助这些青少年回归社会，成为守法的好公民。对未成年人，还有一些特殊规定，比如义务教育法规定凡是年满 6 周岁的儿童，父母应当送其入学；劳动法规定雇佣未满 16 周岁的童工是一种违法行为，劳动行政部门应当责令其改正，处以罚款，严重的可以吊销其营业执照。

刚才，我从两个大的方面介绍了同学们和法律的关系。一方面，我们幸福、安定的生活体现了法正在发挥作用，呵护每位同学，这是法律和我们最明显最密切的关系；另一方面，宪法、民法、刑法等关于未成年人权利和义务的特殊规定，体现法和同学们特殊的法律关系。

三、同学们要注意的几个法律问题

（一）防范校园欺凌

关于校园欺凌，我了解到我们学校有非常好的校风，同学们的素质都非常高，学校没有发生过校园欺凌。和你们在一起，我感到很自豪。但我们经常能从网络中看到有关校园欺凌的新闻，根据上海一个研究机构对全国 29 个县 10 万余名中小学生的抽样调查发现，校园欺凌发生率为 33.36%，其中经常被欺凌的比例达到 4.7%。大家来看一个案例：

小明是一名在校生，经常受到同学大刚的欺负。所谓的欺负，每一件事看起来都不是什么大事，比如，时不时被大刚推搡一下、言语上嘲笑、差遣干活，等等，日积月累，渐渐成为长期压抑小明的痛苦。有一天，大刚让小明给自己买包烟，小明拒绝了，大刚心生不满，放学后拦住小明，两人发生了冲突，打斗中小明用刀捅死了大刚。

看似很小的事情，最后闹出了人命，所以校园欺凌不是一件小事。校园欺凌的表现形式除了打架斗殴，还包括通过网络及语言等手段实施侮辱、嘲笑，这种精神上的摧残伤害也很大，同学们一定要增强防范意识。校园欺凌，轻则会受到批评教育，重则会受到行政治安处罚，再重触犯刑法，如果有聚众斗殴、故意伤害等犯罪行为的，将会受到刑事处罚。

一旦出现校园欺凌要怎么办？同学之间要表明态度，不能一味地忍让和退缩，但也不能以暴制暴，要注意以暴制暴不仅包括肢体上的，还包括语言上的，比如，你侮辱嘲笑我，我也找几个人嘲笑你，这也是以暴制暴。如果表明了态度，对方道歉了，事情解决了，那是最好的。如果没有解决，怎么办？要找老师。我是师大附中的法治副校长，如果大家有这方面的苦恼，可以来找我。除了找老师，我们还可以找家长，现在的家长对孩子都非常关爱，家长在处理问题时尤其要理性对待，避免激化矛盾。如果在校园外遇到麻烦，有人抢你的钱，怎么办？同学们还是未成年人，生命健康比金钱更重要，因此，我们要避免正面冲突，往人多的地方逃跑，向路人呼救寻求帮助，拨打110报警，避免自己受到伤害。

（二）防范毒品陷阱

据有关部门对未成年戒毒人员开展的调查显示，未成年人染上毒品的原因55%是"交友不慎"，"33%"是"好奇"，且大多数是在歌舞厅、游戏厅、卡拉OK厅、酒吧、网吧等娱乐场所获得毒品。2019年全国登记在册的吸毒人员虽然有所下降，但依然数以百万计，这是一个相当庞大的数据，其中染上毒品的未成年人比例很高，所以我今天还要讲一讲如何防范毒品陷阱。

同学们，你们的家人有成功戒烟的吗？抽烟只是一般性上瘾，想要戒掉都是一件很难的事情。毒品一旦上瘾，戒瘾难度更大。有的吸毒者强制戒了几年，从戒毒所出来后，很容易又复发毒瘾。毒品会破坏脑神经，毒瘾发作后，无法控制自己的行为，曾经有因吸毒而杀害家人的案例，所以我们要高度警惕毒品问题。一是绝对不能有好奇心，一次好奇终身悔恨，一次吸毒可能终身上瘾。这个世界没有后悔药可卖，一旦染上，很难戒掉。二是一定要交友慎重。染上毒品最大的原因是交友不慎，一些把你们带到公共娱乐场所的朋友，少交最好不交。三是不要接受陌生人的食物，比如饮料，这里面可能有陷阱。四是不给陌生人带东西，不带不知何物的东西。警惕被贩卖、运输毒品的罪犯利用而触犯法律。刑法规定，走私、贩卖、运输毒品要追究刑事责任，非法持有海洛因 10 克以上，即可构成犯罪。走私、贩卖、运输、制造海洛因 50 克以上就可以被判处死刑。我们提倡助人为乐，但我们更要时刻提高警惕，防止被毒贩利用，一时的"好心"或者疏忽大意造成违法是要不得的。

（三）防范网络风险

网络是把双刃剑，一方面，网络已经成为我们生活不可或缺的一部分，让我们的生活更美好；另一方面网络中存在很多风险，可能对我们造成伤害。网络，用之得当有百利，用之不当必祸生。我们来看一个案例：

小王牵头建立了一个 QQ 群，群里的人热衷于网络技术和黑客技能。小王为了炫耀自己的"黑客"技能，吸引更多人加入 QQ 群，侵入了一个网站系统后台，窃取了大量公民身份证号码、手机号等个人信息，上传到群里供大家下载分享。小王借助黑客技术实施网络偷窃的行为是违法的，公安机关以侵犯公民个人信息罪立案侦查。后来，小王在检察机关的帮助下，利用自己的网络技术，积极协助公安机关侦破其他网络刑事案件，成功从"黑客"变身为"白客"，成为网络安全的守护者。

这就告诉我们，要正确使用自己的网络技能，不能把自己的爱好和优势变成违法犯罪的工具。网络世界有一定自由，但是任何自由都是有边界的，网络世界的自由是相对的，网络自由的边界就是遵从法律，不能违法。

有的网民在网上随意发表言论、散布谣言，造成恶劣社会影响，从而触犯法律规定。根据法律规定，在网络上散布谣言、恐怖信息等，扰

乱网络秩序，可能构成诽谤罪、寻衅滋事罪等刑事犯罪。2018年某公安局一名民警在执行抓捕任务时不幸牺牲，一名网民为了寻求网络关注度，在新闻报道评论区发布了侮辱牺牲民警的言论，造成了恶劣的社会影响，后来这名网民因寻衅滋事罪被逮捕。

景德镇市检察机关办理了一起"网络大灰狼"案：

帅某以大乐影视传媒有限公司的名义在网上发布招录11岁至16岁女童星的广告。在取得被害人信任后，以上镜面试需要检查身体为由，通过QQ与多名被害幼女裸聊，并拍摄部分视频留存。帅某最终以猥亵幼女罪被判处2年有期徒刑。

这是一起通过网络实施的猥亵案件。在网上交友要谨慎，不能轻易相信他人。如果一旦发生了网络诈骗等，要第一时间报警，及时截取聊天记录、转账记录，注意保存证据。

关于网络问题，我向同学们提示几点。第一不要在网络上窃取他人信息，有的同学网络技术非常高超，也很聪明，但要正确使用自己的网络技能，发挥好自己的长处和优势。第二不要随意在网上发布、转发不实的信息，对待网络信息，要理性思考，正确甄别，防止成为网络谣言的散布者。第三不要在网上侮辱、诽谤他人，同学们要规范自己的网络言行，做一个遵纪守法的小公民。第四不能在网上侮辱损害英雄烈士的名誉，英雄烈士的事迹及其体现的精神不仅凝聚着民族感情，也构成民族记忆和民族精神的一部分，侮辱英烈的行为是对民族精神、人民感情的极大伤害，损害社会公共利益，所以侮辱英烈的行为不仅要受到道德谴责，还要受到法律的制裁。第五不要在网上购买与未成年人不相适应的物品，如刀具、枪支配件等。第六不要在网上贷款，"校园贷"的骗局已经被捅破，危害极大。未成年人要树立正确的金钱观、消费观，防止掉入"校园贷"的陷阱，受到侵害。第七不要在网上赌博，如参与网上赌球等。第八不要在网上结交陌生朋友，网上交友本身不违法，但"网络大灰狼"很多，大家在网上交友要慎重。

法律是人人应当遵守的行为规范，调整着纷繁复杂的社会关系，守护着公平和正义。法律就像一把大伞，撑起一片蓝天，守护未成年人成长。

今天这一课，主要想达到两个目的，第一是希望同学们培养一点法律意识、法治观念。法律意识和法治观念需要我们从现在做起，逐步培养。我们首先要做的就是：遇到事情，多想一想是否违法，拿不准的时候，可以咨询老师和家长；遇到麻烦，用法律去解决，这对系好人生纽扣非常重要。第二是希望同学们增强防范意识，防范受到不法侵害，防止走错人生路。

大家如果遇到涉及法律问题的麻烦和困惑，请留给你们的老师和我，由我们为你们提供帮助。希望同学们从内心敬畏法律，树立法律至上的理念，做社会主义法治的忠实崇尚者，逐渐养成自觉守法、遇事找法、解决问题靠法的思维习惯和行为方式，这对人生来讲非常重要，对每位同学系好人生纽扣十分重要。最后我想用我们师大附中的校训来结束这一课，那就是，在法治中国、法治社会建设的道路上，我们每位同学都要"做有责任的中国人"，成为祖国未来的栋梁。

谢谢同学们！

树立法治意识　健康快乐成长
争当学习实践社会主义核心价值观的模范

山东省人民检察院党组书记、检察长　陈　勇

📖 授课情况

授课时间： 2019 年 2 月 25 日

授课地点： 山东省实验中学

授课对象： 高一学生 300 人

逻辑结构： 围绕"遵守行为规范""崇尚法治""如何落实法律，实现法治"三个问题，从科学立法、严格执法、公正司法、全民守法四个角度，普及了法律知识并重点介绍了检察机关未成年人检察职能，引导广大在校青少年重视遵守家规家风、校规校纪、道德规范、法律法规，自觉践行社会主义核心价值观，维护国家利益和个人的合法权益。

目的效果

通过普及法律基本知识，帮助学生更好地树立法治意识，提升法治素养和自我保护意识，懂得拿起法律武器保护自身合法权益，推进平安校园、法治校园建设。

部分新闻链接

1. 东方资讯 2019 年 2 月 26 日：《开学第一课！山东省实验中学邀检察官进校讲法治》

2. 搜狐网 2019 年 2 月 25 日：《山东省检察院陈勇检察长出任山东省实验中学法治副校长》

3. 大众网 2019 年 2 月 25 日：《山东省检察院陈勇检察长出任山东省实验中学法治副校长》

4. 齐鲁网 2019 年 2 月 26 日：《117 位检察长兼任法治副校长 山东学生的开学第一课有点不寻常》

5. 新浪网 2019 年 2 月 26 日：《"陈校长"开讲第一堂法治课》

6. 中国教育在线 2019 年 2 月 26 日：《开学第一课！山东省实验中学举行"检察长任法治副校长暨开学季普法进校园"活动》

7. 齐鲁晚报 2019 年 2 月 25 日：《山东：普法进校园，检察长跨界担任"法治副校长"》

8. 今日头条 2019 年 2 月 26 日：《山东：普法进校园，检察长跨界担任"法治副校长"》

授课讲稿

尊敬的各位同学、老师：

大家下午好！

非常高兴今天能够来到省实验中学这座具有 70 多年悠久历史的著名学府。刚才，韩校长向我颁发了法治副校长的聘书和"登攀杯"，一位同学为我佩戴了校徽，从今天起我就成为省实验中学的一员，深感荣幸。同时也感谢省教育厅白皓副厅长、济南市教育局王诚副局长在百忙之中出席活动。

同学们朝气蓬勃，充满活力，是早晨八九点钟的太阳，是国家的未来、民族的希望。我们作为检察机关，有责任、有义务推进平安校园、法治校园建设，保障和呵护你们健康成长。担任法治副校长，初衷即在于通过这种形式，把法治搬进学校，帮助同学们更好地树立法治意识，懂得拿起法律的武器保护自身的合法权益。刚刚过完我国最重要的传统节日——春节，同学们马上就要投入紧张的学业当中。借此机会，我想从普及法律基本知识角度，和老师、同学们谈谈个人关于尊法、学法、守法、用法的一些体会和认识。

一、遵守行为规范

我们学习和生活首先应当遵守哪些行为规范？可能每个同学的答案都不尽相同，我认为至少应该有四个层面的要求。

首先是家规。过去有一副著名对联"忠厚传家久，诗书继世长"，"天下之本在家"，就我们中国人的传统生活习惯而言，无论是过去、现在，还是未来，绝大多数的中国人都还是"生活在家庭之中"，对青少年而言，家庭是人生的第一个课堂，父母是孩子的第一任老师。人生的第一个扣子往往是父母帮忙扣上的。正所谓"修身齐家治国平天下"，我们大家从牙牙学语起就开始接受家教，有什么样的家教，就有什么样的人生。近几年，我们国家一直在大力倡导家风建设，在2014年马年春节，中央电视台新春走基层播出的"家风是什么"特别节目，就引起了社会的极大关注。大家应该也都学习过《三字经》《弟子规》《颜氏家训》《曾国藩家书》等传统文化经典著作，古代人把家风总结为五常八德，五常指仁义礼智信，八德主要是忠孝仁爱信义和平。大家回想一下，自打小时候起，是不是父母就教我们一定要尊老爱幼、与人为善、诚实正直、勤俭持家？这些就是我们常说的家规家风，也是我们接触最早的一种行为规范。

其次是校纪。每一个学校都有自己的章程、规范，相信省实验中学也有一整套严谨、科学、规范的校规校纪。大家评判一个学校的好坏，很重要的一个标准就是看这个学校的日常管理严不严，学生的行为举止是否文明规范。据我了解，每年新生入学时，学校都会组织开展内容丰富的军训活动，其中除了常规的军事训练项目外，很重要的一项内容就是校规校纪教育，让大家知道什么是纪律，尽快养成严谨规范的学习态度和生活作风，我认为很好。严管才是厚爱，大家一定不要把遵守校规校纪当成是对个人的一种负担和束缚，而是要明白校规校纪是为我们提供保护的，只有在校规校纪下学习生活，才能拥有真正的自由、真正的秩序。试想一下，如果一个人在家不受家规约束、在校不受校纪约束，走向社会之后怎么可能有纪律、法治意识？犯错误、遇风险也就不可避免。我给大家举一个真实案例。

我省菏泽市一个县的几名中学生在校期间不守校规，多次滋事，是有名的"刺儿头"，后来他们离开学校、走上社会以后，合伙在一所中学校外暴力劫财，甚至多次公然持械进学生宿舍抢劫，被劫学生多达数十人，造成学生不敢到校上课。最终这几个人都被绳之以法。

这就是在学校不守校规、放纵自己，最终走上违法犯罪歧途的典型例子。当然，我也欣喜地看到，省实验中学有着光荣的历史，是第一届全国文明校园，也获得了很多的荣誉。这样的成绩，离不开学校党组织的严格管理，离不开老师们的以身示范，也离不开同学们的自觉遵守。希望大家继续坚持，做到更好。

再次是道德。刚才我们所说的家风校规，适用范围仅仅局限于一个家庭的成员或者一个学校的学生，对其他家庭或者其他学校就没有约束力了。这时候，我们就需要一个更大范畴的行为规范，那就是道德。道德是什么？就是做人做事应该遵循自然规律，代表了社会的正面价值取向，用以衡量人们行为是否正当合理，与法律相辅相成，共同起到维护社会稳定、促进社会和谐的作用。所以道德就是不成文的法律。比如，父母慈爱儿女，儿女孝顺父母，人与自然和谐相处，这就是道德。大家都知道，我们每次上公交车，大家一般都会主动为老幼病残孕让座，这既是一种个人素养，也是一种美德与习惯。前段时间多次发生的高铁"霸座"事件，在社会上引起了强烈反响，大家纷纷谴责痛斥，因为这种行为违反了社会公德。党的十八大提出了社会主义核心价值观，其实就是一种德，既是个人的德，也是一种大德，就是国家的德、社会的德。大家走在大街上就可以看到宣传标语，我想作为咱们省实验中学的学生，应该都记得很全、背得很熟了。大家看的时候也发现有个规律，就是八个字一行。这里面就有个层次的问题。说到富强、民主、文明、和谐，大家感到很崇高、很宏大，这个就是从国家层面提出的价值要求。说到自由、平等、公正、法治，大家感到很深远、很有力，这个就是从社会层面提出的价值要求。说到爱国、敬业、诚信、友善，大家感到很明确、很具体，这个就是从公民个人层面提出的价值要求。这些概括，承载了我们国家和民族的精神追求，体现了评判是非曲直的价值标准，也是需要我们大力提倡、努力做到的行为规范。关于这些表述，我们通过学习古文、古诗词，也有一定了解，但是不能完全按古时候的内容来理解，要注意学会"扬弃"，把握新时代的新要求。同学们都喜欢观看一些大片、动漫，这些媒介和载体是相关国家传播宣传其价值观和文化理念的最重要的工具之一。我们也要注意加以区分，坚定中华民族文化自信，有鉴别地加以对待，保持我们国家和民族的精神独立性。

最后就是法律。说到法律，我们检察机关作为司法机关，每天都在与法律打交道，而同学们可能觉得法律离自己还很远，其实法律与我们每个人息息相关。常言道："没有规矩不成方圆。"法律就是调整人们行为的"规矩"。比如，在座的各位大都未满18周岁，我们国家有未成年人保护法，时刻守护着大家的合法权益。再如，大家通过网络购物或者到商场购买商品，就可能用到消费者权益保护法；一旦发生纠纷，可能会用到合同法等相关内容；如果购买到假冒伪劣商品，可能还要涉及刑法的范畴，制假售假者必须受到法律的制裁；等等。大家应该都听说过我省发生的徐玉玉被电信诈骗案：

2016年8月19日，临沂市高考录取新生徐玉玉被犯罪嫌疑人以发放助学金的名义，实施电信诈骗骗走9900元。徐玉玉与父亲到公安机关报案后，回家途中心脏骤停，经送抢救无效死亡。最终，该案陈文辉等7名犯罪嫌疑人因诈骗罪、侵犯公民个人信息罪、非法获取计算机信息系统数据罪，分别被判处无期徒刑至有期徒刑3年不等刑期。

我们常说的法律是成文的道德，是我们必须要遵守的底线规则，违反了法律，就必须要承担相应的法律后果。在我们国家，宪法是国家的根本法，此外还有刑法、民商法、经济法、诉讼法等，这些法律与相关行政法规、地方性法规共同构成了中国特色社会主义法律体系。

二、崇尚法治

通俗来讲，法治就是依法而治，就是通过制定法律、实施法律、执行法律来达到一种社会状态。法治是与人治相对的一种治国模式，即依照符合人民意志和社会发展规律的法律治理国家，而不是依照个人意志、主张治理国家。大家在历史课上也都学过商鞅变法，主张以法治国，特别是强调严刑酷法，那不是真正的法治，是封建王朝统治人民的一种严酷手段，与我们现在推进的依法治国是有本质区别的。我们现在的法治包括了四个基本要素，就是科学立法、严格执法、公正司法、全民守法，就是平时说的依法治国十六字方针。

首先是立法。立法，就是制定法律。依法而治必须先有法律。大家如果关注我们每年的全国两会，就可以看到会议审议通过这样那样的法律，这就是立法活动。我们国家有立法权的，主要是全国人大及其常委会，还包括国务院和国务院的各个部委，他们制定行政法规、行政规章，也包括省一级的人大及其常委会，以及设区的市的人大及其常委会。2011 年，我国宣布，中国特色社会主义法律体系已经基本建成，也就是有法可依的问题在我们国家已经基本解决。同时，我们也应看到，实践发展永无止境，立法工作也永无止境，完善中国特色社会主义法律体系任务依然很重。希望同学们不管是现在，还是将来走上社会，都积极参与立法，提出自己的意见和建议。

其次是执法。执法，就是执行法律。一般指依法行政、严格执法。如果有了法律而不实施、束之高阁，有法不依、执法不严、违法不究，那制定再多的法律也无济于事。平常我们接触到的，城管对违规摆摊的小商贩进行处罚、交警对不遵守交通规则的车辆和行人进行处罚、一些执法部门联合对违章建筑进行拆除，这些都是具体的执法活动。违法活动如果仅仅触犯行政法律法规，就由行政执法机关来处理。如果可能触犯刑律，那就得进入司法程序了，也就是下面我要讲的司法环节。

再次是司法。司法，用咱们老百姓自己的话来讲就是打官司、吃官司，一般指政法机关（公检法司安）公正司法。大家可能有所了解，比如，买东西发生纠纷、欠账要不回来，通过向法院起诉，维护自己合法权益的，这是民事案件；对交警、城管等行政执法部门罚款不服，请求法院撤销、纠正的，这是行政案件；最严重的，偷盗巨额财物、把人打成重伤、交通肇事撞死人，涉嫌犯罪了，必须由公安、检察院、法院依法处理，这是刑事案件。司法是维护社会公平正义的最后一道防线，有个生物学上的形象比喻，说司法系统是国家的"免疫系统"。

最后是守法。守法，就是遵守法律，一般指全民守法。法律就在我们身边，比如，过马路要遵守道路交通安全法，上学要遵守义务教育法。

同学们都是家里的掌上明珠，在关心呵护下成为优秀的高中生，马上就要走进大学、成为栋梁之才，这个时候你们如果不守法、不注重自身安全，出了事，爸爸妈妈、爷爷奶奶该多伤心啊。所以，守法对你们来说特别重要。守法是同学们健康成长、快乐成长最好的保障，是人生行稳致远最好的护身符，是报答祖国、感恩父母老师最好的回报。借用最近大热的电影《流浪地球》里的一句话，那就是"规范千万条，守法第一条，学生不守法，亲人两行泪"。同学们可以想一想，如果我们每个人都能做到守法，那么我们都能在井然有序、规范公正、友爱平和的社会氛围中学习生活，大家互谅互让、和谐相处，矛盾也没有那么多了，这不是一个很理想的生活状态吗？不是每一个人追求的社会状态吗？也就是我们追求的人人守法的法治社会。

三、如何落实法律，实现法治

刚才，我们了解了包括法律在内的行为规范是什么，法治有哪些方面的基本要求，接下来，还要思考第三个问题，就是如何落实法律、实现法治。我考虑同学们从社会、学校家庭、个人三个层面来认识，可能更容易理解和把握。从社会层面来看，就是我刚刚讲到的立法、执法、司法、守法的问题，法治需要全社会共同努力。谈到这里同学们可能有个疑问，就是检察机关作为司法机关、作为国家法律监督机关到底在法治建设中承担什么样的责任、发挥什么样的作用，借此机会，我也向大家简单介绍一下检察机关的主要职能，共有八项职能。第一项是刑事检察职能，就是公安机关抓了人，通过侦查发现犯罪嫌疑人罪行严重、行为恶劣，只有关起来才能避免其继续作恶，就需要移送检察机关批准逮捕，由检察机关来决定是不是把他关起来；对犯罪案件，公安机关侦查完了，不能直接送到法院去，必须有一个中间环节，来看看事实、证据等方面扎不扎实、符不符合法律要求，这个中间环节就是检察机关，犯罪案件最终还是由检察机关决定是不是向法院起诉；检察机关向法院起诉后，还要派出检察官出庭指控犯罪，就像咱们常在香港电视剧里看到的那样，与律师展开舌战。这些职能也是检察机关最基本的职能。第二项是法律监督职能，就是公安机关侦查过程中、法院审判过程中，包括法院把案子判了以后，如果当事人感觉不公正、不合法，就可以依法来找检察机关，检察机关审查以后发现确实有重大错误，就通过纠正违法、提出检察建议、提起抗诉等方式，来纠正这个错误。第三项是公益诉讼检察职能，这是 2017 年修改的民事诉讼法、行政诉讼法赋予检察机关的一项新职能，比如，有群众反映某个地方的工厂偷偷排放工业污水，搞得臭气熏天、寸草不生，在附近生活的人老是生病，但是向环保部门反映，就是长期得不到解决。这样一种情况，侵犯的不是一个人的利益，而是大家的共同利益、社会的公益。这时候就可以来找检察机关。我们先搞个调查核实，看看实际情况是不是这样，然后发出检察建议，督促环保部门来解决，如果企业还是不改、环保部门还是不管，检察机关就可以作为社会公共利益的代表向法院提起诉讼，这个诉讼就是公益诉讼。当然从办案情况看，绝大多数问题都在我们发出建议后就解决了。第四项是未成年人检察职能，这是检察机关与大家关系最密切的一项工作。省检察院为了更好履职尽责，专设未成年人检察工作办公室，我们知道，未成年人是一个特殊的群体，法律对涉及未成年人的案件办理有一系列的特殊规定，对未成年人的保护是一项专业性很强的工作。专业的事就要由专业的人来做。如果未成年人犯了罪或受到侵害，我们把这类案件交给这个专门机构、由专门的检察官统一办理，这样能最大限度地保护好未成年人的合法权益。另外，包括给青少年上法治课、开展心理和情绪疏导等工作，也都是由这个专业的部门来做。同学们，我们未检部门的检察官有丰富的经验、专业的知识，如果有什么法律上不明白的问题、心里有什么解不开的疙瘩，欢迎大家来咨询。除了以上职能，检察机关还有其他一些重要职能，由于时间关系，就不与同学一一介绍了。同学们如果感兴趣可以通过书本、上网学习了解。作为检察机关，我们在推进法治建设中责任大，任务重，一方面，要充分发挥各项职能，履行好

维护国家政治安全、确保社会大局稳定、促进社会公平正义、保障人民安居乐业的职责使命；另一方面，要落实"谁执法谁普法"的普法责任制，通过开展以案释法、法治宣传、上法治课等形式，推动全社会尊法学法守法用法。

接下来，从学校家庭层面来看。学校和家庭是社会的细胞，学校和家庭不重视法治教育，对整个社会的影响也是显而易见的。比如，我们办理的一起校学生会干部殴打学生案，泰安一所职业学校的学生会主席因本校学生违反校内规定抽烟发生口角，带领学生会几个干部，把人打成了轻伤二级。从学校管理的角度来看，我想这所学校抓法治教育不会太好，学生会干部作为学校的佼佼者，都以暴力犯罪的手段来实行管理，可见他们的法治意识、法治观念多么淡薄，也反映出整个学校法治教育不到位。再如，一个16岁的学生因父亲与他人存在矛盾，纠集同学无端滋事，故意毁坏财物，造成损失6439元。这个"为父报仇"的例子，说明家庭对孩子法治教育不到位，引发的后果也是非常严重的。通过以上两个案例，我们能够认识到学校、家庭在法治教育上有着非常重要的责任，一个学校、一个家庭如果法治教育到位，是完全可以避免此类案件发生的。

最后，从个人层面来看，法治建设关系到我们每一个人，必须从我做起。作为一名高中生，大家对法律、对法治都有了一定认知和理解。借这个机会，我也想对同学们提几点希望。第一，要学好法律知识。学好法律知识，才能培养法治意识（是对法律发自内心的认可、崇尚、遵守和服从），法律素养是一个人智商的重要组成部分。法律的学习、法律思维的养成、行为规范的培养，都是一个长期的过程。希望大家积极参与学校组织的法律知识学习，对国家出台的法律都要主动学、认真看、仔细想，不仅要认真学习法律规定，更要深刻理解法律规定背后的价值、情感、规范，以及其内在蕴涵的社会法则，并在内心做到真正地认同、崇尚这种价值和法则，将法律内化于心，外化于行，学会运用法律思维去思考问题、运用法律手段去解决问题。希望大家记住，整个社会对未成年人是关爱而不是溺爱、是宽容而不是纵容，法律的权威不容挑战，法律的界限不容跨越，任何一个人都没有超越宪法和法律的特权，任何时候都不能触碰法律这个带电的高压线。第二，要控制个人情绪。这就是大家所说的情商。大家都处在青春期，个性比较强，情绪比较敏感，容易冲动。我们检察机关经常接触这样的案例，比如，临沂一所学校的两名同学，因为在自习室发生口角，就拳脚相向，最后一名同学用随身携带的折叠刀，把另一名同学捅成了胃破裂、重伤二级，自己也因犯故意伤害罪被判处两年有期徒刑。这样冲动犯罪的例子比比皆是，令人痛心和惋惜。希望大家在遇到矛盾的时候，首先要冷静下来，不能盲目，更不能冲动，要三思而后行。有句话说得好，冲动是魔鬼，忍一时风平浪静嘛！这点大家一定要记住。第三，要约束自身行为。要分清楚哪些行为是违法的，哪些事情是绝对不能做的。大家都有比较要好的同学、朋友，有时候难免听到他们抱怨遇到这样那样的问题，比如，受到谁的欺负、与谁闹矛盾，面对这样的抱怨，大家要以劝解疏导为主，帮助他们化解心结，不能听风就是雨，更不能强出头、逞义气，因为事态一旦失控，作为高中生你们完全处理不了。比如，我们办理的一起未成年人犯罪案件就非常典型，齐河一所中学的学生受了欺负，与他要好的10个同学为其出头，将别人打成重伤。这是一个血淋淋的教训。希望同学们加强自律，自我规范，不能因小失大，不能做出格的事，更不能违法犯罪。第四，要谨慎社会交往。作为高中生，与社会的接触日渐增多，大家涉世未深，判断力不够强，更应该时刻小心谨慎，决不能交损友、交坏友。我了解到一个案例，一个中学生因为母亲常年卧病在床，家庭比较困难，在网吧中认识了两个成年人，两个成年人经常主动请他吃饭、上网，他在这两个人的教唆下参与了毒品交易，最终被抓获。这个例子告诫同学们，大家处在学习成长的年龄，不要过早、过深地涉入社会，与所谓"社会人""社会事"交往过密，沾染不良风气。大家在自觉遵守法律的同时，也要注意不要被违法行为牵连，不要接触和听信不怀好意的人的挑唆和诱惑。特别是现在社交网络非常发达，各种社交软件层出

不穷，大家要注意保护自己，不泄露隐私，不贪图小便宜，不给坏人可乘之机。比如，全社会都非常关注的非法校园贷问题，我们检察机关也办理了一系列这方面的案子，有的同学为了满足虚荣心，深陷泥潭，饮鸩止渴，对个人和家庭造成了难以挽回的损失和影响。有的同学甚至参与其中，不仅自己放贷做幕后推手，赚取高额利润，遇到还不上款的学生，还会使用各种暴力方法催收，最终身陷囹圄。这些都值得同学们警惕警醒。大家要相信"天上不会掉馅饼"，更加慎重地处理自己的言行，始终把心思放在学业上，决不能让自己的学习生涯染上污点、留下遗憾。最后，希望同学们积极参与包括检察机关在内的各部门组织开展的法治宣传活动，主动做法治精神的传播者，为法治建设贡献自己的一份力量。

同学们，新时代法治中国建设的大幕已经开启，对每一名公民的法律素养提出了更高要求。希望你们从现在做起、从自身做起，自觉尊法学法守法用法护法，志存高远，脚踏实地，做新时代努力奔跑的追梦人，做新时代法治中国建设的模范公民。

以上就是我的一些体会和看法，供大家参考。

法律就在我们身边

湖北省人民检察院党组书记、检察长　王　晋

📖 授课情况

授课时间： 2019 年 5 月 16 日

授课地点： 武汉中学

授课对象： 高一学生 370 余人

逻辑结构： 本课程围绕"法律是什么；法律对未成年人的特殊保护；生活在社会主义的法治国家，大家要怎么做"三个层面展开讲述。首先，引用"子产铸刑鼎"的故事，讲述中国历史上第一次公布成文法活动，告诉大家法律就是人人都必须遵守的行为规范。随后，通过讲解法律与一般行为规范的区别，列举法律保护的权益，循序渐进地引出课堂主题——"法律就在我们身边"。其次，运用现实生活中的案例，从刑事法律、民事法律两方面分别讲解对侵害未成年人犯罪的打击和对涉罪未成年人的教育、感化、挽救。最后，通过学法、守法、用法三个方面教导学生们树立法治意识。

✍ 目的效果

通过三个问题的讲解，直观生动地告诉同学们什么是法律，法律是怎样保护未成年人的，以及在法治社会下同学们应当怎样做。通过引经据典、以案释法，一层一层地剖析法律、一步一步引导学生走进法律，从而在同学们的心中播下了法治的种子，努力做社会主义法治的崇尚者、遵守者、捍卫者，成为担当中华民族伟大复兴重任的时代新人。

🌐 部分新闻链接

1. 长江云 2019 年 5 月 16 日：《王校长您好，听了您的课我被圈粉了！》

2. 楚天都市网 2019 年 5 月 16 日：《省检察院检察长王晋用抖音给学生普法，现场金句频出》

3. 荆州网 2019 年 5 月 16 日：《省院检察长受聘"法治副校长" 生动法治课圈粉中学生》

授课讲稿

敬爱的各位老师，亲爱的同学们：

大家下午好！

很高兴能来到百年学府武汉中学。我们都知道，武汉中学是由董必武等老一辈无产阶级革命家创办的。建校百年以来，学校为党和国家培养了大批的高素质人才，积淀了深厚的教育文化底蕴。特别是董老"朴诚勇毅"的校训，为包括大家在内的历代学子注入了健全的人格基因。其实，董老不仅是武汉中学的创办者，也是新中国人民民主法制的先行者，为建立新中国的法律制度做出了不可磨灭的巨大贡献。他在土地革命时期，就担任了中华苏维埃共和国最高法院院长，并一度代理工农检察委员会主席，主持中央革命根据地的司法工作。所以，有了这样一个渊源和缘分，能够从杨校长手中接过聘书，担任大家的法治副校长，成为武汉中学的一员，我觉得特别的荣幸。

2019年3月份，习近平总书记对广大思政课教师提出要求，"要给学生心灵埋下真善美的种子，引导学生扣好人生第一粒扣子"。我想，这不仅是给思政课老师讲的，也是给所有老师的叮嘱。既然有幸成为武汉中学的兼职教师，那传道、授业、解惑就是应尽的义务和本分。刚才，大家观看了短片《新时代下的四大检察》，相信大家对检察院的工作有了初步了解。可以看出，检察院的工作是与法律密切相关的，实际上法律与我们所有人都息息相关。所以，接下来我想围绕"法律就在我们身边"这个话题，和同学们谈谈自己的认识和体会。

一、法律的含义

法律是什么？在回答这个问题之前，我先跟大家分享一个历史小故事。

春秋后期，郑国（现在河南省的中部，夹在当时晋国和楚国之间，列强环伺）内忧外患，国力日渐衰败，处境非常危险。这时，有一个著名的政治家叫子产（他当时是郑国的执政卿），为了富国强兵，大力推行社会改革，主持制定"刑书"，希望通过法治来提升国力。在那个时候，刑律一般都是写在竹简或木简上，只有上层的贵族才能学习到，一般的老百姓是看不到的。因为这些贵族认为法律越秘密越好，这样才有利于贵族随意处置老百姓，增加专制的恐怖和神秘。但是事实证明，这样的做法只会激化矛盾，并不能带来长治久安。所以，子产把新修的刑法铸在一口铁鼎上，放在王宫门口，让老百姓都能看到，知道什么是可以做的，什么是不可以做的，然后再口口相传，推动社会有序运转。

这就是有名的"子产铸刑鼎"的故事，是中国历史上第一次公布成文法活动。

那么，法律到底是什么呢？简单地讲，法律就是人人都必须遵守的行为规范。在现代国家，最高的法律形式是宪法。如果把法律比作一棵大树，宪法就是树的主干。此外还有刑法、民法，包括我们正在受其规范和保护的义务教育法等各种法律规范。可能有的同学会问，"家有家规，校有校规"，这些不也都是行为规范吗？我们在家不遵守家规，会受到父母长辈的训斥；在学校不遵守校规，会受到老师的批评教育，甚至更严重的，会受到留校察看或者开除学籍的处分。从广义的角度来讲，这些规则确实都属于行为规范。那这些规则和法律所规定的行为规范有什么区别呢？很重要的一点就是，约束的范围和力度不一样。家规只能管住家庭成员，校规只能规范本校学生，而一个国家的法律，是对每一个公民都适用的，而且以国家强制力为保障。强制力包括了军队、警察、法庭、监狱等国家机器。谁不遵守，谁就会受到法律的处罚，严重的甚至会坐牢，被剥夺自由、财产乃至生命。

同学们可能会想，那我一辈子不打架、不偷不抢，是不是就和法律没关系了？其实不是，法律存在于我们生活的每一个场景。比如，吃饭睡觉是你的生存权，如果有人不让你吃饭睡觉，那就是虐待，国家会出面保护你；你在学校上学，这是你的受教育权，如果在义务教育阶段有人不让你读书，或者在考大学的时候，别人改了你的志愿，法律会惩罚这些人；还有，你的私人物品别人不能抢，这是你的财产权；别人不能随意殴打伤害你，否则就侵犯了你的生命健康权；你有权决定、使用自己的姓名，他人不能冒用，这是你的姓名权；等等。所以，法律就在我们身边。你见，或者不见，她就在那里；你念，或者不念，她也在那里，就像空气一样，无时无刻不环绕着我们，呵护和保护着大家。

二、法律对未成年人的特殊保护

习近平总书记对青少年特别关心爱护，他强调："全社会都要了解少年儿童、尊重少年儿童、关心少年儿童、服务少年儿童，为少年儿童提供良好社会环境。"这一点，在我们国家的法治上得到了很好的体现。除了有专门的未成年人保护法，在其他的法律中也特别注重对未成年人合法权益的保护。为了让大家有更直观的了解，接下来我会用现实生活中的案例来从不同方面进行说明。

首先，刑事法律对未成年人的保护。刑事法律，说得通俗点，就是规定什么是犯罪，犯了罪要怎么追究的法律。在对未成年人保护的问题上，主要有两个方面，一方面是对侵害未成年人犯罪的打击，另一方面是对涉罪未成年人，也就是自身犯了罪的未成年人的教育、感化和挽救。

对侵害未成人犯罪的打击，顾名思义，就是严厉惩处那些以未成年人为犯罪对象的行为人。这里有个案例，讲述了一个破碎的减肥梦。

有一名16岁的高一女生小云，觉得自己有点胖，便想减肥，变得更漂亮。于是她就上网在贴吧里找到了一个减肥兴趣小组，注册了个人信息。没过几天，有人私信小云，说自己叫"小丽"，是一名高三的女生，也在减肥，想加小云为好友，以后互相监督和鼓励。小云想这是个好办法，而且都是同龄人，于是加了好友。就这样，小云和"小丽"每天互相晒体重，还慢慢地开始聊学习和生活，逐渐成了好"姐妹"。过了半个月，小云瘦了1斤，"小丽"居然瘦了5斤。"小丽"告诉她，因为自己的表姐是一名知名的减肥健身教练，可以根据顾客的年龄、身体情况制定专属的减肥计划，好多人都花几千块钱找她制定计划、量身打造，而且效果都非常好。"小丽"还说，因为现在自己和小云是好朋友，可以帮她去问问表姐，能不能免费帮小云制定一个计划。过了一会儿，"小丽"高兴地回复小云，她的表姐答应了，只要小云拍几张全身上下不穿衣服的照片，发过去给她表姐看看，她便可以针对小云的体型，和身体的每个部位提出专业具体的减肥指导计划。小云一听有点犹豫。可是"小丽"不高兴了，说把小云当好朋友，好不容易让表姐帮她免费做计划，她却不领情。小云一听，觉得"小丽"真的是对自己很好，就根据要求拍了照片发给了她。谁知收到照片的"小丽"立马露出了豺狼本色，这时小云才知道，坐在电脑那端的"小丽"根本就不是什么高三的女学生，而是一名26岁的男子曾某。曾某以不听话就公布小云的裸照相威胁，要求小云与之裸聊，持续了一段时间以后，更提出了见面的要求。小云越想越害怕，便主动报了警。最后，法院以强制猥亵罪，判处曾某有期徒刑1年9个月。

这样的网络猥亵案，我们湖北也办理了一件。大家通常的观念认为，直接的肢体接触才构成猥亵，实际上这种非肉体的侵害对未成年人的身心健康同样具有负面影响，所以我们检察机关在办理这种新出现的犯罪案件过程中态度非常坚决，在法庭上全面阐述观点。最终，法院采纳了我们的意见，作出了有罪判决。为此，最高人民检察院把相关案例作为指导案例下发全国，并且写入了2019年全国"两会"的工作报告，得到了社会各界的充分肯定。这里，我也想提醒大家，随着互联网的发展，网络新型违法犯罪行为增多，大家在上网的过程中要特别注意保护自己的隐私，不要轻易泄露身份、照片、位置等信息；不轻易相信所谓网友，参加交友等活动要非常谨慎。网友，有时候是带有欺骗性的，他说是美女，可能是一猥琐男；他说自己是王俊凯，说不定是"杀马特"。（播放顺德公安抖音视频《网络交友需谨慎》。）所以，大家不要被假象所蒙蔽，一定要记住：网聊千万条，安全第一条。聊天不规范，亲人两行泪。

对犯罪的打击，就是对大家的保护，这个好理解。那么未成年人自身犯罪后，怎么还能体现保护呢？其实，这里的"保护"是相对成人犯罪来讲的。一般来说，未成年人身心发育还不够健全、对事物的认知以及对事态的判断还不够全面完善，本身具有很强的可塑性。所以，我们对涉罪的未成年人，一直都是坚持教育为主、惩罚为辅的原则，在刑事责任划分、量刑，以及适用的诉讼程序上都有别于成人犯罪，这样做的目的就是最大限度地教育、感化和挽救涉罪未成年人，帮助他们重新回归社会。

大家都知道，看一个人是未成年人还是成年人，就是看他的年龄有没有满18周岁。所以，我们在追究未成年人刑事责任上，首先也看年龄，法律上叫刑事责任年龄，也就是行为人对自己的犯罪行为负刑事责任必须达到的年龄。我国刑法将刑事责任年龄分为以下三个阶段：第一，是完全不负刑事责任的年龄阶段。也就是不满14周岁的人，不管做了什么违法犯罪的事，都不承担刑事责任。但这并不意味着就可以随心所欲，不受任何约束，后面我们会具体讲到。第二，是相对负刑事责任年龄阶段。也就是年龄满14周岁不满16周岁的人，犯故意杀人、故意伤害致人重伤或者死亡、强奸、抢劫、贩卖毒品、放火、爆炸、投毒这8种罪的，要负刑事责任。第三，是完全刑事责任年龄阶段。也就是已满16周岁的人，不论犯什么罪，都应当负刑事责任。但是，已满14周岁不满18周岁的人犯罪，法律规定应当比照成年人从轻或者减轻处罚。这些都体现了刑事法律对未成年人的特殊保护。好了，讲完了这些"知识要点"，下面我出个题，请大家现场回答一下。

有一天，15岁的小路玩网游没钱了，就让同年的小景跟他去抢钱。到了现场，小路让小景负责望风，自己则拿着刀抢了被害人孟某1000多块钱。事后，两人都被警方抓获。那么，本案中15岁的小路、小景属于什么刑事责任年龄阶段？小路、小景是否构成犯罪？（学生发言略。）

刚才，大家回答得很好，说明听得很认真。可能很多同学都在想，这个案子最后的结果是什么。下面我来告诉大家。小路构成抢劫罪，被

判处有期徒刑3年，并处罚金。而小景是受小路的鼓动参与抢劫，在犯罪活动中主要作用是望风，处于从属地位，到案后如实供述了自己的罪行，并主动赔偿了被害人的经济损失，取得了被害人的谅解。检察机关审查之后认为，小景虽然构成犯罪，符合起诉条件，但有悔罪表现，可能会判处1年有期徒刑以下刑罚，依据刑事诉讼法的规定，决定对小景附条件不起诉，考验期为1年。在随后的考验期里，小景正常上学，遵守各项规定，没有再出现违规违法行为，最终检察机关作出不起诉决定。而小景通过自己的努力，被国外一所名牌大学录取，回归到正常的生活当中。

听到这里，大家是不是感觉到，原来法律并不是冷冰冰的，是带有温度的。但是我想提醒大家的是，法律对未成年人的宽容绝不是纵容。上面所讲的未成年人因为达不到刑事责任年龄，不负刑事责任，并不意味着一放了之，必要的时候将由政府收容教养，而且有时需要承担相应的民事责任。比如，伤害了他人需要承担民事赔偿。大家可能会问，一个小孩，哪儿来的钱赔呢？这个法律上有规定，得由你的家长或其他监护人来赔，因为他们没有尽到应有的监护责任。还有，我们的附条件不起诉，并不是最后都会不起诉。如果涉罪未成年人在考验期内违反相关规定，那么最终还是会被送到法院接受审判的。所以，法律不是儿戏，大家千万不要挑战它的底线。

讲完了刑事法律上的特殊保护，下面咱们再来聊一聊民事法律对未成年人的特殊保护。民事法律包含的内容很多，但主要是规定平等主体之间的人身、财产等方面的权利和义务关系。人身关系方面，比如，大家的父母作为监护人，要履行抚养教育你们的义务；但等你们长大了，父母老了，作为子女也有照顾赡养他们的义务。财产关系方面，比如，你家里全款买的房子，这是私有财产，可以去租、去卖，别人无权干涉。

和刑事法律一样，谈到特殊保护，都涉及年龄问题，而且都有三个层次。第一个层次是完全民事行为能力，也就是在民事活动中，作为主体可以独立的来进行选择，作出决定，但是相关的后果也要由自己来承担。这个一般要求年满 18 周岁。第二个层次是限制民事行为能力，指的是 8 周岁以上 18 周岁以下的未成年人。这个年龄段的相关民事活动范围是有限的，只能做纯获利益的事，或者和自己年龄、智力相适应的事，超出范围的就要经过父母或其他法定代理人的同意。比如，你可以去买本书或小件物品，接受他人赠的手机、电脑，等等；但是你和房地产开发商签合同买房，和 4S 店签合同买车，那是不行的，如果父母事后不同意，你就算签了，也是无效的。第三个层次是完全无民事行为能力，这样的人不满 8 周岁，不能独立进行民事活动，只能靠父母或其他法定代理人来代理。在座的同学们应该都是限制民事行为能力人，大家可能在想，我既然不能像成年人那样行使权利，怎么说是对我的保护呢？下面，我给大家讲讲。

现在，不少未成年人喜欢玩网络游戏、看直播，并且成为购买网游装备或"打赏"大军中的一员。通常情况下，如果大家拿着零花钱去消费，是没有什么问题的，家长一般也不会说什么。但是，如果一个未成年人瞒着家里，偷偷用父母的钱进行了与其年龄阶段不符的大额甚至巨额支付，比如，脑子一热打赏主播或者买游戏装备花了几万元，甚至几十万元，那要如何处理呢？是不是就打水漂了，自认倒霉呢？有没有哪位同学来回答一下？

这类问题在目前的司法实践中并不少见，处理起来也比较复杂。如果未成年人父母能够提供充分证据证明已经通知了平台，自己的账号是被未成年人在父母不知情的情况下盗用而进行充值的，该"打赏"或者交易行为应属无效。但需要注意的是，未成年人的父母作为监护人，未妥善保管自己的手机和银行卡密码，致使未成年人能够独立完成支付行为，属于监护不力，要承担相应的过错责任，法院一般会根据双方的过错程度判决返还比例。应该说，这相对是一个好的结果，如果是一个具有完全民事行为能力的人去支付，这个钱恐怕是一分也要不回的。这也提醒大家，玩网游、看直播都要有节制，不要耽误学习，更不要受暴力血腥游戏或不良直播的影响。我们曾经就碰到过玩游戏玩到走火入魔的

未成年人犯罪案，那个孩子最后持刀捅杀了同学。提审他的时候，他说游戏中人死了都可以"满血复活"，已经分不清现实和游戏的界限了。所以，大家不要沉迷于网络，要培养积极向上、健康有益的兴趣爱好。

三、遵规守纪，树立法治意识

讲了这么多，我就是想告诉大家，法律不是成年人的专属话题，对我们每个人来说都是必需品。一个人纵然有天大的本事，如果没有很强的法治意识、不守规矩，也不能算是一个人格健全的人。那么，我们生活在社会主义的法治国家里，应该怎么做呢？

首先，要积极学法。法治的根基在于公民发自内心的拥护，法治的力量源于公民出自真诚的信仰。然而，法治信仰不是一朝一夕养成的，往往需要通过具体的学习来增强、来认同。大家现在读高中，每天的学习都很紧张，可能没有太多的时间来专门学习法律。但是学法，不一定是要学条文。正如我们上面所讲的，法律就在我们身边。它可能是新闻的一篇报道，也可能是身边的一个案例，只要我们有心，就会得到启示。现在，我们检察机关正在开展"法治进校园"活动，如果有机会，大家也有兴趣，我们可以邀请大家参观检察院或参加庭审观摩，近距离地感受和认知法律。

其次，要严格守法。

明朝建立之后，朱元璋当上了皇帝，有一天问群臣，天下什么人最自由？众人各抒己见，有人说皇帝最自由，有人说高官厚禄者最自由，有人说富甲天下者最自由……答案五花八门。朱元璋听了连连摇头、不以为然，此时，一个名叫万钢的大臣说："臣以为，畏法度者最自由。"此言一出，朱元璋连连点头，称赞他见解独特，理解最深。

结合上面的案例，大家想想，是不是这样？法律是最后的底线，只要不越过这条底线，你就可以轻松、自由地学习、工作和生活。如果连这条线也不能坚守，那就可能会掉入"深渊"，还谈什么自由呢？这就是所说的一失足成千古恨！所以，我们每个人都要遵守法律，敬畏法律。

最后，要敢于用法。我们每个人的权益要靠法律保障，法律的权威也要靠我们每一个人来维护。鉴于前一时期一些地方在校学生容易遭到不法侵害的现象，最高人民检察院 2018 年底向教育部发出了"一号检察建议"，围绕校园安全建设，提出了改进的意见和建议。为了贯彻落实"一号检察建议"，我们湖北省检察院联合教育厅、公安厅等 5 部门出台了《关于建立侵害未成年人权益案件强制报告制度的工作办法》，要求教育、医疗等部门，只要发现未成年人遭受侵害，都要积极主动地向司法机关通报。这是全国首个省级层面出台的强制报告制度，目的就在于为包括大家在内的未成年人提供全面的司法保护。所以，我们大家都要努力做社会主义法治的崇尚者、遵守者、捍卫者，当自己或看到他人合法权益受到侵害时，要及时保留证据，勇敢地告诉家长、老师，到公安机关报案，或是到人民法院提起诉讼，用法律的手段保护自己并让对方受到惩罚，绝不用沉默助长施暴者、侵权者的嚣张气焰。如此，也是为全面依法治国贡献了一份力量。

同学们，现在正值育秧时节。今天，我们在这里也播下了法治的种子。我相信，在"朴诚勇毅"校训的浇灌下，在各位老师和同学们的共同努力下，这些种子都能生根发芽、拔节孕穗，引导大家成为社会主义的合格建设者和可靠的接班人，成为担当中华民族伟大复兴重任的时代新人。

最后，祝同学们健康成长，学业有成！谢谢大家！

法律是一种文明的生活方式

湖北省高级人民法院党组书记、院长　游劝荣 [1]

📖 授课情况

授课时间： 2018 年 12 月 4 日

授课地点： 长沙市一中双语实验学校

授课对象： 初中一、二、三年级，高中一年级学生 1500 余人

逻辑结构： 从日常生活的小事例引出法律是一种文明，是人们行为的准则，是社会关系和各种利益的调节器。同时告诉同学们，法律是公平正义的守护神，法律刚正不阿但绝不是冷冰冰的。最后讨论一些常见的其他问题，包括上网问题、家庭暴力问题、校园欺凌问题。

---

[1] 时任湖南省人民检察院党组书记、检察长。

目的效果

　　法律是一种特殊的行为规范，是规范人们生活的基本行为准则，规定人们应当做什么、可以做什么、禁止做什么。法律会给人们的行为定规矩。要起到规范人们行为的作用，法律常常伴随着强制性，会让人们心中产生一种敬畏，从而营造更加良好的社会秩序。遵守规则、信仰法律，是个人高素质的体现，是一个国家文明、强大的标志。作为一名学生，要认真学习法律，尊重法律、遵守法律。

部分新闻链接

　　1. 法治湖南网 2018 年 12 月 4 日:《国家宪法日，一中双语实验学校迎来大检察官法治副校长》

　　2. 长沙市芙蓉区人民政府网站 2018 年 12 月 7 日:《检察长跨界任校长，法制课堂深得学生心》

　　3. 芙蓉幸福教育网 2018 年 12 月 6 日:《湖南省检察院检察长受聘担任长沙市一中双语实验学校法治副校长》

　　4. 湖南检察 2018 年 12 月 4 日:《法律是一种文明的生活方式》

▼授课讲稿

尊敬的各位同学和老师们：

大家好！

非常感谢有这个机会，能让我成为长沙市一中双语实验学校的一员。年少求学时，我曾经在老家福建省上杭县一中读过书，因此对"一中"充满着怀念的情愫。今天来到长沙市一中双语实验学校美丽的校园，见到充满朝气的同学们，受聘为法治副校长，我感到很开心、很自豪。自豪的同时也有点惶恐。我平时工作和生活的地方省检察院就在学校对面。我不过就是你们的一个邻家大叔，办案子、抓坏人还行，但上课就不是我的强项了，也不知道能不能跟你们说到一起去。今天，我想跟大家交流的题目叫作"法律是一种文明的生活方式"，求教于各位老师和家长，跟同学们交流。

一、法律是一种文明

如何来理解法律是一种文明？我们先一起来看一个视频。

一个学生问，老师，昨晚我见一盲人打着灯笼走路。他明明看不见，打灯笼有何用？老师回答说，如果他是怕别人看不清路，这是儒家。如果他是怕别人撞到他，这是墨家。如果他认为黑夜出门就必须打灯笼，这是法家。如果他认为想打就打顺其自然，这是道家。如果他借此普度众生，这是佛家。（结合视频播放。）

视频讲述了一个视力有障碍的盲人在夜里打着灯笼走路，对于盲人这一做法，人们从不同的角度作出了不同的解读。其中一种解读是，如果盲人这么做是因为内心有着"黑夜出门必须打灯笼"的规则，那就符合法家思想，也就是现代法律人所倡导的对法律、对规则的遵守。

这让我想起了一个亲身经历的事儿。那是1996年，我在德国生活了一段时间。每天早上 6 点，我都会去晨跑。一天早上，在一个十字路口，我遇到一对上了年纪的德国夫妻，他们在耐心地等待信号灯由红变绿。当时，马路两边视野所及的范围内没有车，也没什么人，而那条只有两条车道的马路，窄得仿佛几步就能跨过去。但是两位老人在寒风中互相搀扶着，直到绿灯亮起才慢慢蹒过去。我当时心里在想，德国人对交通规则的遵守，在我们看来似乎有点不可理解，甚至有点呆板，不论是白天上班的高峰期，还是车少人稀的深夜、清晨，只要是红灯亮着，他们就一定会老老实实地停下来，直到绿灯亮起才慢慢走过去。但也正是这种对交通规则严格的遵守，才使得德国成为世界上人均车辆最多、交通肇事率却最低的国家之一。

那段在德国的生活还发生了另外一件事。一天，我带领的考察团要从慕尼黑赶到柏林参加一个活动。两座城市之间距离很远，车程将近三个半小时。行程刚刚过半，德国的驾驶员却把车子停到了休息站，熄火的同时还要求我们下车休息。团员们都很着急，担心参加下一场在柏林的活动时间来不及。作为团长，我去和驾驶员交涉，希望能取消休息，接着赶路。那位驾驶员拒绝了我们的要求，他说："我们国家的交通法规定，客车司机每天驾驶累计不能超过 8 小时，连续驾车两小时就必须休息 15 分钟，客车上的行车记录仪会把驾驶时间、驾驶间隔、驾驶速度等记录下来，警察会时不时地抽查。"有团员建议可以把记录仪关掉啊，驾驶员脸上的表情瞬间变得严肃起来，说道："先生，法律有规定我就必须遵守，有规定而不遵守是非常严重的事情。哪怕是最轻微的交通违法行为，也会对我个人的信用等级造成终生影响，你们的要求恕我不能同意。"

这两件小事都体现了深植于每个德国国民心中的规则意识、守法意识和对法律的尊重乃至信仰。这既是一种生活习惯，也是一种历史积淀，更是一种血液里的文明传承。大到国家事务的管理，小到过马路、公交站排队等日常生活都严格遵守规则、遵守法律。德国的综合国力之所以如此强大，"德国制造"之所以是质量过硬的代名词，恐怕也源于此。所以说，遵守规则、信仰法律，不仅是个人高素质的体现，也是一个国家文明、强大的标志。

二、法律是人们行为的准则

法律是一种特殊的行为规范，是规范人们生活的基本行为准则，规定人们应当做什么、可以做什么、禁止做什么。也就是说，法律会给人们的行为定规矩。要起到规范人们行为的作用，法律常常伴随着强制性。这种强制性是没有商量的余地的，会让人们心中产生一种敬畏，从而营造更加良好的社会秩序。

比如新的道路交通安全法出台后，马上就有了新的气象：在没有红绿灯的斑马线上，汽车开始礼让行人了。为什么？因为新的交通规则明确规定，在经过没有信号灯的道路时，遇到有行人横过马路，机动车必须避让。再比如《刑法修正案（八）》正式将醉酒驾车定为犯罪，也就是"醉驾入刑"后，全国因酒驾、醉驾导致的交通事故数量大大下降，造成的人员伤亡数量明显减少，国民安全意识和法治意识也明显提升，尊重生命、酒后拒驾代驾的观念逐步深入人心。再比如，孝道是我们中华民族的传统美德，在《老年人权益保障法》出台后，孝道从道德自律上升成为法律要求，成为一种行为准则。法律要求，与父母分开居住的赡养义务人应当经常看望或者问候父母。有人评论：子女"常回家看看"终于被写入法律了，以前单纯的物质赡养终于被提升到了精神赡养。如果违反了，将不再只是违反了尊老爱幼的道德要求，而是一种违法的行为了。

三、法律是社会关系和各种利益的调节器

我想请同学们一起来回答几个问题。

问题一：有人从某小区的一栋高楼上丢了一个瓶子下来，把路过的

行人砸伤了，但是又找不到是谁丢的瓶子，请问谁该为这个受伤的行人承担法律责任呢？

问题二：几个亲朋好友在一起吃饭喝酒，其中一人因为喝酒过量猝死了，谁应该承担赔偿责任呢？

问题三：一个朋友搭顺风车去一个地方，如果在路上发生了车祸，搭车的那个人受伤了，谁来承担责任呢？

问题四：在座的同学们都还是未成年人，如果你们到小卖部去买一瓶可乐，你们的家长能不能以你们还小、不能花钱买东西为由，找老板把钱要回来？如果你把你们家价值3万块钱的电动车卖了，你们的家长能把车要回来吗？

我们生活中总会遇见各种各样难以调解的问题和矛盾，这时候就需要通过法律来定分止争、明确权利义务、发挥调节器的作用了。对前面那几个问题，我国的法律是如何规定的呢？

问题一，如果找得到那个伤人的瓶子是谁扔的，那就由这个人来承担赔偿责任。如果找不到，原则上这栋楼里的所有人都要承担责任。但是如果能够证明这个瓶子不可能是你扔的，那你可以不用承担责任。

问题二，共同饮酒造成饮酒人伤亡，多数情况下责任由发生人身损害的饮酒人自负，但如果共同饮酒人明知饮酒人不能喝酒却仍然强迫性劝酒，或者没有尽到监护照顾的义务，将喝醉了的饮酒人送到医院或者安全送回家中，那共同饮酒人也要承担部分责任。

问题三，让朋友搭顺风车，民法上叫作"好友施惠行为"。这意味着，你在做好人好事的时候，同时也就把朋友安全送到目的地的责任揽到了自己身上。如果这个责任没有尽到，比如在路上发生交通事故，那你就得承担相应的责任。

问题四，我们国家的民法把自然人的行为能力分为三种情况：完全行为能力、限制行为能力、无行为能力。在座的同学们都属于限制行为能力人，可以进行与你的年龄、智力相适应的民事活动，比如买瓶可乐、点个外卖之类的。但如果超出了与年龄、智力相适应的范围，比如把家里的电动车卖掉，这种行为是无效的，你们的家长是可以要求撤销的，是可以去把电动车要回来的。

法律就是通过明确权利义务界限，减少权利归属的不确定性，来防止纠纷发生、调解社会矛盾、维护社会秩序。可能有些同学会觉得法律有时不合理，如问题一，有人只是因为住在那栋楼上，明明没有扔瓶子却也要承担责任；问题二，可能酒桌上的某个人自己一滴酒没喝，也没劝别人喝酒，最后也要为喝醉了的朋友承担部分责任。但是，法律这么规定了，就必须不折不扣地执行，只有这样才能维持稳定和谐的社会秩序。

四、法律是公平正义的守护神

先跟大家讲两个真实的案例。第一个案例是发生在山东的"于欢辱母杀人案"。

于欢的母亲拖欠了债主一笔钱，为了讨债、催债，债主纠集了一个由社会闲散人员组成的 10 多人的讨债队伍，限制了于欢和他母亲的人身自由，并多次威胁、辱骂甚至殴打于欢的母亲。目睹了这一切的于欢实在忍无可忍，一气之下从桌上摸到一把水果刀乱捅，捅伤了 4 名讨债人员，其中一人因伤重死亡。

第二个案例是发生在 2018 年 8 月的"昆山持刀砍人案"。

一辆轿车与一辆电动车发生了轻微交通事故，轿车驾驶员刘某和电动车驾驶员于海明发生了争执。本来经过同行人的劝解，纠纷已经平息，可轿车驾驶员刘某突然下车推搡、追打于海明，后来还从车里拿出一把砍刀击打于海明，击打中砍刀落地，于海明抢到砍刀，反过来持刀追砍刘某。刘某最后被砍伤倒在草丛中，因伤重死亡。

这两个案例在社会上都引起了强烈的反响。对于欢和于海明拿刀捅人的行为要不要定罪判刑，形成了两种不同的意见。其实这两个案子的核心问题在于，对他们的行为怎么定性，是属于正当防卫还是防卫过当。

什么是正当防卫呢？当自己或他人的人身、财产和其他权利受到正在进行的不法侵害时，可以采取一定强度的行为来制止不法侵害，只要行为的强度不超过必要性，就属于正当防卫。当防卫行为的强度超过了必要限度，造成了重大损害，那就是防卫过当了。我国刑法规定，正当防卫是不用承担刑事责任的。法律还规定，在紧急情况下，很难判断防卫的行为是否过当，很难判断行凶的人是否会继续实施侵害行为，对防卫行为强度的标准把握会比较宽，就算过当了，判刑也会从轻。这就充分体现了法律惩恶扬善的作用。法律让弱者不受到欺负、让欺负他人的坏人付出更大的代价。所以，法律是公平正义的守护神。

五、法律刚正不阿但绝不是冷冰冰的

在惩治犯罪、打击罪犯的时候，法律是刚正不阿的；但在保护弱者、守护良善时，法律也是"温暖如春"的。前段时间有部很火的电影叫《我不是药神》，同学们看过吗？这是由一个真实的案子改编的。这个案子就发生在我们湖南益阳的沅江市，电影主角的原型叫陆勇。

陆勇本来是一个民营企业主，不幸得了癌症。为了稳定病情、正常生活，医生推荐他服用瑞士某公司生产的药品，但是价格高达 23500 元一盒。后来他偶然了解到印度生产的仿制药，药效几乎相同，但一盒仅售 4000 元。陆勇就开始服用这种仿制药，并在病友群里分享了这一消息。随后很多病友让他帮忙购买此药，人数达数千人。

在这个帮忙买药的过程中，他触犯了两个法律上的罪名：第一，为方便给印度方面汇款，陆勇从网上购买了 3 张用他人身份信息开设的银行借记卡，并将其中一张交给印度公司作为收款账户，这就触犯了我国刑法上规定的妨害信用卡管理罪；第二，按照我国法律，他买的这些抗癌药哪怕的确有疗效而且是真药，但由于并未取得中国进口药品的销售许可，就会被认定为"拟制假药"，所以他涉嫌销售假药罪。

这个案子出来后社会舆论一片哗然，媒体报道当时有 1000 多名病友联名写信为陆勇求情。我们检察机关是怎么处理的呢？我们经过认真研究、反复讨论认为：第一，陆勇从网上购买借记卡，确实违反了我国金融管理法规，但其目的和用途完全是用于白血病患者支付自服药品，且仅使用1张，情节显著轻微，危害不大，所以不认为他是犯罪；第二，陆勇代购印度药品，确实不符合相关规定，但他不是为了盈利，而是为了帮助别人，他的行为不能视为销售，自然也就不构成犯罪了。最后，我们检察机关从该案的背景、动机和社会危害性等方面来分析，认为陆勇的行为不构成犯罪，依法对其作出了不起诉决定。这就是电影《我不是药神》背后的故事。我们的理念是，当一个本性善良的公民，不小心触犯了法律时，司法机关在执法办案中应当体现人文关怀，让法律释放出它的"温度"。

再跟同学们讲一个与你们有着密切关系的案例。这是一个发生在我们湖南某个市里的案子，有几个犯罪分子组织了七八十个大学生去帮别人考试，结果这些大学生都被公安机关抓获了。案子到检察机关以后，我们承办案子的叔叔阿姨仔细研究了案情，发现这些大学生都是二十岁左右的青年，十年寒窗好不容易考上了大学，其中一些孩子家在农村、一贫如洗，就是为了贪图那三五百块代考的钱，不小心走上了违法犯罪的道路。如果我们简单地就以此让他退学甚至判刑入狱，于心何忍？后来经过研究，通过与公安机关、学校以及有关部门商量，我们最终决定，从严打击那几个牵头组织代考的犯罪分子，对那些被骗去代考的孩子一律交给学校批评教育，不追究他们的刑事责任，让他们又回到了属于他们的课堂，让他们继续完成学业、走进社会。指导这个案子处理的检察官今天就在我们的现场，他们是省检察院未成年人检察工作办公室的检察官——廖芳敏阿姨和她的同事们。法律对于坏人来讲，是冷酷无情、刚正不阿的；但是对于善良的人，对于未成年人来讲，法律是温情脉脉、温暖如春的。

来讲课之前，我事先就老师、家长和同学们关心的几个问题作了一些调查研究，在这里再和大家交流一下。

一是关于网络。我听说当今的孩子们和家长亲子关系最紧张的是两件事：一是做作业，二是网络、手机上网。我不知道是不是这样。怎么来看待网络？第一，网络是一个好东西。这是很重要的，它不是个坏东西。发生在世界上任何一个角落的事情，我们瞬间可以知道，这就是信息化带来的好处。从某种意义上说，没有网络就没有我们今天的美好生活。这是一个概念。菜刀是不是好东西啊？菜刀用于切菜，是好东西，但也可以拿来杀人，它是坏东西。所以一个东西好跟不好，关键看你怎么使用它。第二，网络也有一些消极、负面的东西。大家喜欢短视频对不对？因为人人都能参与。但是短视频也好，游戏也好，有意无意之间，背后都藏着大家不容易发现的暴力、色情、恐怖、毒品，等等。它们会在潜移默化中毒害大家尤其是未成年人，对此大家要有警惕。

中国的互联网公司跟一些先进国家的互联网公司比，还不够文明。美国人的互联网公司在干嘛？谷歌在搞人工智能，特斯拉的马斯克在做星空探索，搞新能源汽车，搞无人驾驶，搞火箭。我们的互联网公司在干嘛？不少是在卖假货、送饭、做游戏，等等。这就带来很多问题。面对网络这个好东西，我是这么来思考的。第一，靠互联网公司良心发现，多做一些有利于大家身心健康的东西。但是关于这个我们还没有看到很大的希望。第二，靠技术进步。老人看老人的，大人看大人的，小孩看小孩的，高三的看高三的，初一的看初一的。第三，靠法律和制度来完善，加强管理。我觉得这些目前也还不完全靠得住。唯一靠得住的是什么呢？是靠同学们自己，千万不要再靠父母了，因为父母都要因为上网的事跟你们吵架了，付出亲子关系的代价，不划算。怎么靠自己呢？离开网络，适时地离开网络。离开网络，广大的空间干什么去呢？读纸质的书，就是读书本。你现在看看，三年前网络上传播的东西有几条今天还在的？基本没有。但是三百年前的著作，到今天还在的，多不多？因此，我主张读书，读经典著作。我跟我的年轻的同事经常讲一句话，就是读那些作者死了三百年，现在的人还在读他的书的那些人的书，这才是人类永恒的知识积累。特别是在座的初一的小朋友，等到了初三的时候，你对付作业都对付不过来，你现在有大量的时间可以读书，真的读到书里面去了，就会觉得网络过于肤浅。

二是关于家庭暴力。同学们知道家庭暴力主要是谁对谁呀？考80分是男子单打，考60分是女子单打，考50分是混合双打？家庭暴力的概念很广，有父亲对母亲的，也有母亲对父亲的，多数是男的对女的。我们今天讲的这个家庭暴力主要是指家长对孩子的暴力。家长对孩子的暴力，既包含硬暴力即动手打人，也包含冷暴力。什么叫冷暴力啊，不理你是冷暴力。不给钱是冷暴力，也是硬暴力。

我们来分析一下针对同学们的可能的家庭暴力，我想有几句话非常重要。第一，任何一种家庭暴力都是非法的。第二，同学们一定要清楚，家庭暴力和教育方法不当之间，它是有差别的。同学们要用心区分，不要把家长的严格要求当成家暴。湖南是曾国藩的故乡，传统的教育方法最典型的特征是什么，同学们说得出来吗？四个字，叫作"严父慈母"，通常父亲比较严厉，母亲稍微好点，当然也有刚好相反的情况。第三，监护权与监护责任的关系。如果放养的话，不管你们的话，你们的家长行不行？你们行，但是家长不行，为什么呢？这样家长就违法了，你们未成年的时候，家长有权利也有责任对你进行监护，如果他不尽这个责任，他就违法了。你不能自己爽了，让你的家长处于违法状态，这不合适吧，是不是？所以，监护权和监护责任是家长的，他不能置之不理。养不教，父之过，父亲是有责任的，这点大家一定要知道。那么碰到家庭暴力，要怎么办呢？我觉得有这么几条办法，可供同学们参考，这个方法呢是递进的。第一，据理力争，你可以跟他们讲，那个姓游的检察长讲过家庭暴力都是非法的，跟家长做辩论，说服他用合法的方法教育我们。第二，学校是我们很好的选择，碰到家庭暴力的时候，跟老师讲，让老师出面做工作，再不行啊，到妇联去，那里有一个临时庇护所，跟那些叔叔阿姨们讲，让他们做工作。第三才是报警。实在不行了，我教同学们一招，我们国家有一个专门的《反家庭暴力法》，大家可以申请法院给一个人身安全保护令。

　　三是关于校园欺凌。什么叫校园欺凌啊？校园欺凌通常是发生在校园内，当然也有人把"战火"烧到校园外的，这是其一。其二，通常采取一定的行为比如动手，当然也有通过语言、通过网络的，多数是男对女、多对少、大对小，但是也有女同学指挥男同学对另一个男同学，甚至女同学对男同学的。这里边有几个重要的问题。

　　第一个问题，校园欺凌的边界在哪里？看到一个男同学骑在另一个男同学脖子上，是不是一定就是校园欺凌？不一定。为什么？弄不好在玩游戏呢。同学们之间的小情趣，在法律上看来，要看你的主观意愿。只要我愿意你骑到我的脖子上，那我们是哥们儿，要是我不愿意你骑到我脖子上，那就叫欺凌。所以它的边界就在这个地方，看你愿意不愿意。我不愿意干的事情，你强加于我，那就是欺负我，这个同学们一定要弄明白。大家愿意在一起打打闹闹的事情，就不要告到家长、告到学校甚至告到派出所去了。

　　第二个问题，遇到校园欺凌怎么办？我教大家五个招数。第一，自我防范。离那些坏孩子远一点，离那些阴暗角落远一点，离那些又远又深的没有灯的走廊远一点，离校园的偏僻角落远一点，这是自我防范。第二，告诉最亲的亲人。碰到校园欺凌，你最亲的亲人是谁呢？不是派出所，也不是家长，更不是同学，是老师，老师是最亲的亲人，有什么事跟他们说，跟班主任老师说。第三，找警察。我们有保安、警察，他们负责处理这类事情。第四找家长。最后一条，绝对不要引到校外去。引到校外去，事情就复杂了，很多未成年人犯罪，都是校园欺凌演化到校外去以后发生的。

　　最后，我再跟同学们交流一个观点。前些天家长们闹得很凶的一件事情，就是一个著名的心理学家、教育家，在网上出了一个点子，说如果孩子被打了，就应该打回去。合适不合适啊？人类历史上有三只苹果：一个是乔布斯的苹果，大家都知道；一个是牛顿的那个苹果，发现了万有引力定律；还有一个是亚当跟夏娃的那个苹果，让人类有了智慧和羞耻之心，走向了现代文明。野蛮跟现代之间的差别在哪里呢？野蛮就讲同态复仇。你打我一巴掌我打回来；你杀了我，我杀了你；你打了我十个人，我就消灭你十个人。这就是同态复仇，这是野蛮，不是文明，更不是勇敢。那么，遇到挨打的时候怎么办？第一，一定要学会正当防卫，有条件的就正当防卫，避免受到更大的伤害。第二，万一打不赢怎么办？跑！非常正确，赶快跑。有一个著名的电视连续剧，叫作《潜伏》，同学们看过吗？里面有一个女主角翠萍，发现延安被占领了，非常悲痛，他的搭档告诉他说不要急，有一种胜利叫撤退，打不赢就跑嘛。再接下来，如果跑不了怎么办？投降！在敌强我弱的情况下，要保存实力啊，投降不丢人。况且还不是什么敌人，也不是什么深仇大恨，不就今天有点不高兴打一下嘛，明天我们还一起上清华北大呢。最后一条，再不行呢，就装死，躺在那眼睛都闭上了谁还打你啊？等别人走了以后我们再站起来回家不就完了？拍拍屁股什么事都没有了。我们是一中的学生，将来还要上大学，要成为国家的栋梁，没有必要牺牲在半路上，这就是我特别想跟同学们说的。

大家看过《人民的名义》吗？知道侯亮平吗？我们就在马路的对面上班，我们干的工作，和侯亮平干的工作是一样的，就是让犯罪分子受到制裁，让老百姓得到保护。同学们如果有兴趣，欢迎大家去参观我们是如何工作的，特别是如果有未成年人案件的时候，希望老师和同学们跟我们一起讨论，一起来关注我们的未成年人司法保护工作。

对不起，耽搁大家这么多时间。今后，同学们带着校徽，随时可以去找我。我今天就说这么多，说的不好的地方，请各位老师、各位家长、各位领导和亲爱的同学们批评指正。谢谢！

做社会主义法治的崇尚者遵守者捍卫者

广东省人民检察院党组书记、检察长　林贻影

授课情况

授课时间： 2018 年 12 月 3 日

授课地点： 广东省实验中学

授课对象： 师生 360 人

逻辑结构： 从介绍检察院职能为切入点，增强学生对法律工作的感性认识。再从法律、法治、青少年常见法律问题三个专题展开论述。专题一从法的起源讲起，通过"昆山反杀案"和"非法持有枪支案"两个案例，讲解权利与义务的关系，帮助学生理解法律的含义。专题二讲述法治的概念、法治的进程、学习宪法及修正案的重要性、法治与德治的关系，夯实法治思维理论根基。专题三从网络犯罪、校园暴力的案例引入青少年常见法律问题解析，教导学生明确行为界限，树立规则意识，严守法律底线，做德智体美劳全面发展的社会主义合格建设者和可靠接班人。

目的效果

把法治搬进学校，使大家对什么是法、什么是法治有更深入的认识；学习法治进程，更新宪法认识，讲授基本法律知识，帮助学生了解权利与义务的内涵与边界，养成良好的法治意识。培养学生学法、懂法、守法、用法，成为社会主义法治的崇尚者、遵守者、捍卫者。

部分新闻链接

1.广东检察微信公众号 2018 年 12 月 3 日:《林贻影检察长到广东实验中学讲授法治课》

2.广东检察新浪微博 2018 年 12 月 7 日:《林贻影检察长到广东实验中学讲授法治课》

授课讲稿

同学们、老师们：

　　大家下午好！

　　我是广东省人民检察院的检察长，也是一名检察官。这就是我工作的地方。（PPT 展示检察院图片。）我们每年会有各种形式的"检察开放日"，欢迎老师们、同学们今后有机会来做客。非常高兴，今天来到广东实验中学，与诸位交流。也很荣幸，能够加入这个有历史，有文化，学生为本，智慧育人的大家庭。接过聘书，戴上校徽，我就是咱们具有140 多年历史省实的一员了。省实的治学精神其实和我们国家正在推行的建设法治中国、法治政府和法治社会为一体的新目标是高度一致、密切吻合的。党的十八大以来，党中央先后对推动全面依法治国、增强全民法治观念、推进法治社会建设作出一系列重要部署，要求实行国家机关"谁执法谁普法"的普法责任制，建立法官、检察官、行政执法人员、律师等以案释法制度，加强普法队伍建设，推动守法光荣，违法可耻的社会氛围。科学立法、严格执法、公正司法、全民守法，是法治中国建设的新方针。这其中每一步骤的实施，特别是全民守法的实现是离不开我们教育的力量的。作为现职的检察官，担任省实法治副校长，是落实习近平总书记关于全面依法治国要从娃娃抓起重要指示精神的一个举措。法治副校长的职责，就是把法治搬进学校，帮助同学们更好地树立法治意识，为推进全面依法治国，促进中国特色社会主义法治建设，贡献大家共同的力量。这些目标与方针并不是一句空话，是我们青少年的成长与学习历程中的每一步都可以具体感受到的。人生漫长但又短暂，希望你们的每一步的行走都要踏实稳健，都要方向正确，即使有小小的失误或偏差，也要尽快回归正途，这样才能保证我们的前景光明。在这个过程中，就需要道德与法的导航与规范。

　　今天课程的开始，首先给大家介绍一下检察院的工作职能。

同学们，你们知道检察官是从事什么工作的吗？（学生发言略。）

大家回答得很好。看来大家对检察官还是有很多感性认识的。

我国《宪法》第134条规定：中华人民共和国人民检察院是国家的法律监督机关。检察院主要履行以下方面职能：一是审查批准逮捕。公安机关等需要逮捕犯罪嫌疑人的，依法须提请检察院审查批准。二是审查提起公诉。这个职能可能大家相对熟悉，在一些影视作品中可以看到我们公诉人代表国家出席法庭指控犯罪的形象，我们看的日剧、韩剧里，也有类似的检察官履行公诉职能。三是诉讼监督。对刑事诉讼、民事诉讼、行政诉讼活动以及刑罚执行和监管活动实行法律监督，这么说可能有点抽象，简单说就是法院、公安等部门要是办案中有什么不公正的地方，检察院依法督促它们及时纠正。四是侦查。一般的犯罪活动由公安机关进行侦查，但检察院也承担一部分侦查职能，主要是在实施法律监督时对司法工作人员利用职权实施的非法拘禁、刑讯逼供、非法搜查等侵犯公民权利、损害司法公正的犯罪立案侦查。五是提起公益诉讼。比如说当一个地方自然环境受到工业的不当污染、当不良商家销售有毒有害食品给不特定消费者，造成食品安全重大事故等，相关部门监管不到位，检察院就代表国家提起公益诉讼，维护社会公共利益。六是未成年人权益保护。（PPT展示检察院的工作职能。）所以，我来担任省实验中学的法治副校长，给同学们做法治讲座，也是一种履职。听老师们介绍，同学们在政治课上已经学到了一些法律知识，那么今天，我就和同学们一起探讨一些法律问题。希望通过这次讲座，使大家对什么是法、什么是法治有更深入的认识，进一步增强法治意识，做社会主义法治的崇尚者、遵守者、捍卫者。

一、尊崇法律

我想问问同学们，在你们心目中，法是什么？提起"法"这个字，你们脑海中会出现什么形象？（学生发言略。）

同学们说得非常好。有的同学想到了一手提天平，一手持宝剑，蒙着眼睛的女神，这是欧美国家的法律象征：正义女神。有的同学想到了一种头上长着独角的神兽，对，这是中国古代的法兽獬（xiè）豸（zhì）。

相传尧舜时期有一名贤臣，叫作皋（gāo）陶（yáo），被舜帝任命为主管刑法的"士"，相当于现在的最高人民法院院长。皋陶饲养了一头神兽，叫作獬豸，长得像麒麟，双目明亮有神，头上有独角，天性能辨是非曲直，能识善恶忠奸。发现奸邪的官员，就用角把他触倒，然后吃下肚子。后来，皋陶被奉为中国古代司法的鼻祖，獬豸也被视为中国古代法律的象征。古代法官戴的帽子被叫做"獬豸冠"，就连"法"字也跟这种神兽有关。

大家可以看到，古代的"法"字写作"灋"字，它的右上部分的"廌（zhì）"就是獬豸，取公正不阿之意，三点水，寓意法平如水。（PPT展示"灋"字及相关图示。）从这个小故事里，大家可以了解到：法是一种断曲直的规则、一种明是非的标准。我们可以这么说，法律本质上是一种规则，当然规则的范围比法律要大一些，比如道德上的、比如职业上的、比如竞赛上的，而法律是其中所有人共同接受和遵守的，最核心、最底线的规则。用我们中国人的老话讲，也叫"规矩"。"没有规矩，不成方圆"，这方圆之间就是人和人相处的行为边界，如果没这种边界，大家都可以基于自己的意愿随心所欲，恐怕世间要乱套了。

法律是对公民或法人能够作出或不作出一定行为，并要求他人相应作出或不作出一定行为的许可。在社会主义社会，权利与义务是一致的，不可分离，在法律上一方有权利，他方必有相应的义务，或者互为权利义务；任何公民不能只享有权利而不承担义务，也不会只承担义务而享受不到权利。换句话说，每个人都向往自由，但如果没有一套规则来限制每个人行使自由的边界，维持正常的秩序，每个人都为所欲为，那么所谓的自由行使权利的基础就不存在了。法律其实就在调整权利和义务的关系。

大家可能都听说过前段时间发生的"昆山反杀"事件。

电动车主于海明骑着电动车在一个十字路口等红绿灯，一辆宝马车向右强行闯入非机动车道，险些撞到于海明。宝马车上的刘某和于海明发生了争执，后被劝解回到了车上。这时刘某突然下车，对于海明拳打脚踢后，又返回宝马车抽出一把59厘米长的大砍刀，连续击打于海明的颈部、腰部、腿部。然而在挥舞过程中，刘某的刀不慎脱手飞了出去。这个时候于海明和刘某同时跑去捡刀，于海明先抢到，并于7秒内连续砍中刘某5刀。受伤后的刘某逃向宝马车，于海明追上去又砍了2刀，均未砍中。而刘某在跑出30米后倒在绿化带内，后经医院抢救无效后死亡。（结合PPT展示。）

以上就是昆山反杀案的大致经过。同学们，相信你们看见这个新闻后，对于于海明的行为性质，也有些疑惑，他持刀砍击他人致死，要不要承担法律责任呢？这里面涉及我们法律上一个概念：正当防卫。（PPT展示正当防卫的法律规定。）

我国《刑法》第20条规定：为了使国家、公共利益、本人或者他人的人身、财产和其他权利免受正在进行的不法侵害，而采取的制止不法侵害的行为，对不法侵害人造成损害的，属于正当防卫，不负刑事责任。

正当防卫明显超过必要限度造成重大损害的，应当负刑事责任，但是应当减轻或者免除处罚。

对正在进行行凶、杀人、抢劫、强奸、绑架以及其他严重危及人身安全的暴力犯罪，采取防卫行为，造成不法侵害人伤亡的，不属于防卫过当，不负刑事责任。

这个案例告诉我们，当我们在面对不法侵害行为、特别是遇到黑恶势力的时候，法律会支持我们保护自己，法律会维护我们的合法权益，所以我们可以采取反抗行为维护自己的正当权利；对正在进行行凶、杀人、抢劫、强奸、绑架以及其他严重危及人身安全的暴力犯罪，我们则拥有无限防卫权，这是法律赋予我们的"尚方宝剑"。

同学们应该听说过或者玩过野战游戏，有这样一个真实案例：

军事迷田某，因为沉迷野战游戏，在公园的地摊上购买了一把气手枪，不久，又在网络上以一千多元价格购买了一支半米长的气步枪。后公安民警在田某家查获这两支气枪并予以扣押。经鉴定，田某所持有的两只发射器均认定为以气体为动力的枪支，具有较强的杀伤力，法律意义上即定为真枪，田某因涉嫌非法持有枪支被移送检察院审查起诉。（结合 PPT 展示。）

同学们一定觉得，田某只是玩游戏，并不是想用这把枪来实施伤害行为，怎么也被抓起来呢？法庭上，田某也是这样辩解的："一开始，我真的只是把这种枪当作爱好，为了和朋友玩野战游戏才买的，确实没意识到是违法犯罪行为，真的不知道竟然会被鉴定为枪支。"最终田某受到了法律的制裁。同学们，这就是权利的边界的问题，采取正当安全的方式游戏是我们的权利，但如果没有弄清楚所持的工具是玩具枪还是具有杀伤力的"仿真枪"就贸然使用，就有可能造成人员伤亡，这时就超出了权利正当行使的边界，危害到社会公众的安全了，必须受到法律的限制和制裁。

二、崇尚法治

同学们，我们刚才讲了法律，现在想问问大家，"法治"又是什么呢？（学生发言略。）

同学们说得很好，大家对法治有自己不同角度的理解。习近平总书记说："法治兴则国家兴，法治衰则国家乱。什么时候重视法治、法治昌明，什么时候就国泰民安；什么时候忽视法治、法治松弛，什么时候就国乱民怨。"一个现代国家，必须是一个法治国家。法治包括立法、执法、司法、守法四个方面，缺一不可。其中最重要和最基础的就是人人守法。依法治国可不仅仅是党和国家机关的任务，更是我们每一个公民的义务。习近平总书记还指出，治理一个国家、一个社会，关键是要立规矩、讲规矩、守规矩。法律是治国理政最大最重要的规矩。有了法律不能有效实施，那再多的法律也是一纸空文，依法治国就会成为一句空

话。这些重要论述深刻揭示了法治建设的一般规律。法治国家、法治社会，首先须有法律，更要严格实施。而权威性，就是保证法律得以运行和实施的基础。如果失去权威，那法律是什么呢？革命导师列宁形象称之为"那不过是毫无意义的空气振动而已"。法国著名哲学家卢梭也讲到，"一切法律中最重要的法律，既不是刻在大理石上，也不是刻在铜表上，而是铭刻在公民的内心里"。同学们是祖国的未来、共产主义事业的接班人，要自觉学法、懂法、守法、用法，为实现依法治国作出自己的贡献。

中国是一个具有五千年文明史的古国，中华法系源远流长。（PPT 展示中国法治进程。）

早在公元前 21 世纪，中国就已经产生了奴隶制的习惯法。

春秋战国时期（公元前 770 年—公元前 221 年），中国开始制定成文法，出现了自成体系的成文法典。

唐朝（618—907 年）时，中国形成了较为完备的封建法典，并为以后历代封建王朝所传承和发展。中华法系成为世界独树一帜的法系。

1840 年鸦片战争后，中国逐渐沦为半殖民地半封建的社会。

为了改变国家和民族的苦难命运，一些仁人志士试图将近代西方国家的法治模式移植到中国，以实现变法图强的梦想。但由于各种历史原因，他们的努力最终归于失败。

在中国共产党的领导下，中国人民经过革命、建设、改革和发展，逐步走上了建设社会主义法治国家的道路。1949 年中华人民共和国的成立，开启了中国法治建设的新纪元。

从 1949 年到 20 世纪 50 年代中期，是中国社会主义法制的初创时期。1954 年第一届全国人民代表大会第一次会议制定的宪法，以及随后制定的有关法律，规定了国家的政治制度、经济制度和公民的权利与自由，规范了国家机关的组织和职权，确立了国家法制的基本原则，初步奠定了中国法治建设的基础。

20 世纪 50 年代后期以后，特别是"文化大革命"十年（1966—

1976 年），中国社会主义法制遭到严重破坏。

20 世纪 70 年代末，中国共产党总结历史经验，作出把国家工作中心转移到社会主义现代化建设上来的重大决策，实行改革开放政策，并明确了一定要靠法治治理国家的原则。

为了保障人民民主，必须加强社会主义法制，使民主制度化、法律化，使这种制度和法律具有稳定性、连续性和权威性，使之不因领导人的改变而改变，不因领导人的看法和注意力的改变而改变，做到有法可依，有法必依，执法必严，违法必究，成为改革开放新时期法治建设的基本理念。

在发展社会主义民主、健全社会主义法制的基本方针指引下，现行宪法以及刑法、刑事诉讼法、民事诉讼法、民法总则、行政诉讼法等一批基本法律出台，中国的法治建设进入了全新发展阶段。

20 世纪 90 年代，中国开始全面推进社会主义市场经济建设，由此进一步奠定了法治建设的经济基础，也对法治建设提出了更高的要求。1997 年召开的中国共产党第十五次全国代表大会，将"依法治国"确立为治国基本方略，将"建设社会主义法治国家"确定为社会主义现代化的重要目标，并提出了建设中国特色社会主义法律体系的重大任务。

1999 年，将"中华人民共和国实行依法治国，建设社会主义法治国家"载入宪法。中国的法治建设揭开了新篇章。

进入 21 世纪，中国的法治建设继续向前推进。

2002 年召开的中国共产党第十六次全国代表大会，将社会主义民主更加完善，社会主义法制更加完备，依法治国基本方略得到全面落实，作为全面建设小康社会的重要目标。

2004 年，将"国家尊重和保障人权"载入宪法。

2007 年召开的中国共产党第十七次全国代表大会，明确提出全面落实依法治国基本方略，加快建设社会主义法治国家，并对加强社会主义法治建设作出了全面部署。

增强法治观念，首先要学习国家根本法——宪法，掌握宪法知识，树立宪法精神。

宪法在一国法律体系中具有最高法律权威、法律效力。2018 年 3 月，全国人民代表大会投票表决通过了第五次宪法修正案。这次修宪，是时代所需，民心所向，是全面推进依法治国，推进国家治理体系和治理治能力现代化的重大举措，是为了更好地发挥宪法在新时代坚持和发展中国特色社会主义的法制保障，是为实现"两个一百年"奋斗目标和中华民族伟大复兴的中国梦提供宪法保障，学习和贯彻实施宪法是一项长期的重要任务，进一步理解和把握宪法的重要内容和精神实质，有利于提高自身的法律意识和法律素质，提升自身的责任感，对进一步加强民主法治建设，具有深远的历史意义。2018 年全国两会期间，有代表委员提出，"学习宪法要从娃娃抓起"，这是因为掌握宪法知识，维护宪法权威是一个合格公民的基本条件。"求木之长者，必固其根本"，青少年是激活宪法与护卫宪法的重要力量，大家要充分掌握宪法这个法律武器，把它始终放在自己今后人生旅途的行囊里。

习近平总书记强调，"保证宪法实施，就是保证人民根本利益的实现"。作为国家的根本法，宪法规定了我国社会制度、国家制度、国家机构的组织和活动的基本原则、公民的基本权利和义务以及国旗、国歌、国徽和首都等重要内容，涉及国家生活的各个方面，是我们每个人根本利益的集合、体现和保证，也应该是我们每一个人行动的最高准则。（PPT 展示宪法宣誓词。）

12 月 4 日是我国的第五个国家宪法日。每到宪法日，社会各界会组织、开展很多宣传宪法、学习宪法、弘扬宪法的活动。比如，我们检察院给每一位检察官发放一本含宣誓词的《宪法》读本，用于自学；组织检察官参加宪法专题学习报告会以及"宪法宣传周"主题活动；开展宪法专题学考活动；在机关大堂悬挂"尊崇宪法、学习宪法、遵守宪法、维护宪法、运用宪法"的标语，营造学习宣传贯彻宪法的良好氛围。我了解到，省实在上个月也举行了由省司法厅、省普法办、省教育厅和团省委主办的"宪法在我心中"法治教育宣传进校园——"宪法教育大课堂"活动。相信你们通过一系列法治主题教育活动，能够领会到学习宪法，学习基本法律知识的重要性，做到内心尊崇宪法，树立法律信仰的灯塔。

学习宪法是我们增强法治意识的关键，除此之外，我们也要了解法治与德治。中国特色社会主义法治道路的一个鲜明特点，就是坚持依法治国和以德治国相结合。任何法律都有一定的道德属性。法律是成文的道德，道德是内心的法律。法治和德治相互补充、相互促进、相得益彰，二者是辩证统一的关系。

制度需要人来执行，好的制度是不会自动变成现实的。人们只有在道德认知与道德情感的共同作用下，才能建立和强化法治信念。法律和道德，一个是硬约束、一个是软约束，一个是他律、一个是自律，仅仅依靠强力推行的外在制约会削弱人的自觉性。道德则将外在的法律规范转化为内在的自我约束，促使人们主动认识自己的责任与义务、自愿选择有道德的行为。一个人的道德觉悟提升了，就会自觉尊法、学法、守法、用法；全社会的道德水准提升了，法治建设才会有坚实的基础。

孔子早在 2500 年前讲过一句话："己所不欲，勿施于人"，被世人称为道德"金律"。这句话的内涵是：个体之间人格平等，每个人都应当尊重他人的个体价值，我们不能强迫他人做任何违背普遍人性的行为，尊重他人就是尊重我们自己。这恰恰体现了法律的平等和正义理念。比如说，自己不愿意受欺负，那就不要去欺负他人；自己的财物不希望遭到损失，那就不要去窃取别人的财物。由此可见，道德和法律都渴望实现平等、公正、自由、和谐与正义。不同的是，法律往往以法律规范的形式把道德的某些原则和要求加以确认，使之具有了法的属性，从而得到国家强制力的保障。希望同学们在未来的路上，牢记法律是准绳，任何时候都必须遵循；道德是基石，任何时候都不可忽视。加强自身的道德修养，凡事推己及人，将心比心；注重养成规则意识、契约精神，敬畏法律，敬畏生命，从而进一步坚定自己的法治信念。

三、从我做起、从现在做起、从小事做起

刚才我们讲了一些法、法治、宪法等方面的基本知识，下面我想和同学们讨论一下，我们未成年人身边常见的一些法律问题。

同学们，讲到犯罪，你们觉得这个词语离你们远吗？你们是否了解青少年比较常见的犯罪类型是什么呢？确实，校园是读书育人纯净之地，对于很多同学来说，犯罪可能离你们十万八千里，但在检察工作中我们也接触到很多活生生的案例，罪恶之手在伸向校园这方净土。（PPT 展示青少年犯罪数据。）

20 世纪以来，青少年违法与犯罪是各国共同面临的一个突出的社会问题。据统计，我国青少年犯罪占全国刑事案件比例约为 4%。2018 年以来截止到目前，我省一共批捕和起诉的未成年人约为 11000 人。值得注意的是，近年来，16—18 岁的青少年发案率上升较快，成为违法犯罪的高发年龄阶段，并以侵犯财产型犯罪与暴力型犯罪居多，结伙共同作案为未成年人犯罪的主要形式。"人之初，性本善"，这些少年，曾经天真无邪，如同一张白纸，他们的人生坐标为什么变得如此扭曲？人生最初暗淡的一笔来自哪里呢？让我们来看看真实的案例。

2016 年高考后，某高中的毕业生陈某，出于嫉妒心理，偷偷记住了四名同学的身份证号，并使用初始密码登录报考系统篡改了他们的高考志愿，导致他们无法进入心仪的高校就读，造成了严重的后果。陈某涉嫌破坏计算机信息系统罪，被检察院依法提起公诉，最终被判处有期徒刑 7 个月，付出了十分惨痛的代价。（结合 PPT 展示。）

我相信在座的每一位同学每天都会接触网络。互联网的发明极大改变了人们原有的生活方式、生产方式。大数据、网络经济给人民生活带来便捷，加速了社会的转型，同时也带来了一系列严重的社会问题，比如网络违法犯罪形势愈发严峻。检察官在进行法治进校园活动的时候，经常有学校的领导、老师向我们反映，学生沉迷网络，耽误学习和影响生活作息的问题是比较严重的。

某日，李某某在姑姑家玩某网络游戏，姑姑见其沉迷网络，多次对其进行训斥，次日，李某某起床后继续玩网络游戏直到下午14时，姑姑见后再次训斥，两人发生争吵，李某某一怒之下，将姑姑撞倒在地，并用一条电源线将姑姑勒死。李某某将尸体拖到房间并锁好，然后继续玩网络游戏，当晚还邀请同学来家里玩耍。案发后次日又去网吧继续玩网络游戏。后公安人员在网吧将其抓获。最终，李某某因故意杀人罪被判处有期徒刑15年。（结合PPT展示。）

这是一起因沉迷网络漠视亲情、人格扭曲的案例。此外，有些同学可能觉得网络空间是虚拟空间，似乎没有约束，非常自由。实际上，网络空间秩序也是社会公共秩序的一部分，同样要受到法律的约束。我们每个人都要对自己在网上的言行负责，要强化边线意识，未成年人也没有例外。

讲述网络有关的案例，并不是阻止大家"上网"，而是希望大家能够自觉提高网络素养，不沉迷网络，善于正确地利用网络，坚决抵制网络中的不良信息，让网络成为自己成长成才的帮手和推进器。（PPT展示《青少年互联网文明公约》。）

下面我们谈谈与同学们最密切相关的法律问题，校园暴力。

校园暴力也叫校园欺凌。学生之间发生的蓄意或恶意通过肢体语言等手段，实施欺负、侮辱造成伤害的都属于校园暴力范围。具体包括如下方式：（1）行为暴力，主要包括校园伤害、打架斗殴、恃强凌弱、索要钱财等；（2）语言暴力，主要包括起侮辱性外号、歧视别人的体貌、嘲笑、谩骂等；（3）心理暴力，主要包括拉帮结派、排挤他人等对学生造成精神侵害的行为；（4）网络暴力，借助手机或网络实施欺凌行为，如人肉搜索、网络谩骂等。（PPT展示校园暴力的应对方式。）

下面，我们来看一个案例。

高一学生张某平时热爱打篮球，在一次比赛场上，张某与打球的对手李某发生了肢体冲突，李某对其采取了言语上的侮辱。性格火暴的张某不依不饶，与李某相约放学后操场见。后张某携带匕首前往操场，李某当众挑衅张某，并率先推了一下张某，张某没有站稳，就摔倒了。在场围观的同学纷纷起哄。张某本来携带匕首只是想吓唬李某，现恼羞成怒，拿起匕首就往李某身上捅去，最终刺中李某腰部，造成李某轻伤。检察官受理这个案件后，发现其实张某和李某的心理都受到了很大的伤害，就联系心理咨询师对二人进行心理辅导，同时又通过法治教育让二人都认识到自己的问题，促使双方相互道歉、达成谅解，最终决定以故意伤害罪对张某作出附条件不起诉。（结合 PPT 展示。）

这是一起典型的校园暴力案件。我们从案件中可以看出，校园欺凌、校园暴力没有赢家。张某受到言语挑衅时以暴制暴，成为加害者，需要接受法律的惩戒，对自己的学业和未来发展产生一定影响。李某言语不端，行为失控，没想到自己最终也受到了伤害。围观起哄的同学们，目睹了操场一幕后，很多都受到了惊吓，心理上也承受压力。可以说，校园安全，人人有责，从我做起。同学是缘分，守法是责任，大家应当友善、真诚地对待同学，拒绝任何形式的暴力（包括冷暴力、言语暴力），万一遭到侵害，要立即告诉家长、老师或者报警，用法律维护自己的利益，切不可以暴制暴，而其他在场的同学，即使是"吃瓜群众"，也请做一个有态度的"吃瓜群众"。我们的学校和家长，也要及时发现学生们的异常，及时干预，注意帮助学生排解压力、疏解心理问题，把校园欺凌解决在萌芽状态。

同学们，今天介绍的这些案例告诉我们，在应对繁忙的学习的同时，青少年也应当从自身做起，了解青春期的自己以及未成年人的各项权利义务，树立规则意识，更好地处理自己与家庭、学校、朋友、社会、未知世界之间的互动关系，明确行为的界限，严守法律的底线，健康、快乐成长。

家长和老师、学校，作为监护人和监管者，也应当注重孩子的行为规范和道德修养，尊重和保护孩子，引导孩子正确行使权利和履行义务，避免孩子成为加害者或者受害者。我们的家长、学校和社会要肩负起保护、教育孩子的责任，为未成年人创造一个安全健康的环境。

　　守护孩子就是守护明天，预防青少年犯罪，维护青少年的权益，检察机关责无旁贷。当前，未成年人犯罪的整体数量虽然下降，但未成年人犯罪呈现暴力化、低龄化、成人化趋势，尤其是校园欺凌和暴力案件时有发生，引起社会各界高度关注。党和国家对此高度重视，2016 年以来，中央和有关部门先后下发了《关于进一步深化预防青少年违法犯罪工作的意见》《关于开展校园欺凌专项治理的通知》《关于加强中小学幼儿园安全风险防控体系建设的意见》《关于防治中小学生欺凌和暴力的指导意见》和《关于实行国家机关"谁执法谁普法"普法责任制的意见》等重要文件，对加强未成年人法治教育，预防和减少未成年人违法犯罪，有效遏制校园欺凌，作出部署，提出要求。为贯彻落实中央有关部署，最高人民检察院、教育部联合部署"法治进校园"全国巡讲活动，我省检察机关认真落实相关部署要求，全省各级未检部门的检察官们坚持落实"谁执法谁普法"的普法责任制，推动"法治进校园"活动向纵深开展，切实加强未成年人犯罪预防工作。同时，检察院将依法充分履行法律监督职责，严厉打击侵害未成年人犯罪，严格落实未成年人刑事案件各项特殊保护程序，努力为未成年人成长提供更专业更有效、更全面的司法保护。（PPT 展示预防青少年违法犯罪及校园安全相关法律法规。）

　　时间有限，今天的交流就到这里。经过今天的讲课，也许有些同学也会像我们当年那样对法律产生浓厚的兴趣，欢迎大家报考法学院，今后成为司法队伍的一员。期待大家为社会的公平正义、为中国法治事业做出年轻一代的贡献。当然我相信，更多的同学会在其他领域发光发热、成长成才。青少年是祖国的未来，民族的希望。青春，洋溢着太多的渴望与梦想，但成长更需要在光亮中辨清方向。睁开双眼，看清前路，也看清自己，终究，你们一定会自信从容，顶天立地，别忘了，人生的道路上，宪法在你身边，法律保护大家。让我们共同进步，开创未来！

　　今天的课就到这里，谢谢大家！祝同学们身体健康、学习进步！

学法守法用法　争当时代新人

广西壮族自治区人民检察院党组书记、检察长　崔智友

📖 授课情况

授课时间： 2018 年 10 月 23 日

授课地点： 南宁市第二中学凤岭校区

授课对象： 高三学生和部分教师代表 600 人在现场听课，初中学生和部分教师代表 700 人通过网络直播听课

逻辑结构： 根据青少年学生养成法治意识的三个层次，按照先易后难的顺序渐次推进。首先，以高铁"霸座"事件引出学法的重要性，并从国家、社会和个人三个层面立体、深入阐释学法的必要性，教育引导学生增强学法的自觉性和主动性。其次，聚焦青少年学生身心特点，从宏观与微观两个方面，敬畏法律、践行法律和自觉抵制不良诱惑三个板块，深入浅出地呈现在校学生守法的重点难点。再次，围绕青少年学生用法现实性需求，着重教育引导其树立敢用、善用和习惯用法律武器维护自身合法权益的意识和本领。最后，向同学们和参与活动的人大代表、政协委员等社会各界人士介绍检察机关职能，并呼吁大家共同努力做好在校学生法治教育工作。

目的效果

习近平总书记指出，要加强法治宣传教育，引导全社会树立法治意识，使人们发自内心信仰和崇敬宪法法律。青少年学生作为国家的未来、民族的希望，其法治意识程度，不仅关乎个人的前途命运，也与国家发展、民族传承息息相关。因此，有必要通过法治宣传教育，教育引导青少年学生树立学法守法用法的法治意识，使其成为社会主义法治的忠实崇尚者、自觉遵守者、坚定捍卫者。

部分新闻链接

1. 搜狐网 2018 年 10 月 24 日:《自治区检察院领导到南宁二中开展未成年人法治教育讲座》

2. 腾讯网 2018 年 12 月 29 日:《新学期法治第一课掌声阵阵，这个法治副校长正式"上岗"》

3. 最高人民检察院网站 2018 年 12 月 28 日:《新学期法治第一课掌声阵阵，这个法治副校长正式"上岗"》

4. 检察日报 2018 年 12 月 29 日:《"新校长"来讲课》

5. 新浪网 2018 年 12 月 28 日:《新学期法治第一课掌声阵阵，这个法治副校长正式"上岗"》

6. 检察日报正义网 2018 年 12 月 23 日:《广西检察长崔智友受聘为南宁市第二中学法治副校长》

7. 平安广西网 2018 年 12 月 25 日:《崔智友：学法守法用法 争当时代新人》

➤ 授课讲稿

尊敬的各位同学、各位老师，尊敬的各位人大代表、政协委员，同志们：

大家下午好！

刚才，我从黄幼岩校长手中接过南宁市第二中学法治副校长的聘书，杨书迪同学给我佩戴了南宁二中的校徽，从此我就是南宁二中的一员。我感到非常高兴、非常荣幸，非常感谢大家！刚才我走进校园，特别是来到这个礼堂，看到同学们热情洋溢、灿烂的笑容，我就想到了我的读书生涯。我非常深切地感受到，学校对一个人的一生，对一个人的命运是非常重要的。看到大家我就想到了自己读小学、初中、高中、大学、研究生期间，生活学习的往事，真是感慨万千，非常激动。我今天到二中担任法治副校长，是落实新时代全面依法治国战略部署和习近平总书记关于"全面依法治国要从娃娃抓起"重要指示精神的一项重要举措，也是落实最高人民检察院关于"检察长带头兼任中小学法治副校长"部署要求的实际行动。目的就是让法治走进校园，帮助同学们更好地树立法治意识，推动全面依法治国落到实处、取得实效。

我作为一名检察官，作为检察长，深刻地感到，在我们国家加强法治教育对学生是多么重要，对我们建设法治国家意义非常重大。所以，希望我们今天的活动，能够开启全区检察机关与学校共同加强未成年人法治教育的新征程，为全面推进依法治国、促进中国特色社会主义法治建设贡献我们共同的力量。借今天这样一个宝贵的机会，我想和同学们、老师们谈谈为什么要学法、如何守法、怎么用法，以及我们检察机关在全面依法治国中的职能作用。

一、为什么要学法

要学法首先要懂得什么是法。其实，我想同学们也都非常了解。法律是一个国家统治阶级意志的体现。当然了，我们是共产党领导下的社会主义国家，中国共产党是代表全中国最广大人民群众的根本利益的。人民的利益就是我们党的利益。我们国家的法律就是要代表最广大人民群众的利益，而西方资本主义国家的法律是代表资本家的利益。我们都知道，一个家庭有家规，在家里要尊重父母，要守家里的规矩；企业有企业的规章制度，违反就要受处分；学校有学校的规章制度，同学们在学校违反学校的规章制度也会受处分。从社会层面讲，还有社会道德。我们大家现在都在学习社会主义核心价值观，共二十四个字。前八个字是国家层面的，中间八个字是社会层面的，后面八个字是对公民个人层面的要求。从法律和道德来讲，法律是强制性的，不论你是谁，只要你是社会的一员，都必须受法律的约束。道德是人民必须尊崇的一种习惯。当然了，法有良法，有恶法，所谓良法，应该是基于良好的社会道德。道德应该成为人民心中的法律。但是道德没有强制力。我们在现实生活中，会遇到很多情况。比如说，2018 年 10 月 6 日，在从钦州开往南宁的动车上，一位男子喝醉酒强行霸占了他人座位，原座位的乘客对其进行劝导却被打！

　　"霸座"行为是违法呢，还是违反道德呢？我认为，如果只是坐了别人的座位，别人劝说后不起来，这还不能说是违法，这是违反道德的行为，就是我们平时说的不讲理、不讲道德。但如果说，列车上的管理人员来调解，还是不听，如果再发生争执，有推搡有打架致伤的，那可能就是违法。当然，违法不一定犯罪。犯罪是比违法更严重的行为。什么是犯罪？我觉得犯罪有三个特征：一是违反了社会秩序，二是触犯了刑律，三是要受到法律的惩处。所以我们必须要学法懂法，才能够知道自己在社会上作为一个社会人，你的行为举止规范是什么。法是国家意志的体现。我们现在讲的人都是社会人，就是你要和其他人有交往，要有社会关系。法律是调解社会关系的。所以，在当今社会，学法、懂法、守法、用法是非常重要的。

　　强调要学法有多层意义，我想第一层意义应当是我们自身的需要。

习近平总书记特别强调人生从第一粒扣子就要扣好。作家路遥也曾引用柳青的话说："人生的道路虽然漫长，但紧要处只有几步，特别是当人年轻的时候。"青少年正处于长身体、长知识、学做人的人生关键时期，自控能力弱，容易受社会不良风气的影响，稍有不慎，可能误入歧途。2013 年至 2017 年，全区检察机关共批准逮捕未成年人犯罪案件 6917 件 11192 人，起诉 8273 件 12902 人。我们在办案中发现，大多数涉罪未成年人缺乏基本法律知识。有这样一个案件，一名高二学生，学习成绩很好，是老师重点培养的对象。就因为和同学发生了争吵，一气之下把对方打成了重伤。我们的检察官在提审他的时候，他哭着说"我以为打伤了人大不了赔点医药费就没事了，哪知道还要坐牢，早知这样我绝不可能做出那样的事"。而法律就是以条文的形式告诉我们，什么是可以做的，什么是不可以做的，违反了将要受到怎么样的制裁等。所以，只有学好法律，我们才能认识到自身行为是否违法，才能知道自己行为的后果，从而避免误入歧途、自毁前程。这就是我们学法的第一层意义，自身的要求。

学法的第二层意义是社会的要求。法律是规范社会和人与人之间关系的特殊行为规范，它规范人与人之间相处的标准和界限，规范人与人之间纷争谁对谁错及如何去解决，与我们每个人的社会生活息息相关，从每个人的衣食住行、生老病死，到企业的生产经营、国家的政治经济社会生活，都离不开法律。而且它是随着社会的发展而发展的。过去我们国家贫穷落后，物资极度缺乏，人们更多追求的是温饱问题，整个社会生活相对简单，相关的法律也相对简单。改革开放 40 年，我们党带领人民群众创造了丰富的物质文化生活。照理说，人民群众应该很高兴、很知足了。但为什么在一些地方、一些时候、一些领域，社会矛盾还很尖锐、更复杂？究其原因，就是民生问题基本解决以后，我国社会主要矛盾已经转化为人民日益增长的美好生活需要和不平衡不充分的发展之间的矛盾，人民群众对民主、法治、公平、正义、安全、环境等方面有了更高的需求，也就是对全面依法治国有了更高的需求。所以，在现代

社会，不学法不懂法是万万不行的。这就是学法的第二层意义，社会的要求。

学法的第三层意义，就是治理国家的要求。古人说："法令行则国治，法令弛则国乱。"用明确的法律规范来调节社会生活、维护社会秩序，是古今中外通用的手段。法治是人类迄今为止最佳治国理政方式，是现代制度文明的核心。1997年，党的十五大正式提出依法治国、建设社会主义法治国家。两年以后写入宪法，成为宪法一项重要原则。党的十八大以来，以习近平同志为核心的党中央将全面依法治国作为"四个全面"战略布局之一作出全面部署，法治得到前所未有的重视，法治建设取得历史性成就。习近平总书记在党的十九大报告中指出，新时代要进一步深化依法治国实践、建设社会主义法治国家，使遵法守法成为全体人民的共同追求和自觉行动。增强法治观念、遵法守法，基础就在学法。因此，学法也是新时代全面深化依法治国、建设社会主义法治国家对我们每个公民的基本要求。

二、如何守法

守法，是指一切国家机关及其工作人员、政党、社会团体、企事业单位和全体公民，自觉遵守法律的规定，将法律的要求转化为自己的行为，从而使法律得以实现的活动。守法是法的实现最基本的形式。国家制定法的目的，就是要使法在社会生活中得到实施。如果法制定出来了，却不能在社会生活中得到遵守和执行，那必将失去立法的目的，也将失去法的权威和尊严。党的十八届四中全会提出增强全民法治观念，实现全民守法。从"有法可依、有法必依、执法必严、违法必究"到"科学立法、严格执法、公正司法、全民守法"。这既反映了法治建设的内在规律，也反映了我们党对法治建设规律认识的提高。那么，我们作为中学生要如何守法呢？我认为：

首先，要敬畏法律。习近平总书记指出，法律要发生作用，首先全社会要信仰法律。敬畏法律，就是要牢固树立法律至上的理念，在法律面前，任何时候、任何情况下，都要保持一份清醒，紧绷守法这根弦，时时处处用法律法规约束自己的行为。当然，"敬畏"不是简单的惧怕与怯懦，而是一种自律，要自觉把自己的"任性""嗜好"，牢牢关进法律法规的铁笼子。有人之所以违法犯罪，一个重要原因就是缺乏对法律应有的敬畏之心，导致一生悔恨。

其次，要践行法律。学法敬法，关键在于守法用法。同学们是祖国的未来，你们知法、守法的程度直接关系到我国社会主义事业建设的进程。对于如何守法，我觉得首先要学法懂法，也就是要知道法律规定了什么事情是不能做的，做了就违法的。在日常生活中，有的同学认为我平时只违反校纪校规、不违法，这也算是守法了吧？其实不然。"勿以善小而不为，勿以恶小而为之"。放任违纪违规行为发生，违纪违规就会逐步变成违法。也有的同学认为，讲法律就没有自由，讲自由就不能受法律的约束。这种看法也是错误的。俗话说：没有规矩，不成方圆。自由是相对的，是有条件的。世上没有不受约束的自由。我国宪法要求公民既享有宪法和法律规定的权利，又必须履行宪法和法律规定的义务。权利和义务是相互联系的，不可分割的。不能只讲权利不讲义务，这是不合乎法律规定和要求的。所以说，守法要从点滴做起，从身边小事做起；守法既是行使权利的过程，也是履行义务的过程。

最后，要自觉抵制不良诱惑。同学们正处在心智尚未完全成熟的年龄段，从好的方面来讲，容易接受新思想新事物；从不好的方面来讲，容易受到外界不良因素的影响。一些未成年人没能守住法律的底线，很大程度上是受到了外界不良因素的影响。因此，同学们要知法、懂法、遵法、守法，自觉抵制不良诱惑，牢牢守住法律的底线。特别要注意以下三个方面：

一是要谨慎交友，拒绝不良交往。我们在办案中发现，社会上一些有前科劣迹的成年人主动接近未成年人，利用未成年人好奇心强、社会经验缺乏、辨别力、控制力薄弱等特点，以物质引诱、暴力威胁等方式，

传播犯罪思想，教唆作案手段，致使青少年误入歧途。还有一些原本品行较好的未成年人因为主动与有劣迹、不轨行为或不良品行的未成年人交往，近墨者黑，最终走上犯罪道路。

二是要正确使用网络，自觉远离垃圾信息和网络游戏。网络是现代社会信息交流的先进工具，为我们的工作、生活、学习、娱乐提供了巨大便利，成为青少年学习知识、获取信息、开发潜能、休闲娱乐的重要平台。然而，网络又是一把双刃剑，它既有助于青少年开阔视野，又会传播一些颓废、黄色甚至反动的垃圾信息，对青少年的健康成长造成严重的负面影响。同学们一定要正确使用网络，自觉远离垃圾信息的侵蚀，特别是要远离网络游戏。时下，有多款网络游戏在我们的学生中普及率较高，如王者荣耀、绝地求生等，少数同学沉迷其中不能自拔。我们在办案中发现，有相当大一部分的未成年人正是由于沉迷这些网络游戏无法自拔而走上了违法犯罪的道路。比如，有一个16岁的青少年小刘沉迷网络游戏，初中还未毕业就辍学了。没有收入来源，又要支付买装备、上网费等费用，于是就去偷摩托车，甚至连民警停在派出所门口的车都偷，最终被抓。教训很惨痛，同学们要引以为鉴啊！

三是要远离"黄""赌""毒"等。有部分未成年人为了寻求刺激，在他人的怂恿下吸毒、赌博、卖淫等，最终走上犯罪道路。这个也是我们在办案中经常遇到过的。"黄""赌""毒"的危害还远不止于此，上瘾了，会极大地损害我们的身心健康，不但毁掉我们自己，毁掉我们的家庭。同学们一定要高度警惕，自觉远离，牢牢守住法律的底线。

三、怎么用法

在学法守法的基础上，同学们还要知道如何运用法律手段保护自己的合法权益。

首先，要树立勇于用法的意识。学法就是为了更好地用法。不仅要用，而且要敢用善用。就是说，在面对侵害时，敢于亮出法律武器保护自己、维护自己的合法权益。我们在办案中发现，有的未成年被害人之所以长期遭受侵害，正是因为在违法犯罪分子的威胁恐吓之下不敢运用法律武器保护自己，选择了忍气吞声。这样的后果就是犯罪分子越来越变本加厉，越来越有恃无恐。因此，我们要树立勇于用法的意识，要敢于拿出法律武器维护自己的合法权益。

其次，要养成遇事找法的习惯。在任何社会里，公民之间、公民和机构之间都难免发生摩擦、矛盾，但消除摩擦解决矛盾的方式方法，绝不是破口大骂、拳脚相加，甚至私自采取强制措施，胁迫、报复对方以达到一己私利，这是一种无法无天的丛林法则。这种背离法治的私力救济行为，不但无法切实维护自身合法权益，而且严重危害了社会和他人利益，导致社会秩序混乱，那就要受到法律的制裁。人类的发展与进步，就是要逐步远离混乱状态，不断走向法治社会，在面对口角摩擦、矛盾问题，每一位公民都应当筑牢法治思维，自觉运用法律去判断是非，自觉依靠法律去化解冲突，内心确信只有法律才能使摩擦和矛盾获得公平、公正的解决。

最后，要把握善于用法的手段。运用法律手段维护自身合法权益有多种方式，不同的问题需要用到不同的方式。同学们既要敢于用法，又要善于用法，要选择适合你们身心特点的手段维护自身权益。一般而言，当你们的合法权益受到侵害时，你们可以向有关部门、人民团体、学校以及老师家长等各方面反映问题，寻求帮助。当然，你们也可以直接向我们检察机关反映，我们一定会认真履行职责，切实维护好青少年合法权益。

借此机会，也跟同学们简单讲一讲我们检察机关在全面依法治国中的作用。我国宪法明确规定，人民检察院是国家的法律监督机关。政府是行政机关，监察委是监察机关，法院是审判机关，也就是说检察机关代表国家行使法律监督权，监督纠正公安、法院等机关执法不严、司法不公等行为，目的是维护法律的统一正确实施和社会公平正义。大家都

知道公安机关，如果有了违法犯罪，公安机关第一项职责是立案侦查，认为构成犯罪，需要判处有期徒刑以上刑罚需要逮捕的，就要移送人民检察院审查批准逮捕，检察机关对涉嫌刑事犯罪的人予以批准或不批准逮捕。这就是检察机关的职责。批捕以后，按照检察机关提出的补充事实、证据的要求，公安机关继续侦查，到了法定的期限，移送人民检察院审查起诉。检察机关通过审查，认为确实构成犯罪的，就向法院提起公诉，追究犯罪嫌疑人的刑事责任，也就是将案件移送人民法院进行依法审理。开庭审判的时候，检察官要出庭支持公诉，这是检察机关的批捕、起诉等刑事检察职能，也是最基本的职能。

我们还有第二项职能，就是对有涉嫌犯罪的案件，公安机关应当立案而不立案的，检察机关可以监督公安机关立案；对公安机关侦查活动中有违法行为的，检察机关可以纠正公安机关的违法行为；对法院作出的已经生效的民事裁判、行政裁判，检察院认为量刑、适用法律等确实有错误，可以向法院提起抗诉，法院依法应当重新审判；对监狱、看守所的刑罚执法活动是否合法检察机关也可以实行法律监督。这是对公安机关立案、侦查和对法院审判工作、对监狱或看守所刑罚执行活动的检察监督，这是第二项职能。

第三项重要职能就是2017年修改了民事诉讼法、行政诉讼法，赋予检察机关一项新的职能，检察公益诉讼。就是国家机关不履职，或者是社会上有关公司、企业、个人的违法行为侵害了社会公共利益，检察机关作为社会公共利益的代表，按照法律规定有权向人民法院提起诉讼，要求法院作出判决，相关的机关必须履职，相关的当事人必须纠正自己的违法行为，作出相应的赔偿。比如我们学校包括周边区域的食品安全、生态环境关系到我们广大学生的身体健康，如果由于有关部门不依法履行职责导致安全隐患，危害了我们大家的公共利益，检察机关就有责任进行监督，发出检察建议督促有关部门履行职责，对仍不履职的，检察机关就要作为社会公共利益的代表负责任地提起公益诉讼，推动相关的机关履职，推动相关的当事人纠正自身违法行为，作出相应的赔偿。

此外，还有一项与大家都有关系的检察职能，就是未成年人检察工作。面对未成年人、青少年这样一个特殊群体，自治区人民检察院专设一个未成年人检察工作办公室，采用符合未成年人身心特点的工作方式，处理好涉及未成年人的案件，维护未成年人合法权益。对未成年人犯罪案件，我们适用特殊的司法理念，坚持"教育、感化、挽救"的方针和"教育为主、惩罚为辅"的原则，通过不起诉或者附条件不起诉等手段给未成年犯罪嫌疑人一个改过自新的机会。比如，南宁市检察机关在办理一起高三学生小黄在宿舍实施盗窃的案件过程中，发现小黄作案时未满18周岁，同时系在校在读高三学生，归案后如实供述犯罪事实，具有坦白情节，在案发后积极赔偿被害人的经济损失，主观恶性不大，有悔罪表现并具备有效监护条件，依法作出不起诉的决定。之后，小黄顺利参加了高考，并在2017年8月被某大学录取就读建筑装饰工程技术专业。据我们统计，2013年至2017年，全区检察机关在办理未成年人犯罪案件过程中，不批捕1571件3072人，不起诉408件649人，附条件不起诉345人。这些都是为了维护未成年人的合法权益。当然，如果遇到罪大恶极、屡犯不改、认罪悔罪态度恶劣等情况，可能要依法从严，向人民法院提起公诉。为做好未成年人检察工作，我们注重从源头预防。今天来讲课，就是履行检察机关和检察官的职责，把法治课搬到学校，做好未成年人检察工作的基础工作。

当然，青少年做到学法守法用法，还要靠学校、家庭以及全社会共同努力。作为法治副校长，向同学们的父母家长和我们学校的老师提几点希望。家庭是孩子们的第一课堂，家长是孩子们的首任老师，从孩子的行为就可以看到家长的影子，就可以体会到这个孩子所在家庭的家规家风。我们可能从记事的四五岁起，父母就教我们应该怎样尊重长者，怎样友爱同学，怎样在家里爱劳动，注意节俭用水用电等，这就是家规家风。习近平总书记特别强调，要注重家庭、注重家教、注重家风。从实践中看，在家不敬父母、到了学校不尊重老师，不友爱同学，走向社会就可能会遇到风险。相反，如果我们在家里就有严格的家风、良好的

传承，尊师、爱友、勤劳、节俭，遵从社会道德，到学校怎么可能不遵守校规校纪呢？怎么可能去违法犯罪呢？所以，家长一定要以身作则，注重家教、注重家风、严守规范、遵纪守法。上学以后，老师的权威往往就超过了家长。老师作为园丁，人类灵魂的工程师，肩负着塑造祖国未来的巨大责任！因此党中央要求我们，教师，也包括我这个法治副校长，要把教书育人和自我修养结合起来，以德立身、以德立学、以德施教，做到言传和身教相结合。这个过程很自然地就要求我们自觉做一个社会主义法治的崇尚者、遵守者和捍卫者。我相信，在家长、老师们的言传身教下，我们的学生一定能自觉地尊崇法律、学习法规范、遵守法治，用社会主义核心价值观约束自己的言行，养成良好的法治意识，成为担当民族大任的时代新人。

同学们，青少年时期是一段非常富有幸福感的时期。毛主席曾说过，"世界是你们的，也是我们的，但归根结底是你们的，你们青年人朝气蓬勃，正值兴旺时期，好像早上八九点钟的太阳，希望寄托在你们身上"。新时代，是奋斗者的时代，也是你们年轻人的时代！我们全体检察人员将和社会各界携手为同学们营造健康成长的法治环境，希望同学们坚守法治信仰，永葆纯真之心，刻苦学习、奋发向上、健康成长，去创造属于你们的新时代，去迎接无限美好的未来！

共筑法治中国梦　争做守法好公民

海南省人民检察院党组书记、检察长　路志强

授课情况

授课时间：2019 年 4 月 8 日

授课地点：海南中学

授课对象：初一、初二，高一、高二部分学生 1100 余人

逻辑结构：分别针对树立法治信仰、检察机关的未检职能、预防毒品犯罪、防治校园欺凌、预防性侵害等家长和同学们关心、关注的五个问题进行讲述。

目的效果

未成年人的健康成长，关乎千万家庭的幸福安宁，关乎社会和谐稳定，党和国家高度重视未成年人的健康成长。为贯彻习近平总书记"全面依法治国要从娃娃抓起"的重要指示，落实最高人民检察院关于"检察长带头兼任中小学法治副校长"的部署要求，海南省人民检察院路志强检察长通过到学校实地调研，担任中小学法治副校长，为师生、家长代表讲授法治课及与中小学教师、家长代表座谈的方式，率先垂范、踏踏实实推动海南省教育主管部门及中小学校落实最高人民检察院"一号检察建议"，使师生、家长代表增强了法治观念，丰富了法律知识，凝心聚力护航未成年人的健康成长，为建设平安海南、法治海南起到模范带头作用。

部分新闻链接

1. 海南中学网站 2019 年 4 月 8 日:《省检察院路志强检察长受聘为我校法治副校长为师生讲授法治课并对"一号检察建议"落实情况开展调研》

2. 天涯正义网 2019 年 4 月 9 日:《海南中学来了一个大检察官！》

3. 海南政法网 2019 年 4 月 10 日:《路志强在海南中学调研最高检"一号检察建议"等落实情况》

4. 海南省教育厅网站 2019 年 4 月 11 日:《人民检察院检察长路志强莅临海南中学调研"一号检察建议"落实情况，并受聘担任海南中学法治副校长》

5. 新浪网中心 2019 年 4 月 17 日:《海南：大检察官调研"一号检察建议"落实情况》

▼授课讲稿

尊敬的各位与会代表、各位老师、各位家长、亲爱的同学们：

大家下午好！

刚才，我从曹厅长手中接过海南中学法治副校长的聘书，吴雨璨同学给我佩戴了海南中学的校徽，从此我就是海中的一员了。海中是海南首屈一指的精英学府，培养了许多杰出人才和行业领军人物，能够成为海中的一员，我感到非常高兴，非常荣幸！刚才我走进校园，特别是来到这个礼堂，看到同学们青春洋溢、阳光灿烂的笑容，我就想到了我的读书生涯，学校对一个人的一生、对一个人的命运真是非常重要。

我今天到海中担任法治副校长，是落实习近平总书记关于"全面依法治国要从娃娃抓起"重要指示精神的一项举措，也是落实最高人民检察院关于"检察长带头兼任中小学法治副校长"部署要求的实际行动，目的就是让法治走进校园，帮助同学们更好地树立法治意识，推动全面依法治国落到实处、取得实效。来之前，我事先就老师、家长和同学们关心的一些问题作了调查研究。借今天这样一个宝贵的机会，我想围绕"共筑法治中国梦，争做守法好公民"这个主题，和同学们做一个交流，重点讲讲大家比较关心的五个方面的问题。

一、树立法治信仰，扣好人生第一粒扣子

为了便于同学们理解和领悟，我从四个小问题展开，给同学们讲讲，怎样树立法治信仰。

第一，什么是法律？法律是国家制定或认可，由国家强制力保证实施，要求全社会共同遵守的行为规范。说到行为规范，同学们平时接触较多的是道德规范、纪律规范，其实，法律规范在我们日常生活中也是无处不在的。日常生活中总会遇见各种各样难以调解的问题和矛盾，这

时候就需要用法律来定分止争、判断对错。因为法律就是通过明确权利义务界限来防止纠纷发生、调解社会矛盾、维护社会秩序的。所以说，同样是行为规范，与道德、纪律相比较，法律具有三个显著特征：一是法律是由国家制定或认可，而道德是约定俗成、自然形成的，纪律是某个单位或团体制定的。在我们国家，法律都是由全国人民代表大会制定的。二是法律靠国家强制力保证实施，一旦违反法律就要面临国家强制力的制裁，道德和纪律则不具备这个特性。比如，违反了刑法、犯罪了，就会有国家机关来追究刑事责任；而违反道德往往只会受到良心的谴责，违反纪律只会受到相应的违纪处分。三是法律对全体社会成员具有普遍约束力。道德和纪律则只适用于特定范围、特定群体，比如，检察官职业道德规范仅适用于检察人员，咱们海中的校规校纪在侨中就不适用。这三个特征决定了法律是现代社会人们最重要的行为规范。有的同学可能认为，我们还是未成年人，只要不杀人不放火，法律就约束不到我们。这种想法是不对的。有人说，法治于人就像空气，你可能不会时时刻刻意识到它的存在，可一旦缺少就会立刻窒息。我觉得这个比喻非常形象贴切。我们每一位同学千万不要认为"法律与我无关"，或者"法律离我很远"，其实法律时时刻刻都在我们身边。尤其是，青少年正处于长身体、长知识、学做人的人生关键时期，自控能力弱，容易受社会不良风气的影响，稍有不慎，可能误入歧途。2016年至2018年，全省检察机关共批准逮捕未成年人犯罪1050件1699人，起诉1158件1912人。我们在办案中发现，大多数涉罪未成年人缺乏基本法律知识。有这样一个案件，一名高二学生，学习成绩很好，就因为和同学发生争吵，一气之下把对方打成重伤。检察官在提审他的时候，他哭着说"我以为打伤了人大不了赔点医药费就没事了，哪知道还要坐牢，早知道这样我绝对不会打他了"。同学们，这就是平时不学法、不懂法的结果。法律以条文的形式告诉我们，什么是可以做的，什么是不可以做的，违反了将要受到怎么样的制裁等。所以，只有学好法律，我们才能认识到自身行为是否违法，才能预测自己行为的后果，从而避免误入歧途、自毁前程。

第二，什么是法治？法治与法律是两个不同的概念。简单来讲，所谓法治，就是按照法律规定来治理国家。法治的理想状态就是，任何组织和个人都要按照法律的规定来行事，政府要依法行政，官员要依法用权，每个人要依法行使权利、履行义务。即使法律规定有不尽完善的地方，那是法律的问题，不是法治的问题；法律有问题，就修改法律，但只要是生效的法律，不管是否完善，都要严格遵守，否则，就不符合法治的要求，就偏离了法治的轨道。法治的基本内容主要有四点：一是法律至上。这是法治的首要内容。法律应当成为国家治理、社会治理的最高准则，任何组织和个人都不享有法律之外的特权。在法治国家，法律是国王，而不是说国王是法律。所以，在法治社会中，公民必须守法，政府也必须守法，全社会都要守法。二是良法之治。什么是良法？良法就是指那些符合公平正义，有益于人民，有益于国家，有益于社会，能够增进人民福祉的法律。在我们国家，法律是由人民选出的代表召开全国的会议来研究制定的，反映了最广大人民群众的意志和利益，这就体现了良法的特点。三是保障人权。所谓人权，通常指人在社会、国家中的地位。在我们国家，人权作为人最基本的权利集合，体现了人民群众的根本利益，构建法治社会的终极目的是为了实现个人的福祉，因此，保障人权是法治的应有之义。我国宪法将"尊重和保障人权"作为一项基本原则，就充分体现了现代法治的精神。四是司法公正。法律要准确适用，离不开司法公正。司法的最主要功能，就在于通过正确实施法律，惩恶扬善、教化民众、弘扬法治。司法的公正，不仅仅体现在实体的、结果的公正上，还体现在程序公正上。比如，法院的一个判决，结果是符合法律规定的，但在审理过程中违反了规定的程序，那么，这个判决也是不公正的。

第三，什么是法治信仰？说到信仰，同学们可能一下子就有一种神圣、庄严的感觉，觉得很高大上，高深莫测。其实，所谓信仰，就是我们人类从内心深处对一种事物的至高崇拜、一种发自内心的认同感和信任感。法国有一个叫卢梭的著名法学家，早在200多年前就曾说过，一切法律中最重要的法律，既不是刻在大理石上，也不是刻在铜表上，而是铭刻在公民的内心里。我认为，他所说的"刻在公民内心里"的法律，就是我们讲的"法治信仰"。法治信仰就是指人们发自内心地认同法治、拥护法治，坚定法治的方向。那么，为什么要树立法治信仰呢？因为，法治信仰对于我们建设社会主义法治国家来讲，太重要了。只有让法治成为一种信仰，才能内化为人们的行为准则，人们才会长期持续、自觉自愿地遵守法律，把依法办事当成自己的生活习惯。可以说，没有法治信仰，法治就成了无源之水、无本之木。青少年是国家和民族的未来。在座的同学们，都是将来法治建设的重要参与者和生力军，你们有没有法治信仰，你们的法律素质强不强，直接关系到国家法治建设的未来。所以，同学们要有一种意识，就是努力树立法治信仰。

第四，怎样树立法治信仰？树立法治信仰，不是说我今天跟同学们讲了之后，大家下定决心，然后法治信仰就树立起来了。不是这样的。法治信仰的真正树立，不仅受到整个社会法治环境、法治进程的影响，还取决于我们每一个人对国家的法律规定、法律制度、法律文化等的认知程度，它需要一个相对漫长的过程，也是一个循序渐进的过程。在这个过程当中，我们还要采取一定的行动。主要做到三点：一要勤学法、多学法。学好法律，不仅可以增长知识，为将来做准备，更重要的是，能够懂得法律的规定，知道哪些是法律允许我们做的，哪些是法律禁止我们做的，进而不犯错误，并依法维护自身权益。现阶段，同学们需要学与自己的年龄和认知水平相适宜、与自身权益紧密相关的法律知识，比如，未成年人保护法和预防未成年人犯罪法中的一些条款，还有一些常见的关于违法犯罪的法律规定，等等。二要遵纪律、守规则。规则是法律的基础，青少年守法要从守规则开始。比如，在学校，要遵守学校纪律，遵守上学放学纪律，遵守课堂纪律，等等；在校外，过马路要等红绿灯走人行道，买东西要排队，不能乱扔垃圾随地吐痰，等等，这些都是守规则。如果连这些纪律和规则都遵守不了，那就更谈不上遵守法律了。所以，同学们一定要严格要求自己，提高遵守规则的意识，养成遵守规则的习惯，这是我们成长为遵纪守法好公民的重要基础。三要有底线、不害人。权利和义务都是相对应的，法律在赋予我们权利的同时，也明确了我们的义务。比如，我们有权维护自身的健康安全、不被其他同学欺负伤害，同时也意味着我们不能去欺负伤害其他同学；我们有权保护自己的财产、不被别人偷走抢走，同时也意味着我们不能去偷去抢别人的东西。如果我们去欺负伤害其他同学了，或者偷抢别人的东西了，就会触犯法律，就会受到法律的惩罚。所以，同学们在心中要有一条底线，任何时候都不能违反法律规定去侵害别人的权利。任何人，只要懂规矩、守规则，本着良心做一个善良的人，就可以永远地远离违法犯罪。以上这三点，只要同学们能够坚持做到，我想，你们就离"有法治信仰"不远了。

二、检察机关的职能

很多同学们都觉得，和公安、法院相比，检察院比较神秘，不知道检察院是干什么的。所以，第二个问题，我先给大家介绍一下检察机关的职能，告诉大家检察院是干什么的。

看过《人民的名义》这部热播剧的同学会认为，检察机关是负责反贪、抓贪官的。实际上，2018年国家监察体制改革后，检察院的反贪职能已经转移给各级监察委员会了。2018年10月刑事诉讼法修改后，检察机关的职能有了很大的变化。下面，我给同学们简单介绍一下检察院的"四大检察"职能。

第一项是刑事检察职能。具体包括逮捕、起诉、刑事诉讼监督和侦查职能。逮捕，是指公安机关立案侦查后的刑事案件，需要经检察院审查批准后，才可以对犯罪嫌疑人执行逮捕。如果检察院认为不构成犯罪的，或者没有羁押必要的，也可以不批准逮捕。起诉，是指公安机关侦查终结的刑事案件，经检察官审查，认为案件事实清楚，证据确实、充分的，将提起公诉；提起公诉后，检察官以国家公诉人的身份出庭支持

公诉。如果检察官认为不构成犯罪，或者证据不足，或者犯罪情节很轻、不需要追究刑事责任的，也可以不起诉。需要特别说明的是，过去，批捕和起诉是由检察院内部不同的部门、不同的检察官分别负责的。现在，全国检察机关都实行了"捕诉一体"改革，对同一个案件的批捕、起诉工作，都由同一个检察官来负责。除了批捕、起诉职能之外，刑事检察职能还包括刑事诉讼监督职能，就是对公安机关的侦查活动、法院的刑事审判活动以及监狱的刑罚执行活动等进行监督。同时，还有一项重要的职能，就是对司法工作人员利用职权实施犯罪案件的侦查。新修订的刑事诉讼法赋予了检察院对司法工作人员徇私枉法等 14 个罪名的侦查权。比如，在扫黑除恶中，发现有公安、法院、包括检察院的工作人员滥用职权、徇私枉法、为黑恶势力充当"保护伞"的，就由检察院负责立案侦查。

第二项是民事检察职能。这项职能，主要是对民事诉讼活动进行监督。所谓民事诉讼，就是我们常讲的"打官司"。"打官司"的结果，通常就是法院要做出判决，有时候是判决原告赢，有时候是判决被告赢。对于法院作出的已经生效的民事判决，原告或者被告不服，认为确有错误、不公正的，可以向检察院申诉；检察官经过审查，认为确实违反法律规定、处理不公正，或者是事实证据没有搞清楚、判决有错误的，就要按照法律规定向法院提起抗诉，法院依法应当重新审判。

第三项是行政检察职能。这项职能，主要是对行政诉讼活动进行监督。所谓行政诉讼，就是我们常说的"民告官"案件。根据法律规定，对于"民告官"案件，检察院也有权进行监督。检察院认为行政案件判得不对的，审判人员有违法行为的，执行不及时或者有错误的，都可以进行监督。与民事检察职能不同，行政检察职能不仅仅是监督法院依法公正审理"民告官"案件，还具有促进政府有关部门依法行政的功能。

第四项职能，就是 2018 年修改的民事诉讼法、行政诉讼法，赋予检察机关一项新的职能：公益诉讼检察职能。就是国家机关不履职，或者是公司、企业、个人的违法行为侵害了社会公共利益，那么检察机关作为社会公共利益的代表，有权按照法律规定向法院提起诉讼，法院作出判决后，相关国家机关必须履职，相关当事人必须纠正自己的违法行为，作出相应的赔偿。比如，环境违法行为侵害了不特定或者特定的多数人利益，检察机关就要承担起公益诉讼的职能，通过公益诉讼，督促停止侵害、修复环境。

以上是目前我们国家检察机关的"四大检察"职能。除了这"四大检察"职能之外，我们还有一项与在座的同学们都有关系的职能，就是未成年人检察职能。我们常讲，未成年人是祖国的花朵。既然是花朵，就需要党和国家、需要全社会的精心呵护。所以，面对未成年人这样一个特殊群体，检察机关专门设立了未成年人检察工作机构，主要负责办理未成年人犯罪案件和侵害未成年人权益的案件。工作中，我们适用特殊的司法理念，坚持"教育、感化、挽救"的方针和"教育为主、惩罚为辅"的原则，通过不批捕、不起诉或者附条件不起诉等手段，给涉罪未成年人一个改过自新的机会；通过心理疏导、观护帮教、封存犯罪记录等特殊措施，帮助涉罪未成年人回归社会；通过亲职教育、家长课堂等工作模式，纠正或促使家长正确履行监护责任。2018 年，全省检察机关在办理未成年人犯罪案件过程中，不批捕 178 人，不起诉 268 人，附条件不起诉 101 人，封存犯罪记录 619 份，组织开展亲情会见 106 人次，对 234 名涉罪未成年人进行观护帮教，其中，帮助重返校园 54 人，帮助就业 35 人，经帮教后考上大中专院校 10 人。比如，某区检察院在办理未成年人小李涉嫌抢夺案过程中发现，小李是在读高二学生，归案后如实供述犯罪事实，具有坦白情节，积极赔偿被害人损失并取得谅解，检察机关本着宽严相济原则，依法作出附条件不起诉决定，并加强对小李的帮扶教育，最终小李作为体育特长生考上北京一所一本大学，并获得国际自行车骑行比赛亚洲区冠军，为国争光。所以说，我们检察机关的未检职能，主要是保护未成年人的，既保护未成年的被害人，又想方设法拉那些误入歧途的未成年人一把，给他们创造回到正路、回归社会的机会。

三、抵制毒品、远离毒品

同学们都知道，毒品是不好的东西，是有害的东西，无论是对个人的身体健康、对家庭、对社会都有很大的危害性。但是，可能还有一些同学，并没有真正意识到毒品的危害性。从我们检察机关在办案中了解的情况来看，一些未成年人由于没有真正做到拒绝毒品、远离毒品，最终深受其害，有的甚至走上了犯罪的道路。据统计，2016 年至 2018 年，全省检察机关共起诉涉嫌毒品犯罪的未成年人 182 人，占同期起诉未成年人总数比例接近 10%。那么，那些因为毒品而走上犯罪道路的未成年人是如何"一不小心"沾上毒品的呢？主要有三种情形：

第一，因为"好奇"。有句话叫"好奇害死猫"。相当一部分的未成年人，就是因为好奇才沾上毒品的。比如，我们某区检察院办理了这样一个案件：

2017 年 8 月的一天，在校生小王为庆祝自己 18 岁生日，订下某 KTV 的一个包厢，其朋友小李问"可不可以在包厢里嗨？"小王知道小李是个吸毒人员，知道对方说"嗨"就是吸毒，但由于对吸食毒品相当好奇，非常想尝试一把，就说好啊，并在微信群中给朋友们发信息，邀请大家"晚上到包厢一起嗨够力的东西"。当天晚上，在包厢唱歌喝酒期间，小李拿出随身携带的 K 粉供大家吸食。第二天凌晨两点，警察在对这个 KTV 进行例行检查时，发现小王、小李及其朋友在包厢内吸毒，并当场缴获了吸毒工具、毒品。经现场检测，包厢内共有 16 个人吸食了毒品，其中有 6 名是小王的同学，都是未成年的在读学生、都是由于好奇第一次跟着尝试了毒品。而小王由于犯了容留他人吸毒罪，最后被法院判处有期徒刑 1 年 6 个月。

第二，因为"讲义气"。我们很多同学很讲义气，"为兄弟两肋插刀"，应该说，重友谊、重情义，这本身没有错，但是，讲义气也要有底线，涉及违法犯罪的事情，就不能"义气用事"，有些忙是不能帮的。有这样一个案件：

有一个学生，他的一个朋友让他将一包毒品送到某商场的厕所内，交给在厕所内等候的某购买毒品的男子，并将毒资一起收回。这个学生刚开始不同意，他的这个朋友就说他不讲义气，以后不要做朋友了。他听了之后就非常生气，为了证明自己是讲义气的人，就按照他朋友的要求将毒品带到指定的地点进行交易。随后，他就被抓了。后来，这名学生因犯贩卖毒品罪，被判处有期徒刑 1 年 2 个月。

还有一个案例，是 2019 年 2 月份某区检察院办理的，特别典型。未成年人覃某受朋友唆使，帮朋友的小忙，先后两次将毒品以 100 元、300 元的价格贩卖给吸毒人员，被警察当场抓获，最终也因犯贩卖毒品罪被判了刑。这两个案例告诉我们，在涉及毒品的问题上，千万不能讲义气，同学们一定要引以为戒。

第三，为了"赚钱"。君子爱财，取之有道。采取犯罪的手段去赚钱，肯定是不行的；为了赚钱而去贩卖毒品，更是不应该。这里也讲一个案例。

未成年人小李，初中毕业后考上技校，暑假期间在 KTV 打工，听说倒手贩卖毒品给客人很赚钱，第一次他就从一个客人处买了 200 块钱的毒品，然后以 250 元的价格卖给另外一个客人，赚取了差价 50 块钱；随后，他听说从南大桥底下购买毒品更便宜、赚钱更多，他就到南大桥底下购买毒品，在交易中被当场抓获。后来，小李因为犯了贩卖毒品罪，被判处有期徒刑 1 年。还有一个案例，一个年仅 16 周岁的未成年人小蒙，因他人许诺运毒成功后给他几千元报酬，为了购买一部更好的手机，他决定"赌一把"。接受了"任务"之后，小蒙便将塑料纸包裹的毒品吞入腹中，并搭乘航班以体内运毒的方式将毒品运送到某地。到达目的地后，他开了一间房，将体内毒品排泄出体外。正当他庆幸自己的行为神不知鬼不觉时，第二天上午被当地民警抓获。最后，法院以运输毒品罪判处他有期徒刑 11 年，并处罚金人民币 3500 元。

所以，同学们一定要记住：不要追求刺激，不要对毒品感到好奇，不要盲目尝试毒品；不能盲目讲义气，不能为所谓的朋友而参与毒品犯

罪活动；不能通过毒品犯罪的途径赚取钱财；任何时候都要保持高度警惕，毒品碰不得。

四、防范校园欺凌、校园暴力

校园欺凌是现在大家高度关注的一个社会问题。2016年以来，我省检察机关办理的校园欺凌案件就有29件69人。到了检察机关的案件，都是情节严重、可能构成犯罪的，可以推测，情节没有那么严重，通过公安机关治安处罚、校规校纪处罚等方式处理的，就更多了。

那么，什么是校园欺凌呢？校园欺凌是指发生在学生之间，蓄意或恶意通过肢体、语言、网络等手段，实施欺负、侮辱造成伤害的行为。主要有三个特点：第一，通常是发生在校园内。第二，通常采取一定的行为，比如殴打、侮辱等。第三，给受害人造成身体、心理或精神上的伤害。常见的校园欺凌主要有四种形式：一是肢体伤害。有的同学仗着自己人高马大，或者想展示自己的力量，就随意地殴打同学，或者高年级的同学去殴打低年级的同学，等等。二是语言伤害。就是言语上的攻击，比如有些同学为了取乐，对其他同学冷嘲热讽、辱骂、取外号，等等。三是威胁恐吓。有的同学知道打人不对，就采取把人堵住、威胁、恐吓的方式欺负同学，有的还借机要点钱花，收保护费，等等。四是财产侵害。直接动手暴力夺取财物，比如想勒索同学的财物，有时候吓唬不住别人，或者别人不愿意给，情急之下就使用暴力，强迫对方把钱拿出来。

校园暴力是最严重的一种校园欺凌形式。校园暴力很容易演变为犯罪行为，刚刚讲到的检察机关办理的校园欺凌案件，实际上都属于校园暴力引发的犯罪案件。常见的发生在学生之间的校园暴力犯罪主要有：

故意伤害罪。故意伤害罪是指故意非法伤害他人身体、给他人造成轻伤以上伤害的行为。据统计，2016年至2018年，全省检察机关起诉未成年人中，涉嫌故意伤害罪是最多的，比例达到23%，接近四分之一。

根据我国刑法关于刑事责任年龄的规定：已满 16 周岁的人犯罪，应当负刑事责任；已满 14 周岁不满 16 周岁的人，犯故意杀人、故意伤害致人重伤或者死亡、强奸、抢劫、贩卖毒品、放火、爆炸、投放危险物质罪的，应负刑事责任。也就是说，年满 16 周岁的人应当为其故意伤害行为承担刑事责任；已满 14 周岁不满 16 周岁的，故意伤害致人重伤或死亡的，也要负刑事责任。比如，有这样一个案例：某中学学生焦某因与同学李某在 QQ 空间留言而发生矛盾，纠集其余三名同学"教训"李某，在男厕所中将李某殴打成重伤。这个案件，法院最终判决：焦某犯故意伤害罪，判处有期徒刑 4 年。其余三名同学也都判处了相应的刑罚。

抢劫罪。抢劫罪是指以非法占有为目的，以暴力胁迫或其他方法强行劫取公民财产的行为。这是校园暴力中的多发性犯罪。全省检察机关起诉的未成年人当中，抢劫罪的比例排在第二位，达到 20%。《刑法》第263 条规定，"以暴力、胁迫或者其他方法抢劫公私财物的，处三年以上十年以下有期徒刑，并处罚金"。

2014 年，有三名技校学生，由于其中一名把钱弄丢了，没钱吃饭又不敢告诉家长，晚上就结伙到海中初中部附近，用恐吓的方式分别对两名初中部学生进行抢劫，共抢到现金 300 多元和一部价值 400 多元的手机，被抓获后，三名涉罪学生认罪悔罪态度较好，分别对两名受害学生赔礼道歉、赔偿，并取得了对方的谅解，检察机关对这三名涉罪未成年人分别做出相对不诉的处理。

2015 年 3 月的一天，楚某来到某中学男生寝室，以语言威胁、恐吓等手段抢走贾某某现金 100 元；4 月的一天，楚某伙同两名同学在某中学男生寝室一楼楼梯间以手持甩棍和语言威胁、殴打及搜身等手段，抢走李某现金 114 元，陈某现金 14 元。接着，楚某等三人又到一个网吧对正在上网的该中学学生张某，采取木棒和语言威胁、搜身等手段抢走其现金 120 元。不久，楚某被抓，因犯抢劫罪被法院判处有期徒刑 6 年，并处罚金 2000 元，追缴赃款 348 元。

聚众斗殴罪。聚众斗殴罪是指聚集多人攻击对方身体或者相互攻击对方身体的行为，如学生之间为哥们出气进行报复而打群架等，便很容易构成此罪。《刑法》第292条规定，聚众斗殴的，对首要分子和其他积极参加的，处3年以下有期徒刑、拘役或者管制。有这样一个案例：

小亮和小洋二人因为在学校争篮球场打球发生口角。吵完之后，小亮觉得很没有面子，便向小洋下战书，而小洋此时也是憋了一口气，双方相约三天后在两人就读的中学门口一较高低。双方都找了自己的同学好友，当天共纠集了十几个人互相打斗，现场一片混乱，斗殴过程中，双方人员中均有受伤。最终，参与人员均被处以刑事处罚或校纪处罚。

敲诈勒索罪。敲诈勒索是指以非法占有为目的，实施暴力或其他损害造成威胁、强行勒索财物的行为。若勒索财物的数额较大，就构成敲诈勒索罪。这类犯罪行为，多表现为高年级学生敲诈勒索低年级学生，在校学生勾结校外人员以团伙形式敲诈勒索其他学生，或者学生内部自行组成帮会敲诈勒索其他学生财物的行为，也是一种常见的校园暴力。《刑法》第274条规定，"敲诈勒索公私财物，数额较大或者多次敲诈勒索的，处三年以下有期徒刑、拘役或者管制，并处或者单处罚金"。

除了这四个罪名外，校园暴力还有可能涉及故意杀人罪、过失致人重伤罪、过失致人死亡罪、侮辱罪等一些罪名。

如何防范校园欺凌、校园暴力呢？两个方面：一方面，每个同学都要避免成为校园欺凌、校园暴力的实施者。就是刚才前面讲到的，要有底线、不伤人。另一方面，每个同学都要学会自我保护。第一，人身安全永远是第一位的，遇到紧急情况，不要去激怒对方。顺从对方的话去说，从其言语中找出可插入话题，缓解气氛，分散对方注意力，同时获取信任，为自己争取时间。第二，要搞好人际关系，一个有广泛、良好人际关系的学生，经常都会和好朋友在一起就不容易成为勒索、敲诈和殴打的对象。第三，遇到暴力要沉着冷静，不要盲目反抗，在保证自己安全的前提下，寻找机会报警或逃脱，可向办公室、教室或保卫室跑，还要记住施暴者的相貌特征，及时报告警察、老师或家长。第四，衣着要俭朴，为人要低调，不在人前炫耀家庭的地位和财富，平时不要带太多现金，不要带一些贵重物品到校。

五、预防性侵害

近年来，未成年人特别是在校学生遭受性侵的事件频频在媒体上曝光，引起了全社会的广泛关注。2018 年 10 月，最高人民检察院针对儿童和学生的法治教育以及预防性侵教育缺位等问题，向教育部发出首份检察建议书，这是新中国检察历史上，最高人民检察院发出的第一份检察建议书，所以被称为"一号检察建议"。2018 年 11 月，最高人民检察院还发布了第 11 批指导性案例共 3 件，其中，有两件属于性侵未成年人案件。我们海南省检察机关对于打击性侵未成年人犯罪，向来都是坚决严惩的。2018 年 12 月，我也向主管教育的王路副省长递交了"一号检察建议"，并结合海南实际向省教育厅发出了"海南版"的"一号检察建议"。

下面，我和同学们交流今天的最后一个问题，主要讲讲怎么样认识和预防性侵。

第一，性侵的定义与表现方式。性侵是指加害者以威胁、暴力或者其他手段，引诱、胁迫他人与其发生性关系，或者在性方面造成受害人伤害的行为。通常，性侵的表现方式主要有三种：第一种方式就是，他人无必要却有意识地触碰你的隐私部位，比如抚摸、亲吻你的隐私部位，等等。什么是隐私部位？被内衣、内裤所遮盖的部位，就是隐私部位。第二种方式就是，别人让你触碰他的隐私部位或者第三人的隐私部位，这也属于性侵害。第三种方式就是，非身体接触的性侵，比如强迫你一起观看有裸露镜头的电影、视频，让你脱光衣服给你拍照，或者在网络聊天时，强迫你发裸体照片或者和他裸聊，等等，这些都是性侵。例如，最高人民检察院公布的一起指导性案例中，骆某通过网络聊天采取威胁恐吓方式强迫一名 13 岁的女童自拍裸体图片传给其观看，并以公布裸照威胁女童与其见面并开房，之后，骆某被抓获，并被法院以猥亵儿童罪

判处有期徒刑2年。

第二，如何预防性侵。在我们办理的未成年人被性侵的案件中，其实有很多性侵是可以避免的，但是，有的是因为被害人的疏忽，把自己置于了危险环境之中；有的是因为父母的粗心大意，没有及时发现孩子的异常，并提前采取措施，最终给犯罪分子有了可乘之机。接下来，我就跟大家讲一讲如何正确地预防性侵害。

对于同学们来讲，要牢记"一拒绝、二要、三不要"。什么是"一拒绝、二要、三不要"呢？"一拒绝"，就是对于不当的身体接触要勇敢地说"不"。"二要"，就是外出时要提前告诉家长你去哪里，和谁一起出去，什么时间返回，等等；外出或者上学放学路上要尽量结伴而行。"三不要"，就是不要与陌生人去偏僻的地方；不要搭陌生人的车；不要轻易接受陌生人的食品或者饮料。

对于家长来讲，要做到"二心"，即耐心倾听和细心观察。耐心倾听是指，平时要多和孩子沟通，耐心倾听孩子的诉说，有些时候，倾听可以尽早发现孩子所面临的危险，如孩子是否有早恋的倾向，是否结交不良网友，等等。细心观察包括，一是观察孩子的身体有没有一些变化，比如身上有一些伤痕，孩子是否突然出现没来由的生理不适，如肚子痛、厌食或暴饮暴食、便血。二是观察孩子的行为上有没有一些变化，比如出现要触摸自己或者其他孩子、成年人身体尤其是隐私部位的欲望；画一些特别的画，比如蛇。三是观察孩子的精神状态上的变化，比如，性格发生转变，突然变得不爱说话、沮丧、爱哭，甚至想自杀，不愿意和别人交流或从文静变得特别爱惹事，变得脾气暴躁、爱发脾气，明显表现出对他人的愤怒和侵犯，忽然害怕和父母亲热，等等。四是观察孩子其他的变化，比如突然多了很多零花钱；成绩突然下滑、不愿上学；不愿意出去，惧怕与其他人接触，或待在角落里，等等。

第三，如何面对性侵。遇到性侵时，同学们应该怎么办？如果是在有人的地方，一定要大声、清楚、勇敢、理直气壮地喊出来，"我不认识你，别碰我"，"我不认识他，请帮忙报警"，等等。这样做可以引起周围人的注意，寻求他们的帮助。如果是在没人的地方，要保持冷静，尽量想办法逃脱。如拒绝和适当反抗、编理由骗坏人、默默记住坏人的体貌特征等。

　　如果不幸遭受性侵害，我们应该怎么办？对于同学们来讲，首先，不要害怕，要把事情发生的经过，仔仔细细地告诉家长或者老师。其次，在家长或者老师的陪同下要尽快报警，要把坏人的体貌特征、事情的经过等情况详细地告诉警察。再次，被坏人侵害后，不要马上去洗澡或者清洗自己的衣物，这些都是最后能将坏人绳之以法的重要证据。最后，当你觉得，很伤心、很难过甚至是害怕的时候，可以寻求专业的心理老师来帮助我们。对于家长们来讲，首先，要详细询问、耐心倾听事情的经过。其次，告诉孩子这不是她（他）的错，爸爸妈妈仍然是爱她（他）的。再次，要及时报警、配合公安机关的侦查，有必要时，求助专业人士，对孩子进行心理疏导。最后，要注意保密，对于孩子遭受性侵的情况，一定要注意保护孩子的隐私，采取一切手段防止知情者的范围扩大，为孩子顺利走出阴影营造更有利的环境。

　　以上是今天和同学们交流的五个问题。最后，我想跟同学们说的是：青少年时期是一段非常富有幸福感的时期。新时代，是奋斗者的时代，也是你们年轻人的时代！希望同学们树立和坚守法治信仰，永葆纯真之心，刻苦学习、奋发向上、健康成长，努力做一名学法、知法、守法、用法的好公民，在不久的将来，为海南自贸区自贸港建设做贡献，为建设法治中国、实现全面依法治国做贡献！

做学法守法的小公民

重庆市人民检察院党组书记、检察长　贺恒扬

📖 授课情况

授课时间： 2018 年 9 月 21 日

授课地点： 重庆两江育才中学

授课对象： 学生 4000 余名

逻辑结构： 第一部分做守法的小公民，以一个真实的案例切入，循序渐进地讲述法的内涵、法律的含义及作用、目前法律的种类，重点讲述同学们身边的刑法，通过动画片来讲述同学们对法律认识上的误区，提出做守法小公民的四点建议。

第二部分做用法的小能手。以一个真实的案例切入，模拟四种同学们可能会遇到的危险境况，告诉同学们如何用法律来保护自己。

第三部分做传播法治的小喇叭。讲述法治的概念和法治国家的奋斗目标，号召同学们崇尚法治的精神，用法治的光辉激励自己的成长成才。

📗 目的效果

这堂课不仅要分享法律知识、传递法治观念，还要启发同学们树立学法用法的思维，引导同学们提高自我保护意识和能力。

🌐 部分新闻链接

1. 检察日报正义网 2018 年 9 月 21 日：《重庆市检察院检察长贺恒扬开讲"法治第一课"》

2. 东方网 2018 年 9 月 22 日：《重庆市检察院检察长贺恒扬开讲"法治第一课"》

3. 检察日报 2018 年 9 月 21 日：《大检察官开讲秋季法治第一课》

4. 中国普法网 2018 年 9 月 26 日：《普法故事 | 大检察官开讲秋季法治第一课》

5. 大众网 2018 年 9 月 21 日：《重庆市检察院检察长贺恒扬开讲"法治第一课"》

6. 中国财经观察网 2018 年 9 月 21 日：《为学生上法治课，提四点建议让其做守法小公民　贺恒扬受聘法治副校长》

7. 华龙网 2018 年 9 月 21 日：《检察长"变身"中学法治副校长 给学生上了一堂法治课》

8. 重庆长安网 2018 年 9 月 21 日：《重庆两江育才中学聘请贺恒扬为法治副校长》

授课讲稿

同学们：

上午好！

今天的法治课，想给大家讲三个方面的内容，一是如何做守法的小公民，二是如何做用法的小能手，三是如何做传播法治的小喇叭。在讲课中，我会提一些小问题，对于踊跃回答的同学，会赠送法治漫画书。

一、做守法的小公民

首先讲一个真实的案件。

小龙天资聪慧，是父母的骄傲。他4岁读书，仅用4年就读完了小学课程。16岁考上名牌大学，进入大学后，小龙迷上了编程，加入了一个黑客交流群。在他看来，做黑客很了不起，比电脑游戏好玩多了，很快就学会盗取他人的QQ号，以每个号码几十块钱的价格出售，在网上赚到第一桶金。后来，他又盗取银行账户信息盗刷100多张信用卡。

请问，小龙的行为违法了吗？哪位同学来说说？（学生发言略。）对，小龙的行为触犯我国《刑法》第177条之一，最后因窃取、非法提供信用卡信息罪被起诉、判刑。小龙的家人知道此事后，悲痛欲绝，父亲一夜白了头发，母亲天天以泪洗面，一个小天才就这样变成了少年犯，让我们非常痛心。这个案件告诉我们，不遵守法律会害人害己，走向犯罪道路，让家人伤心，也让自己的人生变得灰暗。因此，我们必须做一个守法的小公民。

可能有同学有疑问了，什么是法律，什么又是公民？有同学能回答吗？我先回答第一个问题，什么是法律。我们来看看"法"字的古体如何书写。

法的古体字如图，写作"灋（fǎ）"，东汉许慎所著《说文解字》解

释这个字是："灋，刑也，平之若水，从水；廌（zhì），所以触不直者去之，从去"，这句话是什么意思呢？同学们看，"灋"由氵、廌、去三部分组成。"氵"代表"平之若水"，意为"公平"，公平一直是中国关于法的制定与运用的最基本的价值观念与价值评价标准，所以"公平"是法的第一层内涵；"廌"，是中国古代传说中的独角神兽，它生性正直，有着明辨是非、判断曲直的神性，在人们相互间发生纠纷时，就由其裁决，廌用其独角"触不直者"，被触者即为"败诉"。将廌纳入法的范畴，赋予了法正直而无偏颇的价值，因此，"正直"是法的第二层内涵；最后还剩下一个"去"字，"去"即"弃""逐"，有"处罚""制裁"的意思，说明了法"惩恶扬善"的第三层内涵。

了解了"法"字的内涵，我们再来看什么是法律。法律，通常是指由立法机关制定、社会认可、国家确认的行为规则，并由国家强制力（主要是司法机关，如检察院、法院，也包括军队、警察、监狱等）保证实施的，以规定当事人权利和义务为内容的，对全体社会成员具有普遍约束力的一种特殊行为规范。那么，法律有哪些作用呢？请看屏幕。

第一，明示作用。人们能够知道哪些行为是法律允许可以做的，哪些行为是法律禁止不可以做的，既能依法行使自己的权利，又能够避免违反法律。比如，我国民法总则规定，自然人的个人信息受法律保护。这就告诉我们不要对他人进行非法"人肉搜索"，更不要非法散布、买卖他人个人信息，自己个人信息受到非法侵害时也可以用法律来维权。人们可以依据法律规定，去判断、衡量他人的行为是否合法。

第二，矫正作用。通过法律的强制执行力来校正社会行为中所出现的一些偏离了法律轨道的不法行为，使之回归到正常的法律轨道。比如，刚才讲到的小龙的案件，我们对小龙进行的监禁刑的强制改造，使其违法行为得到了强制性的矫正。

第三，预防作用。法律通过肯定、维护合法行为，惩治违法行为，从而对人们产生教育、预防作用。比如，同学们通过各种媒体了解到一些案例，就知道哪些行为法律会绝对禁止，千万不能为。法律不仅对违法者本人起到警示、警戒的作用，也对一般人产生了预防性的教育。

当然，法律的最终作用是维护社会秩序，保障社会群众的人身安全与利益。

接下来回答第二个问题，什么是公民？宪法规定：凡具有中华人民共和国国籍的人都是中华人民共和国的公民。公民享有宪法和法律规定的权利，同时必须履行宪法和法律规定的义务。中华人民共和国公民在法律面前一律平等。同学们知道中国的法律到底有多少种吗？可以大胆猜测一下。

我国目前已形成了以宪法为统帅，以法律为主干，以行政法规、地方性法规为重要组成部分的多层级法律体系，宪法和有效法律共 240 多部、行政法规 700 多部、地方性法规 8600 多部，包含了我们经常会用到的民商法、行政法、经济法、刑法、诉讼法等，可以说，在我们的工作学习生活中，法无处不在。其中有一部最为严厉的法律，同学们知道是什么法吗？我在刚才的小故事里面提过的。（学生发言略。）

对！就是刑法，刑法明确了哪些行为是犯罪，犯罪之后应当承担什么刑事责任，同学们不要觉得刑法离我们很遥远，未成年人只要达到刑事责任年龄，年满 14 周岁，都可能触犯刑法，刚才讲到的小龙就是这样一个例子。那么在平时的学习和生活中，我们怎么做到远离犯罪，遵守法律呢？我想先问问同学们，我们身边看到的哪些行为是违法的？

根据同学们提到的这个违法行为，以及我们办案总结的，常见的未成年人犯罪有这几类：

第一类，小偷小摸的盗窃行为。盗窃是最古老的侵犯财产的犯罪。根据《刑法》第 264 条规定，以非法占有为目的，盗窃公私财物数额较大或者多次盗窃、入户盗窃、携带凶器盗窃、扒窃公私财物的行为，都叫盗窃。

第二类，同学之间的打斗、欺凌行为。这类行为也被我们叫作校园暴力行为。校园暴力行为可能构成寻衅滋事罪、抢劫罪、故意伤害罪、聚众斗殴罪等。有这样一个真实的案例：

高一学生小高与小王因打水发生了言语冲突，第二天，两人在楼道偶遇，小高便与同学一起把小王推进厕所进行殴打。小王回到家后，被巨大的恐惧包围着，晚上睡着了也会梦到自己被小高欺负。左思右想，他决定带一把水果刀壮胆。有一天课间，小高迎面走来，小王浑身汗毛都竖起来了，就用随身携带的水果刀刺向了小高的腹部，导致其脾脏破裂，经鉴定为重伤。根据《刑法》第234条，法院以故意伤害罪判处小王有期徒刑3年。

同学们，殴打同学是故意伤害行为，如果致人死亡或用特别残忍手段致人重伤或残疾的，要被判处10年以上有期徒刑、无期徒刑，如果是成年人，还可能被判处死刑。通过这个案件，我们看到校园暴力行为没有赢家，小高一贯欺凌同学，没有想到自己最终也受到了伤害，小王一时冲动，自己也受到了法律的制裁。

第三类，侮辱同学的行为。有这样一个真实的案例，在职业中学读书的小月与小娇是同班同学，因小月认为小娇老是在背后说她的坏话，心中非常记恨。于是小月伙同另外三名女同学在学校宿舍，采取扇耳光、脱光衣服等手段侮辱小娇。在场的其他女生使用手机拍照、录制整个殴打、侮辱过程，并将视频发到班级的QQ群。小月等人的行为已构成强制侮辱罪，主犯小月最终被判处有期徒刑2年3个月。

同学之间本应相互帮助、相互爱护，共同为理想而努力奋斗。小月却因闲言碎语，采取极端手段，侮辱同窗同学，最后害了自己，着实令人痛心。

除此之外，我们在学习和生活中对法律还有一些认识上的误区，下面通过一段动画片来了解。（播放动画视频《对法律认识上的六大误区》，约4分钟。）

同学们，大家一定要记住，社会没有法外之地，无论什么人、无论在哪里都要遵守法律，遵守规矩，践踏法律、破坏规矩必将受到法律惩罚。如何做一个守法的小公民呢？我给大家四点建议：

第一，要学好法律知识。法国著名哲学家卢梭讲到，"一切法律之中最重要的法律，既不是刻在大理石上，也不是刻在铜表上，而是铭刻在公民的内心里"。同学们作为祖国的小公民，学习法律一定要入脑入心，灵活掌握。

第二，要约束好自己的行为。知道了哪些行为是违法的，就要时时对照自己的行为是否跨越了法律的边界。

第三，要学会控制情绪。我们要做生活的强者，就要学会管理自己的情绪，做情绪的主人。当生气时，心情不好时，可向家人朋友倾诉，可以多看看书，约同学打打球，要尽可能地转移注意力，让自己冷静下来。

第四，不要听信别人的怂恿。自己除了遵守法律外，也要注意不要被违法行动牵连，不要听信不怀好心的人的挑唆和诱惑，不要一时冲动，对于处理不了的事要请教老师、家长或信任的同学。我们在办案中发现，从事非法传销、贩毒、赌博、恶意校园贷款的犯罪分子都看好单纯的学生市场，除了拉拢少数学生帮自己从事违法行为，大部分受牵连的学生最后都成了受害者。

二、做用法的小能手

继续给大家分享一个案例，请看视频：

一天，初中生小亮在放学路上被三个社会上混的大孩子拦住要钱。当时，小亮身上除了几十元现金外，还有一部妈妈刚给他买的新手机，开始小亮怎么也不肯交出新手机，对方扬言，如果不交出手机，就要暴打他一顿，小亮只好把身上的财物都给了他们。三个大孩子准备离开时，小亮灵机一动，说："大哥，能不能留个电话给我？"他们以为小亮想报警，准备再教训教训他，小亮连忙说："大哥，你们这么厉害，以后要是有人欺负我，我可不可以找你们帮我出气呢？"三个大孩子觉得小亮很上道，于是将真实姓名和电话留给了他。小亮回家后，立即把此事告诉父母说："爸爸妈妈，我被别人抢了手机和钱，这是违法行为，我们赶紧去报警吧！"在父母陪同下，小亮报了警，警察根据他提供的信息资料

很快抓获三人，让他们受到了应有的刑事惩罚。（结合视频播放。）

同学们，你们觉得小亮做得对不对？为什么？（学生发言略。）

大家回答得很好，我来总结下。小亮是用法的小能手。

第一，他首先保护好了自己的人身安全，在对方人多势众的情况下，采取缓兵之计，放弃自己的财物，没有情绪激动就跟对方"拼了"。

第二，他积极寻求法律途径解决问题，自觉运用法律的武器维护自己的合法权益。他能清楚辨别这是违法行为，并且不惧怕对方的警告，及时告诉了家长，并在家长陪同下报案，避免了自己再次被伤害，而不是一味忍让，助长坏人的嚣张气焰。

第三，他用自己的聪明头脑，主动抵制破坏法律和秩序的行为。比如，牢牢记住坏人的姓名、电话和样貌特征，帮助警察快速破案，这样也避免别的同学被抢钱的可能性，维护了校园周边的良好秩序。

下面我要来考考大家，看看哪些同学是用法的小能手，如果遇到下面这些情况，你们会怎么办呢？

问题一：班上有个同学偷了你的零花钱，你们会怎么办呢？

正确的做法是：如果丢的数额不大，建议不要声张，私下报告老师，让老师处理。如果数额巨大，在告诉老师的同时在家长陪同下报警。此外，贵重的钱物请随身带或锁起来。

问题二：最好的朋友被人欺负，约你去帮他把面子找回来，你们会怎么办呢？

正确的做法是：陪同朋友一起去告诉老师或家长，而不是同意帮他去找面子，避免双方情绪激动引起不必要的纠纷，酿成恶性流血事件，严重的还会被追究刑事责任。如果朋友依然觉得很委屈，可以陪他去学校的心理辅导室倾诉，或是陪他去运动，释放心理负担。

问题三：同学约你一起去抢点钱到网吧玩游戏，你们会怎么办呢？

正确的做法是：严厉拒绝，并且告诉同学，抢钱是违法行为，未成年人禁止出入网吧，玩网络游戏要适度，暴力、色情游戏不能玩。同学们，检察机关在办案中发现，很多未成年人因为网瘾影响身体健康和学业进步，因为接触网络中的消极信息而滋生不良心理和行为，甚至违法犯罪。

小俊本来学习成绩名列前茅。上初二时，为了让他更好地学习，爸爸给他买了一台电脑，他从此迷上了网络游戏，不能自拔。父母发现后非常生气，砸了他的电脑。家里不能上网，他就用大人的身份证到网吧去玩。刚开始，他将自己的早点钱节省下来当作上网费，但时间久了，这点钱根本满足不了上网的开销。后来，在网友的怂恿下，小俊伙同他人抢钱上网，最终被法院判处有期徒刑5年。

因此，同学们要注意以下几点：

第一，上网有节制，避免游戏成瘾，对网络产生过度的情感依赖。

第二，未成年人禁止出入网吧，《未成年人保护法》第36条规定，营业性歌舞娱乐场所、互联网上网服务营业场所等不适宜未成年人活动的场所，不得允许未成年人进入；对难以判明是否已成年的，应当要求其出示身份证件。

第三，要依法安全文明上网。严格遵守各项法律法规，规范网络言行，不做危害网络安全和网络秩序的违法犯罪行为。

第四，加强自我保护意识，不轻易泄露个人信息和隐私，不轻易相信网上陌生人，因为一个自称是美女或者帅哥的人，可能就是凶险的犯罪分子。

问题四：隔壁邻居叔叔总是邀请你去他家看电视、玩手机，有时还对你动手动脚，你们会怎么办呢？

由于父母工作忙，下班比较晚，初一学生小丽放学后，邻居叔叔经常邀请她去家里看电视，还给她玩手机、买零食。渐渐的，邻居叔叔经常摸小丽的头发，说她长得漂亮，说一些轻浮的语言，还开始对她动手动脚，摸她的脸和腰。小丽觉得叔叔有点出格，但并没有意识到问题的严重性。终于有一天，邻居叔叔将毒手伸向了这个小女孩，并威胁她不准告诉父母。直到小丽渐渐"发胖"的身体引起了母亲注意，带到医院检查时，她已经怀孕8个月，邻居叔叔因涉嫌强奸罪被判处有期徒刑12年。

坏人虽然得到了法律的制裁，但小丽身心遭受的损害却永远难以修

复。如何让自己免遭性侵害，请大家记住以下几点：

第一，行踪透明。外出一定要告知父母，并留下时刻畅通的联系方式，出行路线要避开荒僻和陌生的地方，出行时间最好不要选择清晨和夜晚。

第二，拒绝诱惑。没有父母在场并许可，绝不接受他人财物，不搭别人便车，不随便去别人家里玩。赠送礼物、假装陪玩游戏、邀请搭便车、帮你补课等，可能都是犯罪分子常用伎俩。

第三，避免独处。不要与异性长期单独接触。这里的异性不仅仅指陌生人，还包括同学、邻居、老师、父母的朋友等熟人。

第四，学会求助。同学们记住，任何人的任何行为，只要让你的身体感到痛或是不舒服，就要立刻反抗，即使是认识的熟人，我们都要勇敢地说"不"！逃离到安全的地方后，及时告诉父母或可以信赖的成年人。拨打110报警，检查身体，保留证据，记住坏人的体貌特征，用法律的武器保护自己。

经过前面的讲解，相信同学们对学法、守法、用法都有了一些感受，我给大家总结成一句话：守法，法似一盏明灯；用法，法如一面坚盾；违法，法如一把利剑；智者以法护身，愚人以身试法。

有一则《河水和河岸》的寓言故事：

河水认为河岸限制了自由，一气之下冲出了河岸，涌上原野，吞没了房舍与庄稼，于是给人类带来了巨大的灾难，它自己也由于蒸发和大地吸收而干涸了。河水在河里能掀起巨浪，而它冲决河岸以后，不仅毁了自己还对人类造成了灾难。

为什么寻求自由的河水最终又失去自由呢？那是因为它寻求的那种无拘无束的、绝对的自由是不存在的。真正的自由是什么？从内在看，是能够控制自己生活和学习的能力，从外在看，真正的自由需要规则的约束。一个班级要取得好的成绩，要遵守规则。同理，一个国家要长治久安，必须要有秩序和规则，无规矩不成方圆，无制度则无国家。这，就是法律存在和运作的意义所在，也是同学们要学好法、守好法、用好法的意义所在。

三、做传播法治的小喇叭

什么是法治，法治是否等同于法律？法治和法律这是两个不同的概念，所谓"法治"，是充分发挥法的作用，用法律的准绳去衡量、规范、引导社会生活。"法治"是一个永恒的主题。习近平总书记多次在讲话中引用战国韩非的一句话："国无常强，无常弱。奉法者强，则国强，奉法者弱，则国弱。"意思就是国家不会永远富强，也不会长久贫弱。执行法令的人坚决，国家就会富强；执行法令的人软弱，国家就会贫弱。古希腊著名思想家亚里士多德也说"法律就是秩序，有良好的法律才有好的秩序"。

一个现代国家，必须是一个法治国家；国家要走向现代化，必须走向法治化。因此，习近平总书记指出："法治兴则国家兴，法治衰则国家乱。什么时候重视法治、法治昌明，什么时候就国泰民安；什么时候忽视法治、法治松弛，什么时候就国乱民怨。"因此，党的十八大以来，以习近平同志为核心的党中央把全面推进依法治国确立为"四个全面"战略布局之一，目标是建设社会主义法治体系，建设社会主义法治国家。

国家兴亡，匹夫有责。同学们，你们是国家兴盛，祖国繁荣的希望，是实现中华民族伟大复兴中国梦的践行者、推动者。同学们一定要从我做起，从小做起，既要懂法、守法、会用法，更要信仰法治，做传播法治的小喇叭。请问同学们，你们打算怎样传播法治呢？

中国法治进程的推进，需要国家层面法治建设的引领，更离不开我们每一个普通人"自下而上"的努力——当遵纪守法成为一种自觉，当依法办事成为一种自然，每个社会个体就会汇聚成传播法治的不竭源泉。中学生们具体可以做些什么？我们要告诉爷爷奶奶，不要轻信骗子的话，轻易拿出自己积攒多年的养老钱，发现被骗要及时报警；我们要告诉在外工作的爸爸妈妈，既要防止被坏人骗掉血汗钱，也不要尝试用违法犯罪的行为去挣钱，一定要平平安安地回家团聚；我们要严厉阻止身边的同学一味追求"拜金主义""享乐主义"以及低级趣味的消极文化，帮助同学提高辨别是非和自我保护的能力；我们要有崇尚法治的精神，用法治的光辉激励自己的成长成才。

著名作家柳青曾说过："人生的道路虽然漫长，但紧要处常常只有几步，特别是当人年轻的时候。"同学们，青春是美好而充满激情的，人生之路有坦途也有陡坡，有平川也有险滩，有直路也有弯路。在年轻的时候，一定要树立正确的世界观、人生观、价值观，当遇到过不去的坎时，多想想法律，多想想是非、对错，切不可因为一时冲动，走错了关键的一步，追悔莫及。愿每个同学，都能做坚守正义的人，崇尚公平的人，信仰法律的人。愿法治精神在你们的手中薪火相传，愿中华民族伟大复兴之中国梦在你们心中生生不息！

今天的课就讲到这里。我给同学们还准备了一个《未成年人学法用法三字经》，我们来一起诵读：

新时代，新少年，学法律，讲规则；

不盗抢，不伤人，知对错，守礼仪；

尊师长，爱同学，黄赌毒，碰不得；

有纠纷，要冷静，找老师，找家长；

遇欺凌，会周旋，巧脱身，求帮助；

爱朋友，要劝导，不滋事，不打架；

被伤害，莫慌张，110，要记牢；

远游戏，亲书籍，少上网，多思考；

骗术多，莫轻信，网上人，戴面具；

女同学，多防范，不独行，早回家；

勿贪利，勿上当，护身体，免侵害；

控罪犯，不害怕，有"莎姐"，守护你；

法似矩，必循律，守公平，扬正义；

少年强，中国强，民族兴，我自强！

弘扬法治精神　维护宪法权威
做社会主义法治的崇尚者遵守者捍卫者

四川省人民检察院党组书记、检察长　冯　键

📖 授课情况

授课时间： 2018 年 12 月 4 日

授课地点： 成都市第七中学

授课对象： 高中学生 700 人

逻辑结构： 从国家宪法日谈起，围绕宪法内容、遵纪守法理念、优良品质塑造等方面，结合案事例与在场同学分享了三点体会。一是信仰法律。从法律的定义、法律与其他行为规范的区别、宪法主要内容、宪法实施等方面，强调要学法懂法、尊崇恪守宪法。二是崇尚法治，回溯了世界法治发展进程，法治四个关键环节，介绍了检察院的主要职能，并重点介绍了四川未成年人检察工作发展情况。三是与法同行，鼓励同学们从树立规则意识，学会用法律维护自己的权益，积极投身力所能及的普法宣传行动中等方面，发自内心去遵守、践行法律，并希望同学们在当下和未来都与法同行，在人生的蓝图上书写中国的未来，铸就中华民族的辉煌复兴。在课堂互动环节，冯键检察长耐心为学生们答疑解惑，完成知识点的巩固、强化，培养学生的宪法素养，以宪法为行为准则，做尊崇宪法的好学生、好公民。

目的效果

　　宪法是国家的根本法，是治国安邦的总章程，是党和人民意志的集中体现，具有最高的法律地位、法律权威和法律效力。全面依法治国的核心就是依宪治国，中学生作为祖国的未来和希望，在依法治国的进程中担当着学法、懂法、守法、用法的主体力量。通过在"国家宪法日"这个重要的节点向同学们讲授法治课，在扣好青少年人生成长第一粒"法治扣"的同时，也把法治精神像种种子一样深植于每位同学的心中，铭记于脑海，践行于实际。

部分新闻链接

　　1.检察日报2018年12月5日:《四川省检察院党组书记、检察长冯键来到成都市第七中学讲授法治课》

　　2.人民网2018年12月6日:《检察官担任法治副校长需承担7项职责》

　　3.中青网2018年12月6日:《四川:检察官担任法治副校长需承担7项职责》

　　4.中国新闻网2018年12月5日:《大检察官担任成都七中法治副校长 帮助学生树立法治意识》

　　5.检察日报正义网2018年12月4日:《四川省检察院检察长进校园为学生讲授法治课》

　　6.搜狐网2018年12月4日:《看！成都校园里迎来一位大检察官法治副校长》

　　7.四川日报2018年12月6日:《四川:检察官担任法治副校长需承担7项职责》

授课讲稿

各位同学、各位老师：

大家下午好！

刚刚我从易国栋校长手中接过法治副校长的聘书，一位同学给我带上了成都七中的校徽。七中不仅是历史悠久的百年名校，也是成都首屈一指的精英学府，培养出了许多杰出人才和行业的领军人物，能够成为七中的一员，我感到非常高兴，非常荣幸。1985 年，我从安徽师大毕业前夕，曾在芜湖市二中实习过一个月，教初中二年级政治课。30 多年后重登中学讲台，找回了尘封多年的记忆。

今天是个特别的日子。为什么特别？因为今天是第五个国家宪法日。我国现行宪法是 1982 年 12 月 4 日公布施行的。因此，全国人民代表大会常务委员会在 2014 年就决定将每年的 12 月 4 日设立为国家宪法日。今天，我们一起来学习宪法、学习法律，就是希望同学们在这个特别的日子，把法治精神像种种子一样深植于心中，铭记于脑海，践行于实际。

法律的生命在于实施。法律制定了，并不代表它能自动发挥作用。我们不了解它、不遵守它，就是一纸空文。习近平总书记讲，人民权益要靠法律保障，法律权威要靠人民维护。我们每一位公民包括同学们，都应该参与进来成为学法、懂法、守法、用法的主体，为全面依法治国，推进法治建设，贡献我们每一个人的力量。今天，围绕学法、懂法、守法、用法，做社会主义法治的崇尚者、遵守者、捍卫者，我想和同学们做一个交流，分享三个自己的体会，就是：信仰法律、崇尚法治、与法同行。

一、信仰法律

（一）信仰法律，要学法懂法

法律是什么？法律就是由国家强制力保证实施的行为规范。人是有

社会属性的高级动物，但人类社会与自然界的动物有本质区别。自然界动物生存法则是：弱肉强食、适者生存。人类社会尽管也是由单个的人组成的社会，与自然界不同的是还有家庭、学校、单位这样的社会组织。全世界现有 70 多亿人口，中国有 13 亿人。人与人之间要有共同遵守的行为规范，这就是法律。没有这些共同的行为规范，就没有稳定、安全、有序的社会环境。

讲到行为规范，人们的行为规范包括道德、纪律和法律。道德规范是在社会生活中逐渐形成的，比如，社会主义核心价值观分为国家、社会、个人三个层面，其中，个人层面的基本内容（倡导爱国、敬业、诚信、友善）涵盖社会道德生活的各个领域，是公民必须恪守的基本道德准则。作为道德规范，还有我们的家规家风。我们从记事起，父母就教我们应该怎样尊重长者，怎样友爱自己的同学，应该诚实守信，应该爱劳动等，这是家规家风。家规家风是以家庭为范围的道德教育形式，是我们中华道德文化传承的一种方式。纪律是社会团体为维护团体利益，保证工作正常进行而制定的，要求这个团体的成员共同遵守的规章制度。我们正在受约束的校规校纪就是纪律。每一个学校都有自己的章程，都有自己的规范，我们七中的校规恐怕更为严谨、科学。

那么同样作为行为规范，法律和它们有什么区别？与道德、纪律等行为规范相比，法律具有三个显著特征：一是法律是由国家制定或认可的。大家都知道，道德是约定俗成、自然形成的，纪律是某个单位或团体制定的，而法律是由享有立法权的立法机关依照《中华人民共和国立法法》的规定制定、修改并颁布。中国最高立法机关是全国人民代表大会及其常委会。二是法律是靠国家强制力保证实施的。也就是说约束力不一样。大家受家长训斥，这就是家规的约束力。违反校规校纪最严厉的，恐怕就是你不要再做我们这个学校的学生了，或者是留校察看。社会主义核心价值观，是倡导，如果没有做到，那么也仅仅是批评、社会的谴责，这就是不同的约束力。法律的约束力最强，是靠国家的强制力。国家的强制力是什么？军队、警察、法庭、监狱。这些听起来似乎只和刑事犯罪有关系。其实不然。如果是民事纠纷，欠债不还钱，被告上法庭，法庭判决事实清楚，证据充分，应该还人家钱。法庭判了以后，如果仍然不还，而且确实有财产，法院掌握了就可以强制执行。我们从电视、网络上常常能看到关于强制执行的报道，如把"老赖"纳入央行的征信系统、限制高消费等措施。限制高消费包括乘坐交通工具时不能选择飞机、列车软卧、轮船二等以上舱位，不能乘坐高铁全部座位、其他动车一等以上座位等。这些都是国家的规定，相关的公司、企业、机关都要遵照执行，这就是国家强制力的威力和它的效力。三是法律对全体社会成员具有普遍约束力。这是指约束的范围不同。家规只能管住自己的家庭成员。我们七中的校纪对四中的和九中的学生就没有约束力。如果他们的同学到我们学校里面活动，触犯了我们的校纪，我们可以转给相应的学校，按照他们的校纪处理。而法律约束的是全体社会成员。

（二）信仰法律，要尊崇恪守宪法

现代国家法律的最高形式是宪法。宪法是国家的根本法，具有最高的法律效力。

同学们知道"绝对词"的概念吧？绝对词是指在句子中不容否定的词，例如"全部""所有""一切"等这样的词都是绝对词。

《宪法》第 5 条规定："中华人民共和国实行依法治国，建设社会主义法治国家。国家维护社会主义法制的统一和尊严。一切法律、行政法规和地方性法规都不得同宪法相抵触。一切国家机关和武装力量、各政党和各社会团体、各企业事业组织都必须遵守宪法和法律。一切违反宪法和法律的行为，必须予以追究。任何组织或者个人都不得有超越宪法和法律的特权。"我们可以一起来数一数，一共有多少个绝对词。没错，在短短的 100 多个字中就出现了 8 个绝对词，这在所有的法律规定中都是很少见的。为什么会出现这样的情况呢？因为，宪法是我们国家的根本法，是治国安邦的总章程，具有最高的法律地位、法律权威、法律效力。

　　可能有人觉得，宪法离我们的生活很远。同学们觉得呢？孙中山曾说："宪法者，政府之构成法，人民之保证书也。"同学们都知道，我国现行宪法进行了5次修正，2018年3月修正后的《宪法》有143条。序言主要简述了我国的斗争历史，记载了20世纪以来在中国发生的伟大历史变革，明确了国家今后的总任务，对我国的阶级斗争问题进行了分析并提出了处理的原则，对台湾问题、统一战线和政治协商制度、民族问题、对外政策的基本原则和方针也进行了阐述。一至四章规定了国家的基本制度、公民的基本权利和义务、国家机构、国旗和国歌等重要内容，涉及我们生活的各个方面。这些是我们作为一位中国公民都必须了解和遵守的。

　　首先，我们一起来学习一下宪法的主要内容：一是国家的领导核心力量和指导思想。我国宪法明确规定中国共产党在国家政治和社会生活中的领导地位，明确中国共产党领导是中国特色社会主义最本质的特征，马克思列宁主义、毛泽东思想、邓小平理论、"三个代表"重要思想、科学发展观、习近平新时代中国特色社会主义思想是党和人民团结奋斗的行动指南和共同思想基础。二是社会主义根本制度。我国宪法明确社会主义制度是中华人民共和国的根本制度。禁止任何组织或者个人破坏社会主义制度。宪法对国家各方面制度，都确定为社会主义性质，或者以社会主义为原则、为导向。如《宪法》第5条规定，中华人民共和国实行依法治国，建设社会主义法治国家。第15条规定，国家实行社会主义市场经济。第24条规定，国家倡导社会主义核心价值观。"社会主义"这一概念，在我国宪法中，前后出现50次，规定的内容涉及国家和社会生活的方方面面。三是人民代表大会制度。人民代表大会制度是我国的政权组织形式。人民代表大会制度在国家政治制度中具有根本性质，在国家政权组织体系中具有根本地位。因而，我们经常说，人民代表大会制度是我国的根本政治制度。四是国家大政方针。党和国家在改革开放和社会主义现代化建设历史新时期的重大理论观点和重大方针政策，实行的一系列重要制度、原则和活动准则，比较集中地规定在《宪法》序言、第一章和第二章中。五是公民基本权利和义务。这是宪法的核心内容。我国《宪法》第二章中规定的公民的基本权利，主要有：公民在法律面前一律平等，选举权和被选举权，言论、出版、集会、结社、游行、示威的自由，宗教信仰自由，人身自由，人格尊严不受侵犯，住宅不受侵犯，通信自由和通信秘密，批评、建议、申诉、控告、检举和获得国家赔偿的权利，劳动权，劳动者休息权，物质帮助权，残疾军人生活保障，抚恤烈属，优待军属，帮助残疾人，科研、文艺等文化活动自由，保护妇女权利，禁止破坏婚姻自由，保护婚姻、家庭、母亲、儿童和老年人，保护华侨、归侨、侨眷合法权益等。同时，大家还需要了解的是，我国宪法坚持权利义务相一致原则，也就是说公民的权利和自由不是绝对的，在法定范围内，受现实社会条件的约束和具体法律关系的调整。比如，规定公民享有宪法和法律规定的权利，同时必须履行宪法和法律规定的义务；规定公民行使自由和权利，不得损害国家、社会、集体和其他公民的合法自由和权利；规定既为权利又为义务，如公民有劳动的权利和义务、有受教育的权利和义务等。

其次，宪法的生命在于实施，宪法的权威也在于实施。可能有人觉得，宪法的规定比较抽象，怎么去实施？我们讲依法治国，而依法治国的核心就是依宪治国。立法机关通过立法来实施，因为宪法是根本法，是制定其他法律的依据。各级机关根据宪法的授权，从事行政管理、执法等活动。那么我们公民呢？宪法是我们根本的活动准则。宪法规定涵盖政治、经济、社会、文化等各个领域，甚至计划生育、植树造林、推广普通话等活动，都是一种实施宪法的行为。比如，我们到学校接受教育，因为宪法明确规定公民有受教育的权利和义务。我们享有一项重要权利私有财产权，因为《宪法》第13条明确了公民的合法的私有财产不受侵犯。我们满了18岁以后可以投票选举不设区的市、市辖区、县、自治县、乡、民族乡、镇的人民代表大会的代表，也可以被提名为候选人，因为《宪法》第34条规定年满18周岁的公民不分民族、种族、性别、职业、家庭出身、宗教信仰、教育程度、财产状况、居住期限，都有选举权和被选举权，但是依照法律被剥夺政治权利的人除外。再比如，宪法规定，中华人民共和国国歌是《义勇军进行曲》。那么所有公民都应当尊重国歌，维护国歌尊严。2018 年 10 月份，网红杨某在某直播平台上戏唱《义勇军进行曲》，篡改曲谱，并作为自己所谓"网络音乐会"的"开幕曲"。她这种有辱国歌尊严的行为就是违法的。根据《中华人民共和国国歌法》，杨某被行政拘留 5 天。所以说，我们时时刻刻受宪法保护，我们每天的生活、工作都要遵守宪法。宪法规定了宪法宣誓制度，各级人民代表大会及县级以上各级人民代表大会常务委员会选举或者决定任命的国家工作人员，以及各级政府、监察委员会、法院、检察院任命的国家工作人员，在就职时应当公开进行宪法宣誓，也是为了让我们尊崇宪法、遵守宪法、维护宪法。

二、崇尚法治

当今世界，许多国家欣赏和羡慕"中国之治"：经济快速稳定发展和社会安定团结。正是因为有了一个稳定、安全、有序的社会环境，经济才能快速发展，人民幸福感、满足感日益提高。要维持这样的环境，就必须依靠法治。法治也是当今世界各国普遍选择和遵循的一种治国方式和执政理念，是任何一个国家走向现代文明的必经之路。现代社会每一个人都要受规则的制约。"规则之治"已经被现代国家普遍接受。较高的行为规则是道德、纪律，而最低的行为准则则是法律，尤其是刑事法律，可以说这是人类行为的底线。

大家都听说过这样一句话：少年强则国强。历史和现实告诉我们，法治兴则国兴，法治强则国强。

从我国古代看，凡属盛世都是法制相对健全的时期。春秋战国时期，法家主张"以法而治"，商鞅强调"法必明、令必行"，使秦国迅速跻身强国之列，最终促进了秦始皇统一六国。汉高祖刘邦同关中百姓"约法三章"，为其一统天下发挥了重要作用。汉武帝时形成的汉律 60 篇，两汉沿用近 400 年。唐太宗以奉法为治国之重，一部《贞观律》成就了"贞观之治"，之后《唐律疏议》为大唐盛世奠定了法律基石。

中国古代县衙里通常有两道匾，第一道在刑事审判的地方，挂在县太爷的头顶上，内容是"明镜高悬"，告诉被告人要如实供述；第二道在民事审判的地方，挂在被告人头上，是写给断案人看的，6 个大字"天理国法人情"，这是中国古代司法的基本原则，维持了两千多年的统治。

从世界历史看，国家强盛往往同法治相伴而生。3000 多年前，古巴比伦国王汉谟拉比即位后，统一全国法令，制定人类历史上第一部成文法《汉谟拉比法典》，并将法典条文刻于石柱，由此推动古巴比伦王国进入上古两河流域的全盛时代。德国著名法学家耶林说，罗马帝国三次征服世界，第一次靠武力，第二次靠宗教，第三次靠法律。武力因罗马帝国灭亡而消亡，宗教随民众思想觉悟的提高、科学的发展而缩小了影响，唯有法律征服世界是最为持久的征服。

法治，就是依法治国，依据法律治理国家。依法治国，建设社会主义法治国家，是 1997 年中国共产党第十五次全国代表大会正式提出的。两年以后，写入宪法，成为重要的宪法原则。依法治国首先要做到让人们遵守法律底线。只有这样，社会才会安全，经济活动、个人活动、各种生活学习工作才会有序。所以说，法治是每一个普通公民的安全法，是现代文明社会的最低标准。建设社会主义法治国家，必须厉行法治、崇尚法治。法治是人类历史的基本共识。

（一）法治的四个关键环节

法治的四个环节包括科学立法、严格执法、公正司法和全民守法。立法，就是要科学立法、民主立法、有法可依。在我们国家有立法权的，是全国人民代表大会及其常委会。还包括国务院和国务院的各个部委制定行政法规、行政规章，也包括省一级的人民代表大会及其常委会，以及授予立法权的计划单列市。这是立法的环节。立法是在分配国家的公平正义，把公平正义分配给不同的社会群体，让大家都愿意、都能接受。

如个税起征点的修改。执法就是依照法律规定，有执法权的机关和人员履行国家法律，管理规制社会的行为。执法是在落实公平正义，把已经分配的公平正义变为现实。比如，出国旅游，带回法律明确规定需要缴纳关税的物品，没有按照规定申报，在海关是要受到处罚的，一般是行政处罚。如果数额巨大，可能触犯刑法，那就是司法。也就是第三个环节。司法机关依照法定职权和法定程序，具体处理刑事案件、民事案件、行政案件。司法是当公平正义被扭曲的时候，需要通过司法矫正公平正义。最后是守法。全民守法、在校学生守法。守法是在实现公平正义，只要你遵守法律，公平正义就会降临在你身边。如果都能做到守法，那么我们的国家法治就能够更好地实施。大家都能在井然有序、规范公正的社会中从事生产生活。此外，法律监督贯穿这四个环节，是对法律实施和法治运行情况的监督。

（二）检察院的职能

我国《宪法》第 134 条明确规定："中华人民共和国人民检察院是国家的法律监督机关。"检察机关的法律监督是有宪法和法律明确授权的国家司法权，具有法定性和专门性，在法治监督体系中具有不可替代的地位和作用。按照宪法法律规定，检察机关主要履行五个方面职能：

一是依照法律规定对有关刑事案件行使侦查权。根据 2018 年 10 月 26 日修改的《刑事诉讼法》第 19 条规定，刑事案件的侦查由公安机关进行，但检察院在对诉讼活动实行法律监督中发现的司法工作人员利用职权实施的非法拘禁、刑讯逼供、非法搜查等侵犯公民权利、损害司法公正的犯罪，可以由检察院立案侦查。对于公安机关管辖的国家机关工作人员利用职权实施的重大犯罪案件，需要由检察院直接受理的时候，经省级以上检察院决定，可以由检察院立案侦查。自诉案件（侮辱罪、诽谤罪、暴力干涉婚姻自由罪、虐待罪、侵占罪等告诉才处理的案件；被害人有证据证明的轻微刑事案件；被害人有证据证明对被告人侵犯自己人身、财产权利的行为应当依法追究刑事责任，而公安机关或者检察院不予追究被告人刑事责任的案件）则由法院直接受理。

二是审查批准逮捕。如果有了涉嫌犯罪的案件，公安机关首先要立案、侦查，认为构成犯罪，需要判处有期徒刑以上的刑罚应该逮捕的，就要移送检察院审查、批准。

三是审查提起公诉。批捕以后，公安机关按照检察官提出的补充事实、证据的要求，继续侦查。到了法定的期限，完成了相应的工作，移送检察院。检察院进行审查，认为确实构成犯罪，应该向法院起诉，追究嫌疑人的刑事责任，那么检察院就提起公诉，将案件移送法院进行依法审理。开庭审判的时候，检察官要作为公诉人出庭支持公诉。

四是实施诉讼监督。也就是对刑事诉讼、民事诉讼、行政诉讼活动以及对监狱、看守所的执法活动、刑罚执行和监管活动实行法律监督，依法监督纠正错误裁判和诉讼中的违法行为，保障司法公正，维护当事人合法权益。比如，对法院作出的已经生效的民事裁判、行政裁判，当事人不服，认为有错误、不公正。检察院接到了当事人的申诉，要经过审查，认为确实违反法律的规定或者处理得不公正，或者是事实证据没有搞清楚，那么按照法律规定，向法院提起抗诉，法院依法应当重新审判，这是对法院审判工作的监督。

五是提起公益诉讼。这是 2017 年修改的民事诉讼法、行政诉讼法赋予检察院的一项新职能。在生态环境和资源保护、食品药品安全、国有财产保护、国有土地使用权出让、英雄烈士保护五个领域，国家利益或者社会公共利益受到侵害，检察院可以向法院提起公益诉讼。详细点说，就是如果国家机关不履职，或者是社会上有关公司、企业、个人的违法行为，侵害了社会公共利益。那么，检察机关作为社会公共利益的代表，有权向法院提起诉讼，要求法院作出判决，相关的机关必须履职，相关的当事人必须纠正自己的违法行为，作出相应的赔偿。比方说环境违法侵害了不特定或者特定的多数人的利益，检察机关就能发挥公益诉讼的职能。

还有，就是未成年人检察工作，2014 年 6 月省检察院成立了未成年

人刑事检察处，目前，省市县三级检察院共设立未成年人检察机构128个、专门办案区114个，配备了具有较高素质的检察人员，其中128人具有国家三级心理咨询师以上资质。还建设了阿坝州检察院格桑梅朵等青少年法治教育基地113个、对轻罪未成年人开展帮教的观护基地69个。主要开展以下未成年人检察工作：办理各类侵害未成年人合法权益的犯罪案件和未成年人犯罪案件，对未成年人适用特殊的司法理念，最大限度地维护好未成年人合法权益；联合政府职能部门、社工组织等对困境儿童、留守儿童等开展司法救助、综合帮扶等工作；通过未成年人检察团队开展活动、法治进校园，以及请学生、老师、家长到检察院法治教育基地等互动式、体验式的方式，做好犯罪预防。比如，对校园安全问题，上个月，省检察院联合省政府召开专题会议，研究校园安全管理，我在会上还通报了最高人民检察院给教育部的检察建议书。最高人民检察院的检察建议专门针对当前性侵学生犯罪上升的情况，对严格执行校园安全管理、加强教职工管理提出了建议。下一步，省检察院将和教育部门建立信息互通机制，协助学校把好教职工教育关、警示关，加强校园安全管理。

三、与法同行

信仰法律、崇尚法治，需要我们发自内心去遵守、去践行。但在现阶段，整个社会总体还没有形成这种自觉的意识。这就是我们现在面临的一个问题。把这个问题提出来，是因为同学们是祖国的未来，身上肩负着建设社会主义法治国家、建设社会主义强国的责任。所以，我们不仅要从自身做起学法、懂法，还要守法、用法。

我们守法、用法，首先要树立规则意识。规则意识有三个层次。第一，学习了解。前面，我们初步了解了法律是什么，了解了宪法，但是还不够。我想，作为快要成年的高中生，我们还要了解刑法、民法、行政法、诉讼法、劳动法，还有未成年人保护法、预防未成年人犯罪法，等等。因为我们经常使用互联网，还要去了解关于互联网方面的法律法规。互联网不是法外之地，利用网络骗钱、散布不实消息言论、发布淫秽图片视频等，都是要承担相应法律责任的。第二，自愿遵守。仅仅知道了解是不够的，更重要的是要有遵守法律的意愿。比如，虽然都知道闯红灯违反了《道路交通安全法》，但街头为什么时常会有聚齐一堆人就可以闯红灯的"中国式过马路"？就是有人觉得法不责众，有侥幸心理，没有主动去遵守法律。再比如，上个月网络热议的杭州余杭区狗主人打人事件，一小区门口未拴牵引绳的宠物狗吓到孩子，孩子母亲赶狗保护孩子，反遭狗主人金某拳打脚踢。金某不知道打人是违法的吗？但他就是不去遵守法律。金某已经因涉嫌寻衅滋事罪被警方立案。根据《刑法》第 293 条规定，随意殴打他人，情节恶劣的，处 5 年以下有期徒刑、拘役或者管制。第三，成为自觉。规则意识是自愿与自觉的表现，要把遵守法律作为我们的内在需要、成为一种习惯。有句话说："知者行之始，行者知之成。"还有句话说："莫见乎隐，莫显乎微，故君子慎其独也。"我认为，能帮助我们最快养成遵纪守法习惯的是家规、家风，接下来是校规、校纪，然后是社会主义核心价值观，最后是法律。如果我们在家里就有严格的家风、良好的传承，尊师、爱友、勤劳、节俭，遵从社会道德，我们到学校怎么可能不遵守校规校纪呢？如果我们遵守学校的一切行为规范和准则，我们在社会上怎么能不按照社会主义核心价值观去行为、去做事？如果我们做到了爱国、诚信、遵守法治、尊重平等、尊重国家的法律，怎么会触犯国家的法律呢？法律是底线，不能逾越。而社会主义核心价值观、校规校纪、家规是高线。这个高线，只要我们努力，都能做到。做到了高线，离底线就会很远。因此习近平总书记告诫我们，人生的扣子，从一开始就要扣好。

我们守法、用法，还要学会用法律来维护自己的权益。在学习和生活中，当我们受到不法侵害时，要学会运用法律手段来维护自己的合法权益。在我们未成年人身边常见的一些罪和错，我们有一个特殊的用词：罪错。有些可能就是错误。但是迈过这一步，过了这个年龄段，可能就是罪行，需要我们格外谨慎。在青少年的罪错当中常见的是同学之间的欺凌。我们在视频、报纸、电视上常常看到。以大欺小、以强凌弱往往发生在校外，更多是在教师、同学的视野之外，危害很大，不仅对被害人、对施暴者今后走向社会也会有影响。随意施暴而不纠正，可能就会像2018年8月江苏昆山反杀案的主角刘某那样，对别人实施暴力行为，最后自己反而被被害人防卫杀死。校园欺凌类似于自然界弱肉强食，不是人类文明的范畴。还有，我们在办案中常常遇到青少年学生中一些由违规到违法，最后走上犯罪道路的情况。比如，想要打游戏，钱不够，父母不给，那么就去强借、抢劫、盗窃。还有的利用自己的技能当黑客，侵入、破坏、篡改计算机信息网络系统，年龄不到，属于违法，经济处罚由家长承担，达到法定年龄的就要追究刑事责任。

我们守法、用法，还要积极投身到力所能及的普法宣传行动中，比如参加法律知识竞赛、法治讲座、检察院组织的法治活动，等等，并以此影响他人，推动法治建设。1985年全国人大常委会作出关于在全体公民中普及法律知识的决议。从1986年开始五年一个规划，到今天已经是第七个五年普法规划。这在世界上其他任何一个国家都是没有的，是我们中国共产党、中国政府重视法治从最基础做起、最实在的一个举措。希望你们也能成为用法、普法的一员。

同学们正值青春年华，希望大家在当下和未来都与法同行，在人生的蓝图上书写中国的未来，铸就中华民族的辉煌复兴。让我们牢记：法治兴则国兴，法治强则国强。谢谢大家！

学法懂法　心中有法　遇事找法　与法律做朋友

贵州省人民检察院党组书记、检察长　傅信平

📖 授课情况

授课时间： 2019 年 3 月 29 日

授课地点： 贵阳市第一中学

授课对象： 高一学生 300 余人

逻辑结构： 本课程以"保护未成年人是检察机关的重要职责"为主题，围绕什么是法律，法律和我们，法律和检察机关，认识未成年人检察四个方面的内容进行讲述。第一部分，介绍我国国家机构体系，阐述法律是由国家权力机关制定的社会治理的规矩。第二部分，在分析法律特征的基础上，阐述法律和我们的关系。第三部分，介绍检察机关的宪法地位、基本职责，详细讲解"四大检察"具体内容，明确检察机关就是通过履行"四大检察"职责来办理案件，开展法律监督，执行法律的。第四部分，介绍未成年人检察工作的基本内容和职能，重点讲述检察机关开展未成年人司法保护工作的情况。

目的效果

通过向学生普及法律知识和检察机关保护未成年人的工作职责，进行法治教育，落实"谁执法谁普法"责任。推动学生培养规则意识，养成遵守法律的自觉意识和良好行为习惯。帮助他们学法懂法，心中有法，遇事找法，与法律做朋友，增强自我保护、防范不法侵害的能力。努力预防校园暴力欺凌、性侵害案件发生，推进平安校园建设，保障未成年人健康成长。

部分新闻链接

1. 检察日报 2019 年 4 月 3 日:《"希望同学们与法律成为'老铁'"》

2. 最高人民检察院网站 2019 年 4 月 3 日:《基层现场 | "希望同学们与法律成为'老铁'"》

3. 贵州日报 2019 年 3 月 31 日:《傅信平受聘为贵阳市第一中学法治副校长，为高一 300 余名同学讲授了"保护未成年人是检察机关的重要职责"为主题的法治课》

4. 新浪网 2019 年 4 月 3 日:《基层现场 | "希望同学们与法律成为'老铁'"》

5. 东方网 2019 年 4 月 3 日:《"希望同学们与法律成为'老铁'"》

6. 腾讯网 2019 年 3 月 29 日:《傅信平寄语同学们：学法懂法 心中有法 遇事找法 与法律做朋友》

7. 搜狐网 2019 年 3 月 30 日:《傅信平寄语同学们：学法懂法 心中有法 遇事找法 与法律做朋友》

8. 大众网 2019 年 4 月 3 日:《"希望同学们与法律成为'老铁'"》

▼ 授课讲稿

亲爱的同学们：

大家好！

习近平总书记强调，要坚持法治教育从娃娃抓起，不断增强青少年的规则意识。2019 年春季学期伊始，我们在全省集中统一开展送法进校园活动，全省一百名检察长、上千名检察官走进校园，把法治搬进课堂，与同学们共分享法律故事，探讨法治精神。今天，我将围绕"保护未成年人是检察机关的重要职责"的主题，和大家交流，希望帮助你们对法律、检察工作、未成年人检察有更新更全面的认识，希望你们与法律成为朋友，成为闺蜜，成为老铁。

一、什么是法律

在刚刚闭幕的十三届全国人民代表大会二次会议上，最高人民检察院张军检察长向大会作的工作报告得到人大代表们的高度赞同，投票赞成率达到 96.4%。当报告提到"用心做好未成年人检察工作"时，会场响起了热烈的掌声，检察机关加强未成年人保护的做法得到人大代表们的热议和好评。说到最高人民检察院向全国人民代表大会报告工作，同学们知道全国人民代表大会是什么吗？它是我国的最高权力机关和立法机关，由全国选出的代表组成，一般每年召开一次大会。它的主要权力就是行使国家立法权，代表国家制定法律。我又要问同学们，全国人大制定的法律是什么？习近平总书记说："法律是治国理政最大最重要的规矩。"简单来说，法律就是规矩，它是由国家立法机关依照法定程序制定颁布，以权利和义务为内容，由国家强制力保证实施，以规范社会关系和社会秩序为目的的行为规范。在我国，最高的法律是宪法，它是国家的根本法，具有最高的法律地位、法律权威、法律效力，其他法律都是它的子法，它是其他法律的母法。它规定了国家制度和社会制度最基本的原则、公民基本权利和义务、国家机构的组织及其活动的原则等。如《宪法》第134条规定：中华人民共和国人民检察院是国家的法律监督机关。这就规定了检察机关性质和地位。在宪法下面，就是我们都知道的刑法、民法、刑事诉讼法等，还有保护我们上学读书的义务教育法。在全国人大的授权下，国务院及其部门可以制定法规、规章等。

二、法律和我们

法学家博登海默说："别的发明使人类学会了驾驭自然，而法律让人类学会如何驾驭自己。"法律通过规范人们的行为，来调节各种社会关系、维护社会秩序。首先，法律具有可预测性，它以条文的形式明确告知人们，什么是可以做的，什么是不可以做的，该做的你不做、不该干的你干了会产生什么样的后果，需要承担什么样的责任，让人们对自己的行为后果有所预见，由此来引导和规范人们的行为。如，《刑法》第232条规定，故意杀人的，判处死刑、无期徒刑或10年以上有期徒刑。据此，人们就明白，不能杀人，如果杀人则可能要偿命。如，我国《民法总则》第26条规定，父母对未成年子女有抚养、教育和保护的义务。成年子女对父母有赡养、扶助和保护的义务。根据此条规定，人们就知道为人父母应对子女该承担什么样的责任，作为成年子女该对父母应承担何种义务。其次，法律具有普遍性，法律的适用范围最广，具有普遍的约束力，它适用于所有人，大家都要遵守，我们常说法律面前人人平等，就是这个意思，任何人都不得凌驾于法律之上、有法外特权。最后，法律具有强制性，它是由公安、检察院、法院、监狱等国家强制力保证实施的，你若违反就要被追究责任。你若犯罪，就要被判刑。你若拒绝执行法院的民事判决，就会成为"老赖"，你不但会被强制执行，你的征信还会被记入不良记录，将来的生活、工作都会受到各种限制。

在现代文明社会，法律就像空气，每个人每时每刻都离不开，各种法律为你护航一生。从你出生，法律就规定你有吃饭睡觉穿衣生存下来的权利，有到学校学习接受教育的权利，有别人不能随意处分侵占你的私人物品的权利，有身体不能受到别人故意伤害的权利，等等。法律为保护人们的权利、促进社会正常有序运行划定了一条条不可触碰的底线，一旦逾越，就违反了最基本的社会行为要求，就会侵害他人、侵害社会，也会给自己带来麻烦。当你遵守法律的时候，它唱的是红脸，温情满满地充当你的保护神，你可以在法律划定的底线范围内自由活动；当你违反法律的时候，它唱的就是黑脸，铁面无私地对你实施惩罚，将你拉回底线范围内。对于肆意践踏法律，严重侵害社会的人，法律可以剥夺他的生命，直接将其踢出人类社会。法律就是这样，当你守法时，你或许感觉不到它的存在，当你违法时，它立刻出现在你的面前。因此，智慧的人要用法律保护自己，以法护身，愚昧的人才会违反法律，以身试法。

三、法律和检察工作

在我国国家治理体系中，全国人民代表大会是最高权力机关，由它产生国务院、国家监察委员会、最高人民法院、最高人民检察院这些国家机关对它负责，受它监督。其中，国务院是全国人民代表大会的执行机关，是最高行政机关，统一领导地方各级人民政府的工作。国家监察委员会是最高监察机关，领导地方各级监察委员的工作，对公职人员依法履职、秉公用权、廉洁自律和道德操守进行监督检查。最高人民法院是最高审判机关，负责审理各类案件，制定司法解释，监督地方各级人民法院的审判工作。最高人民检察院是最高检察机关，主要任务是领导地方各级人民检察院依法履行法律监督职能，保障国家法律的统一和正确实施。

检察机关作为国家法律监督机关，是在办理案件中进行法律监督，在法律监督中办理案件，维护国家安全和社会秩序，维护个人和组织的合法权益，维护国家利益和社会公共利益，保障法律正确实施，维护社

会公平正义，维护国家法制统一、尊严和权威，保障中国特色社会主义建设的顺利进行。检察机关的第一项职责是刑事检察，由立案监督、审查逮捕、审查起诉、刑事执行检察、刑事侦查等职责构成。立案监督是对公安机关不当立案或不立案进行监督，防止有罪不究或错误追诉。立案侦查后，公安机关认为需要逮捕的，他们就移送检察机关审查逮捕，我们有权依法做出批准或不批准逮捕的决定，这是审查逮捕职责。批准逮捕犯罪嫌疑人后，案件由公安机关继续侦查，在规定的时间内侦查终结后，公安机关将案件移送检察机关审查起诉，我们经过审查如果认为确实构成犯罪需要追究刑事责任的，就要向法院提起公诉，并将案件移送法院进行依法审理。法院开庭审判的时候，检察官要以国家公诉人的身份出庭支持公诉，指控犯罪，这是公诉职责。检察机关通过派驻检察、巡回检察、工作巡查、备案审查、受理控告申诉等方式对监狱、看守所等负责关押犯罪嫌疑人、被告人的场所及其执法活动实行法律监督，保护被关押的人员得到合理合法的对待，这是刑事执行检察职责。对司法人员利用职权实施的非法拘禁、刑讯逼供、非法搜查等侵犯公民权利的犯罪，我们可以直接立案侦查，这是刑事侦查职责。第二项职责是民事检察和行政检察。是对法院作出的已经生效的民事判决、行政判决进行监督，如果发现违反法律规定或者处理不公正，或者是事实证据没有搞清楚，就要按照法律规定向法院提起抗诉，法院依法应当重新审理和判决。第三项职责是修改后的民事诉讼法、行政诉讼法所赋予的公益诉讼检察。检察机关发现国家机关不履职，或者有关企业、个人等民事主体的违法行为侵害了国家利益或者公共利益，检察机关作为社会公共利益的代表，为维护公共利益，向人民法院提起公益诉讼，要求违法民事主体弥补公共利益，或者要求怠于履职的国家机关依法履行公益保护监管职责。例如，环境污染、食品药品不安全侵害了不特定多数人的利益，检察机关就有权提起公益诉讼。我们贵州检察机关就办理了全国第一例作出生效判决的行政公益诉讼案件。

检察机关在工作当中发现黔东南州锦屏县 7 家石材公司长期违法排

污，污染了清水江，环保局两次收到县检察院发出的检察建议仍然不履行监督管理职责，国家和公共利益持续处于被侵害状态。于是，检察院向法院提起公益诉讼，请求判决环保局怠于履职违法，责令环保局履行监管职责。法院经审判支持检察院的诉讼请求。判决后，环保局对涉及排污的企业实施停业整顿，对全县非煤矿山进行集中整治，有效遏制了违法排污破坏环境行为的发生。前几天，因对云岩区北京路、宝山北路等路段非法占道洗车经营点的查处取缔不力，贵阳市云岩区检察院就将区城市管理局告上了法庭。

上述刑事检察、民事检察、行政检察和公益诉讼称为检察机关的"四大检察"，检察机关就是通过履行这"四大检察"职责来办理案件，开展法律监督的。

四、认识未成年人检察

在这里，我还要向同学们着重介绍一项与你们密切相关的工作，就是未成年人检察。涉及未成年人的犯罪有两方面，一方面，是未成年人侵害他人的犯罪，另一方面，是未成年人被犯罪侵害。近年来，随着城市化进程不断加快，未成年人犯罪低龄化、作案手段成人化、暴力化倾向明显，恶性极端案件时有发生。同时，奸淫、猥亵、虐待、遗弃、严重故意伤害等侵害未成年人的刑事案件不断发生，严重侵害未成年被害人的身心健康。2018 年全国检察机关起诉涉嫌犯罪的未成年人 39760 人，同比下降 8.8%；起诉涉嫌侵害未成年人的犯罪 50760 人，同比上升 6.8%。从我省来看，每年有约 6000 名未成年人因犯罪或被害而涉及刑事诉讼程序，直接影响到上万个家庭的幸福安宁。2018 年我们审理审查起诉涉嫌犯罪的未成年人 3244 人，同比持平；起诉涉嫌侵害未成年人的犯罪 2418 人，同比上升 1.68%。我省未成年人犯罪数量较大，在全国排位靠前，未成年人被侵害的情况也较为严重，发案数量呈现上升趋势，超过四成的被害人是不满 14 周岁的儿童，接近一半的侵害未成年人犯罪是强奸等性侵害犯罪。未成年人犯罪和被害已成为影响社会和谐稳定的源头性、基础性问题之一。而且，正处于青春发育期的未成年人，身心发展不平衡，生理发展迅速的同时心理发展滞后，缺乏足够的理智去甄别客观环境中不良因素的诱惑和影响，容易发生行为失范，也容易受到侵害，需要精心呵护和特别保护。

面对未成年人犯罪、被害的严峻形势和未成年人身心的特殊性，检察机关义不容辞地承担起未成年人保护的责任，专门开展未成年人检察工作，对未成年人进行特殊、优先保护。第一，加强未成年人检察的专业化建设。在新一轮内设机构改革中，最高人民检察院新设立第九检察厅，专门负责未成年人检察工作。我们省检察院参照最高人民检察院"三定"方案，也设第九检察部，专责未成年人检察工作。各市、州检察院都要成立未成年人检察机构，中心城区和其他案件量较大的基层检察院原则上也要设立未检机构，其他地方要设立专门的办案组或配备专司未检工作的独任检察官，在安顺市探索未成年人案件集中管辖、集中办理机制。确保全省检察机关都成立了未成年人检察工作组织，并配备具有教育学、心理学、犯罪学等知识，富有爱心的检察人员来专门从事这项工作。第二，依法严惩侵害未成年人犯罪。对侵害未成年人的各类犯罪，我们坚持"零容忍"的态度予以严肃惩处，坚决斩断伸向未成年人的"黑手"，为广大未成年人健康成长构筑起安全有力的"防火墙"。2018年，最高人民检察院成功抗诉教师齐某性侵未成年学生案件，齐某由原判有期徒刑10年改判为无期徒刑，并以此案为起点，开展全国校园性侵害问题调研，并就校园性侵害问题向教育部发送了"一号检察建议"，要求采取措施予以解决，确保校园安全。我们也收到了这份检察建议，并组织对全省的校园性侵害情况进行摸底排查。经过专门分析研究，发现情况不容乐观。我将最高人民检察院的检察建议书和全省的情况分析报告一并送给了分管教育工作的魏国楠副省长，他又呈送给谌贻琴省长，他们都批示要求采取措施予以预防和治理。目前，我们正与教育厅沟通联系，准备出台一个切实可行的工作意见，开展专门的整治行动，确保校园这片净土不被玷污，保护未成年学生健康安全。在办理未成年人被侵害案件时，我们特别注重保障未成年被害人的名誉、隐私等合法权利，尤其注意采取适当的办案方式，避免办案对他们造成"二次伤害"。在向未成年被害人及其亲属了解案件情况的时候，我们不穿检察制服，不开警车，低调办案，尽量控制案件的知晓范围。还要积极协调相关单位开展对未成年被害人的身体康复、心理疏导、法律援助、司法救助等工作，努力帮助他们尽快走出被害阴影，尽快恢复健康正常的生活。第三，精准帮教未成年犯罪嫌疑人。我们对涉罪未成年人实施"教育、感化、挽救"方针和"教育为主，惩罚为辅"原则，坚持对他们少捕慎诉，可捕可不捕的不批捕，可诉可不诉的不起诉，尽量为他们改过自新、重返社会创造条件。近几年，我们每年对三分之一左右涉嫌犯罪的未成年人不批准逮捕，不对他们采取羁押措施，避免他们被关到看守所，与各种犯罪人员交叉感染，学得更坏。同时，也可以帮助他们继续学业或工作。2018 年，我们对五分之一左右涉嫌较轻犯罪的未成年人做出不起诉决定，不再追究他们的刑事责任，对一些犯罪稍微偏重，但有悔罪表现的孩子，我们采取附条件不起诉的处理方式，给 6 个月到 1 年的时间反省和改正。如果我们经过考察认为改好了，不会再犯错误，他的父母监护和学校管理跟上了，我们就不再起诉了。相反，如果没有改好或又再犯的，我们就向法院提起公诉，依法判刑。当然，对没有逮捕、没有起诉的未成年人，我们并不是一放了之，放任不管，而是持续开展跟踪帮教，帮助他学好变好。2013 年来，共有 68 名（2018 年有 14 名）未成年犯罪嫌疑人被检察机关不捕不诉帮教后成功考取高等学校。目前，全省各市、州和部分县建立了育新专门学校，我们也会将一些不捕、不诉、附条件不起诉的未成年人送到专门学校去学习，开展针对性的矫治和教育，等他们变好了，再转回到普通学校学习。案件办结后，对于被判处 5 年有期徒刑以下刑罚的未成年人，我们还要封存他的犯罪记录，为他将来的学习、就业创造有利条件。第四，依法惩戒犯罪未成年人。我们对涉嫌犯罪的未成年人坚持的是宽容而不纵容刑事政策，该帮的要

帮，该惩的要惩，始终保持法律威慑，未成年人应当受到保护，但不能任性，不能为所欲为。根据我国刑法规定，年满 16 周岁，就达到完全刑事责任年龄，可以对所有犯罪负责；已满 14 周岁未满 16 周岁的未成年人要对故意杀人、故意伤害致人重伤或者死亡、强奸、抢劫、贩卖毒品、放火、爆炸、投放危险物质这 8 种犯罪负责；因不满 16 周岁不进行刑事处罚的，要责令他的家长严加管教，或者交给政府收容教养，开展约束教育，严加矫治。检察机关也正在积极推进建立罪错未成年人分级处遇制度，采取针对措施管理好"熊孩子"。在我们办案中，对于那些屡教不改，已经升级到实施严重犯罪的未成年人，基于其人身危险性大、矫正难度大，我们依法批捕、起诉，坚决依法惩处，采取最严厉的教育方式——判刑来对他进行教育、改造。2018 年，我们起诉后被判处 3 年有期徒刑以上刑罚的未成年人就有 270 人，其中有 3 个罪行极其严重的未成年人被判处无期徒刑，小小年纪就将在监狱里度过大半生甚至是一辈子。第五，加强法治宣传，预防未成年人犯罪和被害。2018 年 9 月开学第一天，最高人民检察院张军检察长担任北京二中法治副校长，并为同学们上法治课。2016 年起，最高人民检察院和教育部联合开展为期 3 年的"法治进校园"全国巡讲活动。2018 年，贵州检察机关共有 194 名检察长、检察官兼任学校法治副校长，开展法治进校园巡讲 871 次，巡讲幼儿园、中小学校及职校等学校 821 所，覆盖未成年学生 77.47 万人，发放法治宣传资料 42 万余份。2019 年，我们将继续落实"谁执法谁普法"的普法责任制，全面开展"百名检察长任法治副校长，千名检察官送法进校园"活动，实现全省中小学和中职学校检察官任法治副校长全覆盖，努力帮助广大未成年人增强法治意识，提高自我保护意识和能力，远离犯罪和被害。

　　同学们，我们办理未成年人案件，都是一个个让人痛心的悲剧，不管是侵害别人还是被人侵害，涉案的未成年人都是被害者。对在座的同学们，我要叮嘱你们。你们现在的主要任务是学习，是努力练就好建设祖国的本领，将来投身社会，为民族复兴贡献自己的积极力量。而顺利的成长则是基本前提和保证。你们先要做到自己不犯错、不跑偏、不违法，还要学会保护好自己不被他人的错误、跑偏和违法行为影响和侵害。而要做到这两点，你们要学法懂法，心中有法，遇事找法，与法律做朋友。最后，套用《流浪地球》的台词送给大家：法律千万条，守法第一条，行为不规范，亲人两行泪。

以上就是我今天的法治课内容，供大家参考。谢谢！

让法治精神滋养青少年成长

陕西省人民检察院党组书记、检察长　杨春雷

授课情况

授课时间： 2018 年 11 月 9 日

授课地点： 西北工业大学附属中学

授课对象： 全体高中学生

逻辑结构： 授课伊始以图文并茂的形式向学生简单介绍法的基本含义及现代司法理念的渊源。结合发生在陕西省内的真实案例，深入浅出地从"尊崇法治，树立法律信仰""敬畏法律，坚持守住底线""从我做起，始终与法同行"三个方面与师生进行了交流互动，启发学生的法治思维和法治意识，引导学生做社会主义法治的崇尚者、遵守者和捍卫者。

目的效果

启发学生树立法治意识，养成独立自主的生活习惯，树立正确的人生观与价值观，提高自身法律素养，知敬畏、守底线，做知法守法护法的好公民。

部分新闻链接

1. 检察日报正义网 2018 年 12 月 11 日:《陕西省院检察长受聘为西北工业大学附中法治副校长》

2. 人民法治网 2018 年 11 月 12 日:《杨春雷检察官进校园开展未成年人法治教育》

3. 陕西传媒网 2018 年 11 月 12 日:《杨春雷大检察官进校园开展未成年人法治教育》

4. 西安教育网 2018 年 11 月 9 日:《杨春雷检察长担任西工大附中法治副校长》

 授课讲稿

尊敬的各位老师、同学们：

大家好！

今天很高兴能和西工大附中品学兼优的同学们一起探讨有关法治的话题。在座的各位都是全省中学生的佼佼者。作为当代中学生，你们有幸生活在中国改革开放的年代，亲眼看见改革开放 40 年来中国法治进程的突飞猛进，几百部法律相继出台，"依法治国"被写进宪法，这些都是令人振奋的！当前，我们都应该思考的问题是：在青少年成长道路上如何与法同行？有的同学可能会说：你多虑了，我们还是未成年人，只要不杀人不放火，法律就约束不到我们。我想，那些轻视法律作用的人，是没有真正意识到法律的重要性的。今天，我将从三个方面与同学们共同探讨这个问题，希望对同学们尊法学法守法用法有所帮助。

在讲课之前，我先给大家简单介绍一下法的基本含义及现代司法理念的渊源。

法在字典中的含义是："体现统治阶段的意志，国家制定和颁布的公民必须遵守的行为规则。"法在古代写作"灋（fǎ）"，这个字的含义很深，由"氵、廌（zhì）、去"三部分组成。"廌"是古代传说中的异兽，能辨是非曲直，古代法庭上用它来辨别罪犯，它会攻击无理者使其离去。因此古代"灋"的意寓就是"平之如水，故从水。廌所以触不直者去之，故从廌，从去。"其一方面表示公平裁判、明断曲直；另一方面代表了人心向往。"灋"应该对任何人公平如水，如遇不平，就应该坚决除去。"法平如水"也成为我们千百年来对法的理解，其最重要的含义体现就是"平"，也就是公平。

当前，说到公平和正义，我们不由得会想起代表公平的正义女神形象。这一形象起源于古希腊神话中主持正义和秩序的女神忒弥斯，其主要造型是身披白袍、头戴金冠，手巾蒙眼，左手提秤，右手举剑。白

袍象征道德无瑕、刚直不阿；金冠象征正义尊贵无比，荣耀第一；秤比喻裁量公平；剑表示制裁严厉、决不姑息。最引人注目的是正义女神蒙着的双眼，为什么要蒙眼呢？

传说天庭上的众神失和了，世界处于灾难的边缘，没有人敢出来调解仲裁，最后，天帝身旁站起一位白袍金冠的女神，拿出一条手巾，绑在自己眼睛上，说"我来！"众神一看，不得不点头同意：她既然蒙了眼睛，看不见纷争者的面貌、身份，也就不会受到利诱，也不必害怕权势。

蒙眼象征了司法纯靠理智，而不是靠误人的感官印象。因此，蒙眼不是失明，而是自我约束，是刻意选择的一种姿态，这个典故引出了一句格言就是"程序是正义的蒙眼布。"其后，从罗马帝国到欧洲文艺复兴，正义女神形象经过不断演化成为新的正义女神朱斯提提亚，并逐步开始出现在各个城市的法院，在其造像的背面还刻有古罗马的法谚："为实现正义，哪怕天崩地裂。"可见，公平正义是全世界人民从古至今的共同向往和追求。

一、尊崇法治，树立法律信仰

有一句法律格言："正义不仅应得到实现，而且要以人们看得见的方式加以实现。"

法律，就是实现正义、体现公平、正确规范人行为的社会准则，其与道德、习惯、宗教和纪律的作用是一样的。正是由于这些规范的存在，这个社会才变得有序，我们的合法权利才能得到应有的保障。

法的产生是一个长期的社会历史过程，有其独特的发展规律，大概经历了从个别调整到规范性调整、一般规范性调整到法的调整的发展过程；经历了从习惯到习惯法、再由习惯法到制定法的发展过程；经历了法与宗教规范、道德规范的浑然一体到法与宗教规范、道德规范的分化、法的相对独立的发展过程。那么法治又是什么呢？

法治就是依法治国，简单说就是通过法律来规范政府权力的行使和保障公民权利的落实。习近平总书记在四中全会上有段关于法治的讲话给我留下了极其深刻的印象。

习总书记说："法治兴则国家兴，法治衰则国家乱。什么时候重视法治、法治昌明，什么时候就国泰民安；什么时候忽视法治、法治松弛，什么时候就国乱民怨。"这就把法治上升到了保证国家繁荣、昌盛、稳定的高度。有人说，法治对人就像空气，你可能不会时时刻刻意识到它的存在，可一旦缺少就会立刻窒息。我觉得这个比喻非常形象贴切。

纵观我国法治建设历程，1978 年，十一届三中全会确立的"有法可依、有法必依、执法必严、违法必究"是我国实行"依法治国"的开始。1999 年，《宪法修正案》第 13 条把"中华人民共和国实行依法治国，建设社会主义法治国家"写入了我国宪法。2011 年，初步建立了中国特色社会主义法律体系。2014 年，《中共中央关于全面推进依法治国若干重大问题的决议》又提出了"实现科学立法、严格执法、公正司法、全民守法"，这既是我国依法治国新阶段的四大目标，同时也是实现法治中国的基本标准。

下面，我简单介绍一下法治的这四个基本要素。

首先，科学立法，是保证法规质量的重要基础和前提。法律是治国之重器，良法是善治之前提。习总书记指出，"不是所有的法都能治国，不是所有的法都能治好国"。目前，虽然中国特色社会主义法律体系已经完成，但是就如同一座毛坯房，内部装修的任务还很重，立法工作和法治实践要求还存在一定差距。当前，老百姓对立法的要求，已经不是有没有，而是好不好，管不管用，能不能解决问题。在全面推进依法治国的新起点上，应该"立什么样的法、怎样立法"？十八届四中全会回答了这一历史课题，就是要坚持科学立法、民主立法。科学立法，就是要尊重立法规律，克服立法的随意性和盲目性，要具有科学性和现代化的立法观念，要有科学的立法制度，要实事求是，从实际出发。民主立法，就是坚持立法为了人民，立法依靠人民。大家可能都知道，2018 年西安出台汽车禁限行政策征求意见，引发了全市老百姓的热议。经数据实测，各家媒体上的反对票均超 90%。最终，公众的质疑、反对以及媒体的监督引起了政府的高度重视，使得事情出现了转机。这就说明，即使是制定地方性法规也必须遵循科学立法、民主立法的原则。

其次，严格执法是全面推进依法治国的重点。法律的生命力在于实施，法律的权威也在于实施。习总书记强调，"如果有了法律而不实施，或者实施不利，搞得有法不依、执法不严、违法不究，那制定再多法律也无济于事。"执法和我们的生活是息息相关的，例如，最近沸沸扬扬的电影演员范冰冰偷税漏税案，被处以 8 亿余元罚款，就是执法。再如，2018 年 7 月西安铁路运输检察院起诉西安市环境保护局不依法履行职责案公开开庭审理，该案是西安市首例环境保护行政公益诉讼案件，这就是检察机关的严格执法行为。当前，我国现行有效的法律法规 80% 以上都是由政府机关来执行的。政府是执法的主体，保障各级政府严格执法，推进依法行政、建设法治政府，是全面推进依法治国的重点。

再次，司法公正是全面依法治国的重要保证。公正是法治的生命线，要维护法律权威和尊严，必须严格执法，否则就是纸老虎、稻草人。只有真正做到"法立，有犯而必施；令出，唯行而不返"，全社会才能形成对法律的崇尚和敬畏。2013 年，习总书记对全国政法机关提出工作要求，"努力让人民群众在每一个司法案件中都感受到公平正义"。同时，习总书记始终强调司法公正对维护社会公平正义"最后一道防线"的重要性，并多次引用英国哲学家培根的一段话强调司法公正的重要性："一次不公正的审判，其恶果甚至超过十次犯罪。因为犯罪虽是无视法律——好比污染了水流，而不公正的审判则毁坏法律——好比污染了水源。"可见，司法公正对社会公正具有重要引领作用，司法不公对社会公正具有致命破坏作用。十八大以来，念斌案、张氏叔侄案、李怀亮案等一系列被依法纠正的冤假错案，不断释放出司法公正带来的新信号。

最后，全民守法是法治的重要基础。"法治的真谛，在于全体人民的真诚信仰和忠实践行。民众的法治信仰和法治观念，是依法治国的内在动力，更是法治中国的精神支撑。"这是《法治中国》第六集"全民守法"中的一段解说词，其精准诠释了全民守法对法治的重要意义。给大家说一个网上的趣事，浙江舟山基层法院受理一起案件，一个渔民告另外一个渔民借他 20 万元不还，由于证据不足，被告不承认借钱。法官对被告说："你对着出海观音像再说一遍你没借？"该渔民犹豫了片刻就承认了。这个故事在娱乐的同时也让我们深刻感受到什么是信仰的力量。法律要发挥作用，就需要全社会对法律也具有这样的信仰。

那么，在占世界人口近五分之一的中国，如何做到人人尊法、守法，这是世界法治史上独一无二的课题。我们说，守法首先是意识层面的。自 1985 年以来，我国已连续实施了六个五年普法规划，第七个五年普法正在实施中。可以说，法治理念正潜移默化地影响着人们的价值观念，融入人们的生活方式。现在有越来越多的人懂得运用法律来解决问题，这就是普法效果的具体体现，也是巨大的社会进步。近年来，我感触最深的就是"喝酒不开车"。"醉驾"刚入刑的时候，很多人不理解，甚至对醉驾被查者表示同情，但是现在最支持的就是醉驾被查者的家属和朋友。"喝酒不开车"已经成为公众的普遍行为准则，这就是立法、执法、司法机关共同努力将法治观念深入人心的结果。我们不是生下来先学好法律才开始生活的，而是在生活和观察中学习和认知法律的。目前，不可否认的是，全社会还没有建立起普遍的法治信仰。例如"中国式过马路"让我们不得不深思：从小就知道"红灯停，绿灯行，黄灯亮了等一等"，但为何还要违反交通规则？再如，2018 年以来全国各地都在抓的"斑马线礼让行人"，这是社会道德和法律的统一体。但是，有时候仍然会遇到有些司机看有电子抓拍就守法，没有就飞奔的现象。此种"选择性守法"发生的根本原因，还是在于没有法治信仰，把法律规定当成外部约束，未能入心入脑。因此，尊崇法治，就是要对法律法规发自内心的认可、崇尚和遵守，就是要相信和支持司法机关依法独立客观公正办理案件。尊崇法治可以说是一个复杂漫长的过程，也是建设法治中国的基础性工程。对于青少年来说，你们是国家和社会的未来，你们的法律素养决定了未来整个社会的法律素养，法治精神的种子如果不能在你

们的心灵生根发芽，那么依法治国还是会成为一句空话。

正是基于此，党的十八届四中全会提出"把法治教育纳入国民教育体系，从青少年抓起，在中小学设立法治知识课程"。从"法制教育"到"法治教育"，从"融入"到"纳入"，这不仅仅是文字上的微小变化，更是蕴含着青少年法治教育理念的飞跃、内涵的丰富和领域的拓展。当前，开展全方位、多纬度、渗透式的法治教育，就是为了让青少年逐步形成办事依法、遇事找法、解决问题用法、化解矛盾靠法的习惯，从而自觉将法律作为一种信仰。

二、敬畏法律，坚持守住底线

古人云："畏则不敢肆而德已成，无畏则从其所欲而及于祸。"有人之所以漠视法律威严，知法犯法，一个重要原因就是缺乏对法律应有的敬畏之心。法治，既不是高高在上的，也并不遥远，它就在我们生活中的点点滴滴。当我们对法律和制度有了一颗敬畏之心，在日常生活中对法律尊重和坚守，就会将法律成为自觉遵守的原动力。敬畏法律，牢固树立法律至上的意识，重在"有所畏"。当然，这个"有所畏"，不是简单的惧怕与怯懦，而是一种自律，是指在没有人现场监督的情况下，自觉自愿把自己的"任性""嗜好"牢牢关进法律法规的铁笼子。对青少年而言，如果缺乏这种自律意识，法律知识如果也匮乏，有时候就难以做到"君子慎独"，再加上这个阶段青少年本身就有自制力不足、意志力薄弱的特点，更易受到外界的诱惑和不良影响。习近平总书记强调，"人生的扣子从一开始就要扣好"，这就是告诉我们，一开始就要养成良好习惯。

我认为，对青少年而言，敬畏法律应该从家风、纪律和道德抓起。首先，家风在我国传统文化中可谓是源远流长，家庭是社会的细胞。家风，影响着一个人的品质和行为，家风家教对孩子的成长影响是巨大的。古人说，"欲治其国者，先齐其家"。家风好，就能家道兴盛、和顺美满；

家风差，难免殃及子孙、贻害社会。中国古代有诸多经典的家教故事，如孟母三迁、岳母刺字、朱子家训等，对我们今天的家风传承依然是有用的。习总书记也多次强调家风，因为"千千万万个家庭的家风好，子女教育得好，社会风气好才有基础"。对此，习总书记自己也是深有体会的，他曾在给父亲习仲勋的祝寿信中深情地写道："自我呱呱落地以来，已随父母相伴四十八年，对父母的认知也和对父母的感情一样，久而弥深"，"从父亲这里继承和吸取的高尚品质很多"。从这封信里，我们能看到习仲勋优秀的家庭美德和良好的家风。

其次，不能忽视纪律的作用。古有戚家军，现有解放军，都是不可撼动的钢铁之师，其中纪律发挥着重要的作用。如果你们认为现在违反一下学校纪律没什么大不了，只要以后不违法就行，那就请你赶快打消这种念头。俗话说得好，"小时偷针，大时偷金，小时偷油，大时偷牛。"这就告诉了我们：如果一个人从小就没有养成良好的行为习惯，没有良好的法律纪律意识，随意做损坏公物，打人，骂人，甚至偷窃等坏事，这些行为习惯就会不断腐蚀你的心灵，直到你失去辨别善恶的能力，甚至走上违法犯罪的道路。这种现象正应了中国的一句古训："小洞不补，大洞吃苦。"

最后，就是道德问题。中华民族自古有着崇尚道德的优良传统，如推崇"仁爱"原则，讲求谦敬礼让，倡导言行一致等，其在国家治理体系中发挥着重要的作用。因此，习总书记多次强调，要坚持依法治国和以德治国相结合。党的十八大报告提出了社会主义核心价值观，分别从国家、社会和公民三个层面，打牢了全国各族人民共同的思想道德基础。当前，各行各业中不断涌现出天眼之父南仁东、航天英雄杨利伟、最美司机吴斌等一批道德模范。但是，在少数人中、一些领域里仍然存在道德观、价值观扭曲的情况。2014年央视春晚有一个小品节目《扶不扶》，将一直被大众热议的"老人摔了扶不扶"的社会话题搬上了舞台，折射出当前社会出现的一些道德缺失、行为失范的问题。目前，青少年道德水平总体是好的，但是少数人还是出现了一些自私、冷漠的现象。例如，几年前我省发生的"药家鑫案件"。一个风华正茂的大学生，其行为开始触犯的只是交通肇事罪，但是因其内心的自私、冷漠、担心麻烦，他极其残忍地用刀杀害了被害人，一步步将案情演变为故意杀人。药家鑫身上这种对法律的无知、对生命缺乏敬畏的态度令人震惊。再如，2018年4月在米脂县三中校门外，曾就读于该校的赵泽伟，持匕首沿途行凶，造成9名学生死亡，19人受伤，其犯罪的原因竟然是自认为在校读初中时受到同学们的嘲笑而心理受挫，于是产生了报复学校学生的念头。这些情况的发生，归根结底都是因为道德的缺失。此外，还有一些青少年犯罪是因为不同程度滋生了拜金主义和享乐主义等消极思想，如追求物质生活的高端化和新潮化，形成讲究吃穿、超前消费和相互攀比等不良风气造成的。我们说，道德养成不仅要注重学思并重，从细微处做起，更要注重践于行。所谓践于行，就是善于发现和学习身边的好人好事，用"凡人善举"共同传递道德的力量，这样才能"积小德为大德，积小善为大善"。综上，如果一个学生在家里有严格的家规家风，上学后又能严格遵守校规校纪，将来当你们走出校园，融入社会这个大集体后自然能严格按照社会主义核心价值观要求行事，真正成为一名知法、懂法、守法的好公民。

当前，不同学段的法治教育目标和内容应该是有所区别和侧重的。对中学生来说，应该以"形成初步法治思维和实践能力"为主要目标，进行法治思维和法治方式的训练。法治思维是党的十八大提出的一个全新的概念，简言之，就是以法治作为思考问题、判断是非和处理事物标准的思维。

这需要家庭教育、学校教育和社会教育经常在一起交流研究，既要有分工，也要有合作，要使青少年在成长过程中不仅明白法律"是什么"，而且理解法律"为什么"，并能用所学的法律指导生活中"怎么办"。也就是说，大家要时刻将法律作为自己行为处事的底线。我认为，"底线教育"不能在青少年成长中缺失。

打个比方，人生就好比打球，每打出一个球，眼睛始终要盯着底线。

每一分都至关重要，所以每一个球都必须落在底线之内。只有正确判断，坚守底线，才能守住胜利。在人生的赛场上，也有需要盯住的底线。球出界了，丢掉的一分还可以拼回来。做人做事，越过了底线，失去的也许永远无法挽回了。因此，坚守法律、守住底线，对青少年来说，就是最低不要犯"跌倒了爬不起来的错误"。

三、从我做起，始终与法同行

法治从我做起，这里有三个"我"。第一个"我"：我是检察官。检察机关是代表国家依法行使检察权的国家机关，主要职责是审查批准逮捕、审查提起公诉、诉讼监督、检察公益诉讼等。检察机关有负责未成年人检察工作的部门，专门处理涉及未成年人的案件，维护未成年人的合法权益。党的十八届四中全会明确提出，实行国家机关"谁执法谁普法"的普法责任制。今天，我到学校开展法治教育，就是落实谁执法谁普法的要求，把法治课"搬"到学校，这是检察机关做好未成年人检察工作的一个好形式。近年来，检察机关一直把保护未成年人健康成长作为义不容辞的责任，对侵害未成年人犯罪的案件，始终依法从严惩处。2018 年 10 月 12 日，《法治在线》节目关注了一起班主任强奸猥亵 7 名小学生案，这起案件前后历经 6 年 4 次审理，后经最高人民检察院抗诉最终改判。这一案件是 1949 年以来为数不多的由最高人民法院开庭审理，最高人民检察院派员出庭支持抗诉的刑事案件。这也是新时代，检察机关发挥职能作用、维护司法公平公正的重要举措。今后，全省检察机关不仅要继续深化"送法进校园活动"，更要充分发挥检察机关职能作用，通过提供法律咨询、参谋意见和惩治预防违法犯罪，更好地维护青少年和学校的合法权益。

第二个"我"：我是青少年。法治就要从同学们自己做起。对青少年来说，遵守法律，首先就要掌握基本的法律常识，防止由于自己的无知而触犯法律。应该说，人的一生之中，凡是涉及一些重要事项，都有着法律的参与，比如结婚登记、买房过户等，在现代社会如果不掌握一些法律的基本常识，那么这个人的行动将会极其受限。学习法律的途径有很多种，可以通过网络、书籍、电视、课堂学习法律法规知识；可以积极参加学校组织开展的法治教育活动；也可以积极参与法制宣传活动和志愿活动等。通过不断学习，不仅要弄懂法律，更应该清楚地认识法律的作用和严厉性，自觉做到尊法守法。据国家统计局相关资料表明，2016 年，全国未成年人犯罪人数为 35743 人，比 2010 年减少 32455 人，减幅达 47.6%。未成年人犯罪人数占同期犯罪人数的比重为 2.93%，比 2010 年下降 3.85 个百分点。青少年作案人员占全部作案人员的比重为 21.3%，比 2010 年下降 14.6 个百分点。可见，近年来未成年人的犯罪率是持续降低的，说明未成年人的法律意识正在逐步提高。

2017 年以来，最高人民检察院、中央电视台社会与法制频道联合制作的大型未成年人法制教育特别节目《守护明天》播出后，社会反映良好。节目组邀请了检察官、学者、专家以及家长、老师和孩子们一起走进演播室，结合真实案例，针对校园暴力、网络侵害、性侵害、未成年人监护等话题进行探讨交流，分析案件背后深层次的社会问题。其中一些案例触目惊心，让人惋惜。例如，一个 16 岁男孩在多次被同学嘲笑和欺辱之后，终于在沉默中爆发，向欺负他的同班同学举起了手中的刀，最终酿成了一场悲剧；一个 16 岁的男孩一开始被高年级同学欺负、勒索抢钱，最后自己加入高年级抢钱团伙，因为使用暴力行为抢了低年级同学 33 元钱而被判抢劫罪；一个女大学生因为想买一部手机，就向一个并不熟悉的校外男人借钱，结果落入了"裸贷"的连环圈套，也就是通过网络借贷平台放高利贷，要求女孩子以手持身份证的裸照为抵押，逾期无法还款就公布裸照，最后，她不仅害了自己，还被要挟害了自己的好朋友；一个 17 岁的电脑高手，把自己的聪明和才能用错了地方，竟利用网络盗窃了 41 万元；还有一个孩子玩网络暴力游戏成瘾，父亲粗暴地关了他即将通关的游戏，这个孩子竟然将父亲当成了刺杀对象，将父亲刺伤，等等。

这一个个鲜活的案例都应该引起在座各位同学的警醒。特别是，当前网络诱因已经成为青少年犯罪的重要原因之一。网络上的不良信息，弱化了青少年道德规范意识，诱发青少年犯罪。网络的虚拟性和失范性，容易使青少年成为"两面人"或"多面人"，从而产生违规违法的冒险心理。同时，利用互联网侵害未成年人的案例也屡见不鲜，从最高人民法院公布的案例看，有的不法分子以网络聊天、网友见面、选拔童星等为幌子，对未成年人实施强奸、猥亵、抢劫、敲诈勒索等严重犯罪；有的不法分子借助网络平台引诱未成年人吸毒、贩毒，组织、强迫未成年人卖淫；有的不法分子通过网络聊天哄骗未成年人拍摄淫秽色情视频，并在网上传播；有的单位和个人转载不符合事实的新闻，侵犯未成年人隐私；等等。如备受关注的"徐玉玉遭电信诈骗身亡案"虽然已经尘埃落定，但它留给我们的问题与思考才刚刚开始。2016 年 8 月 21 日，徐玉玉因被诈骗电话骗走上大学的费用 9900 元，伤心欲绝，最终导致心脏骤停离世。该案中，被告人通过网络购买学生信息和公民购房信息，分别冒充教育局、财政局等工作人员，以发放贫困学生助学金、购房补贴为名，以高考学生为主要诈骗对象，拨打诈骗电话，骗取他人钱款。该案入选为"2017 年推动法治进程十大案件"。这就警示了在座的同学们，在享受互联网带来的资源和便捷时，更要强化网络法治意识、安全意识，严格自律，遵守法律法规。特别是要加强自我防护，不轻易泄露个人信息和隐私。

第三个"我"：我是家长、老师。家长是孩子的首任老师，家长在给孩子普及法律知识的同时，要在依法依规办事上做好榜样。老师担负着塑造祖国未来的重任，要把教书育人与自我思想修养结合起来，把言传和身教统一起来，做社会主义法治的崇尚者、遵守者和捍卫者。

同学们，21 世纪是一个法治社会，作为青少年，应该从小养成独立自主的生活习惯，树立正确的人生观与价值观，不断学习文化知识，提高自身的法律觉悟。防微杜渐，"勿以恶小而为之，勿以善小而不为"。一方面，要增强法治观念，自觉远离违法犯罪，要时刻铭记"法网恢恢，

疏而不漏"，一切危害社会的行为，都将受到法律的严惩。另一方面，也要善于利用法律武器维护自己合法权益。全省检察机关将与社会各方一同努力，通过加强社会综合治安管理，为青少年健康成长营造良好的法治环境，让法治精神浸润校园，让每一名青少年都能快乐成长与法同行！

最后，也祝各位莘莘学子学业有成，早日成为国家栋梁之材！谢谢大家！

尊崇法律　护航成长
做社会主义法治时代的好青年

甘肃省人民检察院党组书记、检察长　朱　玉

📖 授课情况

授课时间： 2019 年 6 月 27 日

授课地点： 兰州市第一中学

授课对象： 高二学生 200 余人

逻辑结构： 法治兴则国家兴，青年强则国家强。培养学生的法治意识，推动将法治教育纳入学校教育体系，是依法治国方略的必然要求，也是检察机关送法进校园、履行监督职责的重要内容。全稿从遵从法律、敬仰法律，崇尚法治、信仰法治，践行法治从我做起三个角度进行普法宣传，并辅以故事与案例，生动形象，有助于教育学生树立法治意识，团结同学、友善待人，时刻对标高线，远离底线，以实际行动尊崇法律，不使青春沾染污渍。

🖊 目的效果

　　未成年人是中国特色社会主义事业的接班人，是国家和民族的希望。提高未成年人的法律素养，关系到中华民族整体素质，也关系到国家的前途和命运。提高未成年人法律素质，保障未成年人健康成长，是全社会不可推卸的重要责任。作为宪法规定的法律监督部门，检察机关全面推进法治教育宣传进校园，通过检察长担任法治副校长普及宣传法律知识遵守法律规范，有利于提高未成年人辨别是非的能力，有利于培养未成年人的法治意识，有利于中国特色社会主义事业依法治国方略的推进。

🌐 部分新闻链接

　　1. 中新网 2019 年 6 月 28 日：《甘肃推行检察长履职"法治副校长"增强师生法律意识》

　　2. 每日甘肃网 2019 年 6 月 28 日：《甘肃省检察院检察长朱玉受聘担任兰州一中法治副校长》

　　3. 检察日报正义网 2019 年 6 月 27 日：《甘肃：大检察官受聘担任兰州一中法治副校长》

　　4. 甘肃日报 2019 年 6 月 29 日：《省检察院检察长履职"法治副校长"》

　　5. 甘肃法制报 2019 年 6 月 28 日：《朱玉受聘兰州一中法治副校长》

　　6. 人民网甘肃频道 2019 年 6 月 29 日：《检察院检察长履职"法治副校长"》

 **授课讲稿**

尊敬的各位老师、同学们：

大家下午好！

接过聘书，戴上校徽，我就是咱们兰州一中的一员了，我非常高兴，也感到很荣幸。习近平总书记指出，全面依法治国，要坚持法治教育从娃娃抓起。最高人民检察院张军检察长强调，要促进培养学生的法治意识，推动将法治教育纳入学校教育体系。张军检察长用实际行动为我们作了很好的表率。下一步，全省各级检察院的检察长都要深入各地中小学，推动开展"法治进校园"活动，以检察官的名义，把法治搬进学校，帮助同学们强化法治意识，树立正确的法治观，用法治精神滋养青少年学生健康成长，带动全社会关爱未成年人成长。

兰州一中是一所有着110多年悠久历史、底蕴深厚的省级示范高中，在座的同学们都是全市中学生中的佼佼者，未来将成为各领域的精英，包括成为中国特色社会主义法治事业的接班人、推动者。法治兴则国家兴，青年强则国家强。希望今天的活动对同学们增强法治观念，树立法治意识，运用法治思维走好人生之路有所启发、有所帮助。下面，围绕尊崇法律，护航成长，做社会主义法治时代的好青年，我想和老师、同学们介绍三点自己的认识和体会。

一、遵从法律，敬仰法律

我注意到，咱们一中的校徽上有篆书"弘毅"二字，这也是咱们一中的校训。"弘毅"出自《论语·泰伯篇》"士不可以不弘毅"，弘者，大也；毅者，强而能断。以此为训，是希望我们一中的每一位同学都能够做到志向远大，意志坚强，将来成为承担社会、国家和民族重任的栋梁之材。《韩非子·有度》中也说，"奉法者强，则国强；奉法者弱，则国

弱"。又可见法之重要。

法，这个字最早见于金文"灋（fǎ）"。左边由"水"字，右边由"廌（zhì）""去"两个字上下构成。"水"，表示执法公平如水，"廌（zhì）"代表传说中明辨善恶是非的神兽獬（xiè）豸（zhì），"去"可以理解为去除不公。那么，大家一听就明白了，法是以公平正义为目的，用明辨是非的神兽去除不公的一种标准或者制度。所以，古人说：法者，天下之程式、万事之仪表。讲的就是法律是衡量是非曲直的标准，是人们应当遵守的行为规范。习近平总书记曾经说过："法律是什么？最形象的说法就是准绳，用法律的准绳衡量、规范、引导社会生活，这就是法治。"

早在春秋时期，楚昭王的国相石奢，他为人公平正直，一次出行属县，遇到途中有凶手杀人，他追捕凶犯，发现凶犯竟然是他的父亲。他放走了自己的父亲，把自己囚禁起来，并派人告诉楚昭王，杀人的凶犯，是自己的父亲。如果以惩治父亲来树立功绩，是不孝；如果任父亲犯罪而不服法，是不忠。请楚昭王判处他死罪。楚昭王爱惜石奢孝顺又为人刚正，就赦免了石奢，让他继续治理国事。但石奢却说，尊崇法律，是为臣的职责。最后，自杀徇法。

这就是石奢徇法的故事。

古希腊著名哲学家苏格拉底，他生前被人诬陷，以亵渎神灵、腐化和误导青年等罪被判处死罪。临刑前，他的老朋友克力同劝他越狱逃跑。苏格拉底说，如果人人都以判决不公为由拒绝服从判决，那么国家怎么能有规矩呢？如果一个人自愿生活在一个国家，并且享受这个国家法律给予的权利，这不就等于是与这个国家之间有了一个契约吗？在这种情况下，不服从法律就是毁约，是十分不道德的。最后，苏格拉底饮毒酒服了死刑。

这两个故事告诉我们，比守护生命更重要的是遵从法律、敬仰法律。作为青少年学生，我们如何做到这一点呢？我觉得首先要严守规矩。我们知道，规是正圆的工具，比如同学们常用的圆规；矩是正方的工具，比如木匠常用的方尺。规矩二字合成一词，通常指某种标准、法则或习惯。在社会生活中，规矩无时不在、无处不有，自然规律是规矩——天体运动、四季轮回、物种演化，无不遵循着某种自然法则；社会习俗是规矩——行为习惯、生活伦理、家风家规、包括约定俗成的各种"老理儿"，都具有让人不得不遵从的内在约束力；规章制度是规矩——法律法规、党纪党规、校纪校规等，所有落笔成文，写在明面上的规定要求，都是人们不可触碰的社会规矩。规矩是一张防护网，它划定边界，建立框架，一方面对它所认可的行为进行保护，另一方面又对它反对的行为予以排斥。比如，在海边游泳，警戒线就是规矩，只要在防护网保护的区域内，就没有暗礁之忧、鲨鱼之患，可以尽情享受大海的乐趣，反之，就可能会遭遇危险。前两年，两名女性游客在北京八达岭野生动物园自驾游时，无视"禁止下车"警示标语，擅自下车，遭到园内野生东北虎袭击，造成一死一伤的严重事故。这些年类似的事情时有发生、时有报道，这都是不知敬畏、漠视规矩而引发的血淋淋的教训。所以说，一个人来到这个世界上，若没有敬畏之心，"天不怕，地不怕"，百无禁忌，那是非常危险的。

在所有的社会规矩当中，法律法规是最重要最严苛的规矩，是每一个人都不能逾越的底线，其他规矩如家风家规、社会主义道德、校纪校规、社会主义核心价值观等则是每一个人都应当追求的高线。高线和底线就像磁铁的两极，做到了高线，就会远离底线。我们曾经办理过这样一起案件，发生在咱们省一个县的高中。

小张和小李是同学，因为碰掉了桌子上的书本发生争吵，进而双方分别找了所谓的"朋友"，大打出手。过程中，女生小李找来的王某、陈某等人用棍子、砖头把女生小张的头给打破了。经鉴定，女生小张头部外伤为重伤二级。

在这起案件中，虽然当事人未满18周岁，但由于造成了严重后果，小李、王某、陈某等人还是以故意伤害罪被判处1年3个月至2年6个月有期徒刑不等的刑罚。因为一点微不足道的小事发展成为如此严重的刑事犯罪，冷静看来无疑是极不值得的。社会主义核心价值观教育我们

要友善，校规校纪要求我们同学之间要团结，结果因为一时冲动，把这些"规矩"都抛之脑后，还触犯了法律底线，受到了法律制裁，真是追悔莫及！希望同学们认真吸取教训，时刻对标高线，远离底线，以实际行动尊崇法律，不让冲动成为魔鬼，不使青春沾染污渍。

二、崇尚法治，信仰法治

说到"法治"，相信同学们并不陌生，大家耳熟能详的社会主义核心价值观中就有"法治"要求。但是，如果要问在座的各位同学，到底什么是"法治"？答案可能五花八门。事实上，千百年来，人们对"法治"一词有过多种解读，诸如"条文之治""规则之治""良法善治"等，古希腊哲学家亚里士多德早在两千多年前就曾指出，"法治应当包含两重意义：已成立的法律获得普遍的服从，而大家所服从的法律本身又应该是制定得良好的法律"。他的核心思想就是"良法善治"，这也是现代法治的灵魂所在。我们党的十八届四中全会决议强调，"法律是治国之重器，良法是善治之前提"。我们把法治的内容主要概括为两个方面，一是良法，二是善治。良法是法治的前提，所谓"立善法于天下，则天下治；立善法于一国，则一国治"就是这个道理。因此，我们说，法治本身不仅是规则之治，而且必须是良法之治。这里的"良"，就是反映群众意愿，维护群众权益，符合科学规律，它的价值追求是权利本位和程序正义，也就是通过法定程序，保护广大人民群众的合法权益。而善治，就是制定得好的法律得到大家普遍遵守、有效实施。

与"法治"相对应的则是"人治"，顾名思义"人治"是靠个人来治理国家。具体讲，就是依靠一个或几个"贤明"的统治者即国家领导人治理国家事务。其本质就是专制，是一人或几人之治，就是把国家的命运、社会的稳定与繁荣、百姓的安康与幸福系于个人的贤明与好恶，这是一种冒险，一旦出现专制独裁、愚昧暴政，则必然造成社会动乱、国家衰败。希特勒就是这样一个典型的例子，他挑起的第二次世界大战，将 60 多个国家和地区拖入战争泥潭，五六千万人死于战争。在我国古代，像桀、纣那样敲骨验髓、剖腹验胎的暴君，"何不食肉糜"的晋惠帝，伺鹰弄犬、荒诞无常的明武宗那样的昏君数不胜数，相反像尧、舜、文、武这样的贤明之君却少之又少。正如亚里士多德在同他的老师柏拉图讨论"由最好的一人或由最好的法律统治，哪一方面较为有利"这个问题时，亚里士多德认为"法治应当优于一人之治"。理由是：法律是由许多人制定出来的，多数人的判断总比一个人的判断要可靠；人难免感情用事，实行人治容易出现偏私。他还说："凡是不凭感情因素治事的统治者总比感情用事的人们较为优良，法律恰正是没有感情的。"因此，到目前法治是被人类社会普遍认同的最好的治理方式。

习近平总书记指出，"全面推进依法治国涉及很多方面，在实际工作中必须有一个总揽全局、牵引各方的总抓手，这个总抓手就是建设中国特色社会主义法治体系"。它主要包括完备的法律规范体系、高效的法治实施体系、严密的法治监督体系、有力的法治保障体系、完善的党内法规体系等五大体系。这五大体系涵盖了立法、执法、司法和守法等法治的四大要素。我国现行有效的法律有 267 部，行政法规 756 部，地方性法规一万多部。就是这么多纷繁复杂的法律法规，共同构成了中国特色社会主义法律体系。在这庞大的体系中，宪法是根本法，是万法之母，其他所有的法律法规都是依据宪法制定的。形象地说，宪法就像母亲一样，孕育了数千子孙后代，并同这几千个子孙一起治理着国家和社会。有了法律，就要实施法律。酒后驾车、超速行车、违规停车等，被交警现场查获或被电子警察抓拍了，要被罚款扣分；校园周边的小饭馆小商店，若没有取得食品生产经营许可而从事食品生产经营活动，或生产经营不符合卫生标准的食品，被市场监管部门发现后要进行处罚，这都是有执法权的机关和人员管理规制社会的执法行为。如果饮酒过量达到醉酒程度还去开车，或者生产销售不符合食品安全标准的食品，造成严重食物中毒事故，那就触犯了刑律，就需要检察院提起公诉，法院去审判、去判刑，这就进入了司法环节。另外，法院还审理民事案件、行政案件。

比如，别人欠你钱不还，你可以向法院起诉；有执法权的机关和人员对你进行行政处罚，你不服，也可以请求法院纠正，这都是"司法"。最后就是要"守法"。要做到守法，前提是要学法、懂法。前面讲了，我们国家现行的法律就有267部，这还不包括行政法规和地方性法规，这么多的内容，即便是法学专业毕业、从事法律工作几十年的法官、检察官、律师也不可能尽数掌握。一般人只需弄懂跟自己工作、生活紧密相关的一些法律基础知识就可以了。比如，在座各位同学，就需要学习弄懂宪法所规定的关于公民的基本权利和义务，需要学习弄懂刑法、治安管理处罚法、未成年人保护法等法律法规中的基本内容，知道哪些行为法有禁止不可为，哪些行为法无禁止可以为，哪些行为法有规定必须为，哪些行为法有倡导积极为就可以了。女同学以及各位女教师、女家长还要学习掌握妇女权益保障法所规定的关于保护妇女儿童权益方面的法律知识。只有学习掌握了这些法律知识，明白了自己在日常学习、工作、生活中可以行使哪些法律权利，应当遵守哪些法律义务，才能把握好行为边界；才能在权利受到侵害时，懂得运用法律武器维护自己的合法权益；也才能避免侵害他人的合法权益。

社会主义法治体系和法治的要素，大家了解了。那么，我国法治建设的突出问题是什么呢？是法治意识尚未普遍形成、深入人心。法国启蒙思想家卢梭说过："一切法律之中最重要的法律既不是刻在大理石上，也不是刻在铜表上，而是铭刻在公民的内心里。"习近平总书记也强调指出："宪法法律的权威源自人民的内心拥护和真诚信仰。"这里，作为大家的法治老师，关于如何树立法治信仰，养成良好的法治意识，我要给大家敲黑板划一划重点。

一是要树立规则意识。规则意识，就是自觉遵守各种制度规范的意识，是法治意识的核心，也是法治的试金石。我们知道人有个体意义和社会意义两种属性。作为社会意义上的人，必须和其他人共同生活，在社会这个共同体当中生存、发展。因此每一个人都必须要顾及自己的行为界限。也就说社会必须要有秩序。这种秩序就需要我们每个人对自己的行为作出一定的约束。这个约束有的是自律,大部分需要靠他律,也就是规则。无规矩不成方圆,国有国法,家有家规,校有校纪,这在第一点中讲到了。一个不懂得遵守"规则"的人,在家随心所欲,让父母头疼,在学校任性妄为,让老师操心,一旦进入社会,就可能随意跨过规则底线,轻则受道德谴责,重则受法律的制裁。树立规则意识,关键是要从小事做起,自觉遵守社会公德,自觉遵守校纪校规,甚至是自觉遵守游戏规则,等等。

二是要树立权责意识。所谓权责意识,就是权利和责任意识,或者说是权利和义务意识。马克思说过:"没有无权利的义务,也没有无义务的权利。"可见,权利和义务是密不可分的统一体。我们每一个人所享有的权利和自由,要有义务的履行为条件,受义务的制约。享受权利,并不是为所欲为,而要以保证他人也同样享有相应权利为前提。我国《宪法》第 33 条规定:"任何公民享有宪法和法律规定的权利,同时必须履行宪法和法律规定的义务。"我国公民权利和义务的一致性,既要求公民增强权利观念,依法行使权利,又要求公民增强义务观念,依法履行义务。那种只想享受权利,不愿履行义务的观点和行为是错误的;想多享受权利、少履行义务的观点和行为也是错误的,这就是法律所说的权利与义务对等。法律会保护你的权益不被侵害,同时也要求你不能随便侵害别人的权益。卢梭所说的"人生而自由,却无往不在枷锁之中"就是这个道理。所以说,正确行使权利,是崇尚法治的重要表现;自觉履行义务,更是崇尚法治的重要表现。作为青少年学生,也是如此,要正确行使权利,积极履行义务。

三是要树立诚信意识。诚信总体上属于道德范畴,同时也是法治的必然要求,讲诚信、守诚信,就会少很多矛盾、纠纷。我国古代商鞅徙木立信的故事、曹操割发代首的故事,既是诚实守信的体现,也是遵守规则的范例。我们学历史知道,17 世纪初的时候,全世界最强盛的国家要数葡萄牙、西班牙,荷兰只是两国商品贸易的中间人,负责从"两牙"装载香料、丝绸和黄金运往欧洲其他国家,又从欧洲其他国家向"两牙"

运送小麦、木材和铁器。由于荷兰商人特别信守承诺，从不侵占客户的财产，甚至为了保护客户运送的商品，不惜牺牲性命，逐渐地得到了欧洲各国的信任，也获得了"海上马车夫"的美誉。就这样，到了17世纪中叶，荷兰超过西班牙、葡萄牙，成为当时世界上最强大的海上霸主。这段历史告诉我们，在贸易全球化的今天，对于成为世界第二大经济体的中国，要实现民族的伟大复兴，就必须要有这种诚信意识和契约精神。党的十八届四中全会决定明确提出"要加强社会诚信建设，倡导契约精神"，就是基于这一目的。这就要求同学们，从现在开始，就要培养这种意识，说到做到，诚实守信。

四是要树立主体意识。主体意识就是人人积极参与国家治理的意识，也就是我们通常所说的"主人翁"意识。这些年我们国家的最大变化之一，就是人民群众主体意识的逐渐觉醒。有社会学家指出，人的现代化就是从"消极公民"转变为理性参与公共事务的"积极公民"。进入新时代，我们国家、社会的主要矛盾发生了重大变化，人民群众对物质文化的需要不断得到满足的同时，对民主、法治、公平、正义、安全、环境又有了新期待。随着互联网和智能手机等移动终端的普及，老百姓对与自己无关或者关系不大的事情，从过去的"事不关己高高挂起"，到现在的网上积极"围观"、互动、全面参与，充分说明共商共建、共治共享的"积极公民"意识越来越深入人心。作为青少年学生，大家也应当树立这种意识，积极理性地参与公共事务，不断涵养"无穷的远方、无数的人们，都与我有关"（语出鲁迅先生文章《这也是生活》）的公共精神。今天，大家以主人翁的心态积极参与学校公共事务，明天就会以主人翁的心态，参与到国家和社会的治理当中。一个人的力量或许微不足道，但是所有人的力量相加，就足以升腾起改变时代、推动进步的"正能量"。所以说"你所站立的地方，就是你的中国；你怎么样，中国便怎么样"。

三、践行法治，从我做起

首先，作为检察官，我要根据宪法和法律规定，忠实履行法律赋予的监督职责，落实好作为一个司法者的普法责任。检察官在检察院工作，那么，同学们可能又要问了，检察院是干什么的呢？前两年演过一部电视剧叫《人民的名义》，想必很多同学都"追"过，它很真实地勾画了检察机关的基本职能。不过随着这两年司法体制、监察体制改革，检察机关的职能又有了新的增减。比如反贪污贿赂、反渎职侵权的职能转隶到了监察委，保留部分侦查权，同时被赋予新的职能。概括起来，目前主要有四大板块、三大职能，四大板块也叫四大检察，指的是：刑事检察，民事检察，行政检察和公益诉讼检察；三大职能就是追诉、诉讼监督和司法审查。这是根据不同标准对检察职能进行的划分，三大职能的划分侧重于工作性质，体现了法律监督的全覆盖，国家有刑事、民事、行政三大诉讼，检察院有相应的三大监督；法院有刑事、民事、行政三大审判，检察院有相应的三大追诉，这是从功能上进行划分，也是一种相对专业的说法。而四大检察之说则侧重于工作角度，它涵盖了三大职能，是一种更加通俗、便于理解的说法。

具体来说，刑事检察，就是有了违法犯罪，公安机关就要立案侦查，检察机关就要对公安机关的立案工作、侦查工作进行监督。如果公安机关有证据证明犯罪嫌疑人有犯罪事实，可能判处徒刑以上的刑罚，采取取保候审等措施尚不足以防止发生社会危险性的，就要移送检察机关审查批准逮捕。批捕以后，按照检察官提出的补充事实、证据要求，公安机关继续侦查，完成相应工作后，移送人民检察院，检察院审查后，向法院提起公诉，追究犯罪嫌疑人的刑事责任。开庭审判的时候，检察官要出庭支持公诉，这就是检察机关的刑事检察职能，也是最基本的职能，此后还要对审判、刑罚执行工作进行监督，包括提出抗诉、再审检察建议，对监狱、看守所等进行监督。民事和行政检察，就是对法院作出的已经生效的民事裁判、行政裁判，当事人不服，认为确有错误、不公正

的，检察院接到当事人的申诉，经过审查，认为确实有违反法律规定，处理不公正，或者是事实证据没有搞清楚的，就要按照法律规定向法院提起抗诉，法院依法应当重新审判，这是对法院民事、行政审判工作的检察监督。公益诉讼检察，是新修改的民事诉讼法、行政诉讼法赋予检察机关一项新的职能。就是国家机关不履职，或者是社会上有关公司、企业、个人的违法行为侵害了社会公共利益，那么检察机关作为社会公共利益的代表，按照法律规定有权向人民法院提起诉讼，要求法院作出判决，判定相关的机关必须履职，相关的当事人必须纠正自己的违法行为，作出相应的赔偿。举个例子，2018年有个县的一个小学生因购买校园周边小卖部的食品而引发中毒，引起了全县家长、学生和老师的高度关切，县检察院调查后发现全县40多所中、小学校附近的60多家商店、小卖部不同程度存在销售超保质期、无生产日期、来源不清的食品、饮料等问题。检察院向市场监管局发出检察建议，要求市场监管局依法履行职责，加强对校园周边食品安全监督检查。收到检察建议后，市场监管局对全县范围内的商店、食品生产、加工、销售等经营场所进行了专项治理，查获并销毁了将近200公斤过期、无标签标识等不合格食品，消除了大家舌尖上的安全隐患，取得了良好的社会效果。但是，如果我们发了检察建议，市场监管局仍不履职，我们就要将它诉上法庭。除此以外，还有空气、土壤、河流污染了，资源环境破坏了等，如果监管单位不履职或不充分履职，检察机关都可以提起公益诉讼。以后，同学们如果发现了这一类的线索，欢迎大家拨打12309检察服务热线告诉我们。下一步，我们省检察院还要研发专门举报公益诉讼问题线索的APP，大家可以下载到手机上，发现相关问题后拍几张照片发送给我们，经过我们调查，发现大家举报的问题属实，我们会有奖励的哦！

此外，还有一项与大家都有关系的检察职能，就是未成年人检察工作。面对未成年人这样一个特殊群体，我们省检察院和各个市州检察院都专设了未成年人检察部，县（区）检察院也有专门负责这项工作的检察官，采用或监督相关机关使用符合未成年人身心特点的工作方式和办案措施，审慎、谦益、善意办理涉及未成年人案件，维护青少年的合法权益。如讯问时要有监护人等在场，督促法庭不公开审判，对可捕可不捕的不捕，可提起公诉可不提起公诉的不诉，有的还可以适用附条件不起诉。同时，我们要会同有关部门注重从源头预防未成年人犯罪，也防止对未成年人的不法侵害。2018 年底，最高人民检察院针对加强校园安全管理，预防性侵害幼儿园儿童和中小学生违法犯罪的发生，向教育部发送了 2018 年最高人民检察院"一号检察建议"，也让我们转送各级教育厅局及其主管领导，希望教育部门和学校等共同落实好"一号检察建议"。今天来讲课，做的就是"谁执法谁普法"，把法治课搬到学校，就是让更多同学知道，有一个单位叫检察院，负责依法保护未成年人的合法权益，是你们的好朋友。

其次，作为青少年，作为学生，大家要学法、知法、守法，关键是要用法律规范约束自己的行为。自 2018 年 1 月份以来，全省检察机关共批准逮捕未成年犯罪嫌疑人 1193 人，以 60 人为一班的话，相当于 20 个班的总人数，触目惊心、令人痛心啊！学法、知法、守法更关键的是要用法律武器保护自己，假如同学们某一天也遇到校园欺凌该怎么办？我告诉大家，一定不要做沉默的羔羊，要第一时间告诉老师、家长和同学，甚至拨打 110 报警寻求司法机关的帮助。要用校纪校规对逾矩的行为说"不"，用法律法规对违法犯罪"亮剑"，在全社会形成人人喊打的局面，这类案件才会越来越少，大家的学习生活环境也就会越来越安全、和谐。

最后，作为老师、家长，要以身示范，加强自我约束，履行好教育职责。著名教育家陶行知曾经说过，先生不应该专教书，他的责任是教人做人；学生不应该专读书，他的责任是学习人生之道。学生，就是学做人生。作为法治副校长，在这里我向同学们的家长提出期望、向各位老师提出建议，作为共勉。家长作为孩子们的第一任老师，要重家教立家规传家训正家风，传承中华民族优良传统，让中华民族文化基因在广大青少年心中生根发芽，同时也要注重吸收人类文明的优秀成果，面向世界、面向现代化、面向未来。各位教师，也包括我这个法治副校长，

要把"修身"与"治学"结合起来，"言传"和"身教"结合起来，自觉践行社会主义核心价值观，自觉做社会主义法治的崇尚者、遵守者和捍卫者，做到"学法为人师，行法为世范"。

同学们，高中生涯是人生的重要阶段，是最美好的青春年华，让我们一起努力，从我做起，从现在做起，从小事做起，努力成为社会主义合格的建设者和可靠的接班人，为祖国的建设发展繁荣作出应有贡献。

谢谢大家！

学法懂法守法用法　做新时代合格接班人

青海省人民检察院党组书记、检察长　蒙永山

授课情况

授课时间： 2019 年 6 月 26 日

授课地点： 青海师范大学附属中学

授课对象： 高一、高二全体学生

逻辑结构： 围绕青少年学生学法、懂法、守法、用法，做新时代合格接班人的主题，主要通过讲解法的意义，青少年常见违法和犯罪情形，预防违法犯罪和依法保护自身合法权益的方式开展讲座。帮同学们解答好三个问题：学法的意义是什么；如何做守法公民；怎样运用法律武器保护自身合法权益不受非法侵害。

✍ 目的效果

推进法治副校长工作是落实新时代全面依法治国战略部署和习近平总书记重要指示精神的一项重要举措，也是落实最高人民检察院关于"检察长带头兼任中小学法治副校长"部署要求的实际行动，目的就是让法治走进校园，增进检察官和同学们的感情，增强老师和同学们的法治意识。

🌐 部分新闻链接

1. 人民法治网 2019 年 6 月 29 日:《青海省人民检察院党组书记检察长蒙永山担任青海师大附中法治副校长并讲授法治课》

2. 青海检察 2019 年 7 月 1 日:《二级大检察官、省检察院党组书记、检察长蒙永山担任青海师大附中法治副校长并讲授法治课》

3. 中新网 2019 年 6 月 26 日:《青海省人民检察院检察长蒙永山担任青海师大附中法治副校长》

授课讲稿

尊敬的各位同学、各位老师，同志们：

大家好！

非常高兴能有这么一个机会和大家交流。下午，我参观了同学们美丽的校园，看了几个班的综合实践课，又和学校的老师进行了交流，很羡慕大家有这么好的教学环境，有这么多知识渊博的老师！刚才，樊校长给我颁发了青海师范大学附属中学法治副校长的聘书，马如璇同学给我佩戴了校徽，从今天开始我就是师大附中这所优秀中学的一员了。非常感谢大家对我的信任，能和年轻的你们一起学习法律知识、弘扬法治精神，这是我的荣幸！下午走进校园，让我感慨万千感触良多，一是感慨读书时候的美好，尤其是看到同学们激情、阳光、灿烂的笑容，我就想起了我的读书生涯，想起自己在中学学习期间的往事。中学时期是充满美好回忆的阶段，希望同学们经历的点点滴滴，也包括今天和以后的每一次交流，都成为你们人生道路上美好的回忆。二是羡慕大家拥有的大好青春年华，赞叹大家所拥有的美好时代！校园是这么美丽，刚才我参观同学们的厨艺、音乐等实践课程时，大家真是多才善艺，祝愿你们成为实现中华民族伟大复兴中国梦的栋梁之才。习近平总书记说过，青年兴则国家兴，青年强则国家强，青年一代有理想、有本领、有担当，国家就有前途，民族就有希望。看到你们，我对我们国家的未来充满信心！

今天到师大附中参加法治副校长聘任仪式并讲课，是落实新时代全面依法治国战略部署和习近平总书记重要指示精神的一项重要举措，也是落实最高人民检察院关于"检察长带头兼任中小学法治副校长"部署要求的实际行动，目的就是让法治走进校园，增进检察官和同学们的感情，增强老师和同学们的法治意识。也希望今天的活动能够给全省各市州其他学校开展法治教育做出榜样。下面，我想围绕青少年学生学法、

守法、用法，做新时代合格接班人，和老师、同学们交流自己三个方面的体会和认识。

一、学法的意义是什么

要回答这个问题，我们得先说说什么是法，这里我先给大家举几个我国现行的法律规定。未成年人保护法就有这样的规定："虐待未成年的家庭成员，情节恶劣的，依照刑法第一百八十二条的规定追究刑事责任。""对未成年人负有抚养义务而拒绝抚养，情节恶劣的，依照刑法第一百八十三条的规定追究刑事责任。"

还有，预防未成年人犯罪法规定，具有以下严重不良行为，构成违反治安管理行为的，由公安机关依法予以治安处罚：（1）纠集他人结伙滋事，扰乱治安；（2）携带管制刀具，屡教不改；（3）多次拦截殴打他人或者强行索要他人财物；（4）传播淫秽的读物或者音像制品等；（5）进行淫乱或者色情、卖淫活动；（6）多次偷窃；（7）参与赌博，屡教不改；（8）吸食、注射毒品；（9）其他严重危害社会的行为。

从以上可以看出，法律既有保护的规定，又有禁止和惩戒的规定，那法到底是什么呢？法学界通常给法的定义是指：由社会认可国家确认立法机关制定规范的行为规则，并由国家强制力（主要是司法机关）保证实施的，以规定当事人权利和义务为内容的，对全体社会成员具有普遍约束力的一种特殊行为规范，也可称为社会规范。也有人讲法律可以说是"黑色"的，因为它在犯罪人面前，意味着判决、处罚；法律亦可以说是"红色"的，因为它在无辜者面前，代表着正义，公平。

当然，要说清楚法律，我们必须先说说规范和规则。俗话说，没有规矩，不成方圆。从我们自身讲，家有家规，比如，要尊敬长辈、礼貌待客，还要承担家庭的责任，遵守家里的规矩；单位有规章制度，每一个人要严格遵守，不得出格；学校有校规，违反校规学生是要受到惩罚的。从社会层面讲，社会有社会公德，我们的公德就是社会主义核心价值观，这是每一个中华人民共和国公民都应该维护和践行的准则。这些规则和规范的约束是要靠大家的自我修养来落实的，体现的是一个人的综合素质，是大家应该尊崇的一种习惯。法律则不同，法律是具有强制性的，法律面前人人平等，如果违反了法律的规定，是要受到惩罚的。也许有些人会认为，人应该拥有自由，而自由是由自己来决定的，有了法律的约束，人就没有自由了。我看这个观点是不对的，起码是不全面的。孟德斯鸠说"自由是在法律许可的范围内任意行事的权利"，这也告诉我们，法律限制了人们的某些任性的自由，但法律保护了大家的安全，维护了社会秩序！大家有没有想过，在一个有规则、有规矩的社会中生活，你能不顾一切地去追求自由吗？当然不能！记得一本书里说过，没有自由的秩序和没有秩序的自由，同样具有破坏性。所以，作为一个社会人，你不能完全以自我为中心，不能随心所欲、为所欲为。因为在这个社会里，并不是只有你一个人，我们所拥有的自由是在法律约束下的自由，如果没有法律，或者不遵守法律，那么我们也不会拥有自由。举个简单的例子，马路上加设红绿灯，我们遇到红灯的时候不能继续前进，耽误了路上的时间，但是交通灯又保障了我们在绿灯的时候可以安全地通行。又比如，法律禁止我们动手打人，限制了我们的自由，但是又保护我们不被其他人伤害。我想大家应该明白法律是什么了吧。既然法律是如此的重要，那我们就应该遵守法律，应该学法、懂法。我们广大的青少年只有学习了法律知识，才能知道什么是合法、什么是违法，学会分辨是非、识别善恶，从而养成遵纪守法的良好习惯。

总结一下，我们学法，至少有以下三层意义：

第一，学法是保证我们安全成长的必然选择。同学们的每一步成长都需要社会各界的关心呵护。但仅靠外界的帮助是不够的，因为你独立的思考和行为必须要靠自己来约束，而你的每一步成长都应该是完美的，一失足就可能是一生的悔恨。比如，下面这个案例：

西宁市某职业学校的两名学生索宇（化名）与李深（化名）因乘坐学校电梯时发生撞擦而起了争执，随后两人在学校5楼厕所里发生厮打，

后双方相约下午下课后在省某学院北门处打架。当日 16 时 50 分许，双方共纠集 40 余人手持木棒、石块、伸缩棍等作案工具在省某学院北门处打群架，致使参与斗殴人员云帆（化名）被打成重伤，之后，云帆的几名同伴将其送往西宁市中医院进行治疗，因其伤势严重，经中医院医务人员止血包扎后，云帆被同伴送至西宁市第二人民医院进行抢救。云帆因钝器击伤头部，致其颅骨骨折，颅内出血过多死亡。最终，参与斗殴的学生受到法律的制裁。参与办理这起案件的检察官在办案手记中写道："犯罪嫌疑人还是十七岁的未成年人，走上犯罪道路既有同龄人犯罪共同点，又有其独特的原因……他因为对法律的无知，造成了严重的后果，给自己的青春年华罩上了抹不去的乌云。其实他很单纯，正值风华正茂之时，走上犯罪道路，实在叫人痛惜……"

同学们，当我念到这里，不知你们有何感想，但我想说的是，从某种意义上讲，如果视法律或者学校的校规校纪为儿戏，那是非常危险的，这绝不是危言耸听。如果上面所提到的这位同学能够多学一些法律知识，懂得一些社会的基本规则，就决不会走进监狱的大门，请同学们三思。所以我们学法就要知道什么是可以做的、什么是不可以做的、违反了将要受到怎么样的制裁，等等。我们的检察官在办案中也发现，大多数涉罪未成年人缺乏基本法律知识，一时兴起就犯下严重的错误。所以说，我们广大的青少年学生，只有学习了法律知识，才能知道什么是合法，什么是违法，学会分辨是非，才能让自己人生的第一粒扣子扣好，行稳致远。

第二，学法是促进社会文明进步的必然要求。亚里士多德说，法律就是秩序，有良好的法律才有好的秩序。从社会角度来说，法律在构建社会秩序中起着主要作用，法律的形成保证着人类的生存，保证着社会的发展。另外法律提供给个人选择的机会。法律明确行为模式，让行为人选择有利于自己的模式。法律将个人自由赋予法律的形式，成为法律权利，使自由得到国家强制力的保护。对一个组织来说，在提倡兼顾平等与效率的同时，法律最大限度地保障了效率的实现。对普通民众个体来说，法律确认利益，通过平衡冲突进行社会控制，解决社会纠纷，平息社会矛盾。另外，法律还有教育意义，我国先贤所谓"明刑弼教""以法为教""刑期无刑""禁一奸之恶而止境内之邪"，这也就是说，法律通过其本身的存在及运作产生广泛的社会影响，教育人们弃恶从善，按律行事。以上可以看出，法律与这个社会上的每个组织、每个人都息息相关。

第三，学法是提高国家治理能力现代化的必然途径。《管子·明法解》说："法者，天下之程式也，万事之仪表也。"这也告诉我们，应该用法律来规范和调节社会关系、维护社会秩序。"当事而立法，因时而制礼。"法治是迄今为止人类社会发现的治国理政最佳方式，也是提高国家治理能力现代化的必然选择。2015 年，中央全面深化改革领导小组会议审议通过的《党的十八届四中全会重要举措实施规划 (2015—2020 年)》，成为当前和今后一个时期推进全面依法治国的总施工图和总台账。2015年是全面推进依法治国的开局之年，而行动早已在路上。其实早在 1997年召开的党的十五大，我国就正式提出了依法治国、建设社会主义法治国家。党的十八大以来，中央全面深化改革领导小组的会议，多次提及司法领域的改革意见和方案，足以证明全面依法治国与全面深化改革的相辅相成。2015 年立法法修改完善被称为"用良法管住'任性'的权力"的标志性一招。习近平总书记在党的十九大报告中指出，新时代要进一步深化依法治国实践、建设社会主义法治国家，使遵法守法成为全体人民的共同追求和自觉行动。增强法治观念、遵法守法，首要的是学法。未来，全面依法治国将更加巩固其作为社会发展进步的保障角色。

二、怎样守法

习近平总书记讲，法律的生命在于实施。立法者制定法的目的，就是要使法在社会生活中得到实施。如果法制定出来了，却不能在社会生活中得到遵守和执行，那必将失去法的权威和尊严。正如我国清末法学

家沈家本所说："法立而不行，与无法等，世未有无法之国而长治久安也。"这也就是说，只有全社会都来尊法、守法进而树立法律在国家和社会生活中的至上权威，才能真正实现依法治国。在讲怎样守法之前，我先讲讲青少年违法的情况。

我国法律规定，未满18周岁的公民都是未成年人。近几年来，在国际上，"未成年人犯罪"已被列为吸毒贩毒、环境污染之后的第三大公害。在我国，未成年人犯罪也呈现出逐年增多，并且向低龄化、团伙化、恶性化发展的趋势，成为影响社会稳定的重要因素。从我省来看，2016年至2018年，全省检察机关审查起诉未成年人犯罪案件522件1034人，审查起诉侵害未成年人犯罪案件270件403人，而且，这些案件是逐年增多的。

为什么会出现这种情况呢？心理学分析认为，未成年人最显著的特点是处于生理、心理发育成长的重要时期，体力充沛、精力旺盛、思维活跃、对新鲜事物充满好奇心，但此时的未成年人正是学习科学文化和社会知识的关键时期，对真正的真善美与假恶丑的是非概念模糊、可塑性大，极容易受不良社会环境影响。这一特点决定了未成年期是一个自我抑制能力相对薄弱的时期，是一个需要塑造、教育、保护的时期。正因为如此，有关专家把"十几岁"称作是"危险年龄期"，还有专家把这一时期称作是青少年成长过程中的"心理断奶期"。在办案中我们发现，最常见的几种未成年人易发犯罪类型与这个心理期特点有着密切关系。

第一种是好奇模仿报复型。模仿暴力较普遍存在于青少年之中，主要是模仿电影、网络等媒介中的坏习惯，作案时往往是一时冲动，不计后果。第二种是江湖义气哥们型。有的同学受一些港台及国外等影视作品的影响，平时在一起就大谈特谈什么"江湖义气""哥们义气"，为了"义气"和"面子"，易冲动，遇到矛盾时，一哄而上，结果往往伤了别人、也害了自己。第三种是网络犯罪。网络改变了我们的生活方式，一方面给我们带来了方便，另一方面又引发了一系列社会问题。据统计，这个年龄段的同学使用网络的占比很高，网络犯罪问题也特别突出。在网络上辱骂、恐吓他人，传播谣言，造成严重后果的就有可能构成犯罪。比如这个案例：

小孙在某论坛发布帖子"某地2路公交车车毁人亡的时刻到了，大家翘首以待"，该帖子寥寥数语，却瞬间引起了网友关注，引起社会恐慌。随即公安机关进行调查，当天下午将小孙抓获，对小孙处以行政拘留7日的处罚。

网络传谣的后果很严重，轻则治安处罚，重则触犯刑法，最高要判处5年以上有期徒刑。第四种是沾有不良嗜好型。未成年人走上违法犯罪道路，除了客观外界环境的影响外，其自身主观的原因，也是导致青少年违法犯罪比例不断上升的重要原因。根据我们对全省未成年人犯罪调查显示，若追究每一位劣迹青少年走上犯罪道路的历史，都与他们起初不自觉地参与过不健康的活动有关。从统计来看，网吧等娱乐场所已经成为违法犯罪高发场所。2016年至2018年，我省涉网吧或由网络行为引起的犯罪案件就有31件59人，其中有的同学为了满足上网、抽烟、喝酒等嗜好走上违法犯罪的道路，有的纯粹是逞强争霸、显示威风、寻求不健康的精神刺激。在他们的脑海里偏偏就没有"杜绝违法犯罪"和做"守法好公民"的概念。遵纪守法指的是每个从业人员都要遵守纪律和法律，尤其要遵守职业纪律和与职业活动相关的法律法规。遵纪守法是每个公民应尽的义务，是建设中国特色社会主义和谐社会的基石。

这里我给大家几个守法建议：

一要时刻铭记法律至上的理念，保持对法律的敬畏。要做到这一点，就必须树立远大的理想，要有正确的人生观和价值观，远离低级趣味。不能贪图享受、追求金钱，要坚决抵制拜金主义、享乐主义、极端个人主义等，这些，都会在我们心灵中产生极大的负效应，成为引发在校学生索取不义之财、满足物质享乐而不惜铤而走险的催化剂。二要认真学习各种科学文化知识和法律知识。在校青少年学生年龄尚小，正是学习各种知识的最佳时期，应该把自己的全部精力投入学习中去，而不可拉

帮结派，做违法犯罪的事情。三要养成自觉遵纪守法的良好习惯，遵守国家法律、法规及社会公共规范。古人说"勿以善小而不为，勿以恶小而为之"，如果从小养成了各种不良习性的话，以后要改正就很难；平时又不注重学习科学文化知识、不注重规范自己的言行，不按照各种规章制度做事，最后必将酿成大错。

三、怎么用法

在学法守法的基础上，同学们还要知道如何运用法律手段保护自己的合法权益。

这里我给同学们介绍两个发生在我们身边的案例。第一个发生在2016年。

在我省某地开办补习班的田某某，利用给时年12岁的被害人小花（化名）单独补课之机，将小花叫到卧室进行猥亵。小花回家以后立即将此事告知父母，父母立即报案。公安机关很快就将田某某抓获归案。案件经过逮捕、起诉、审判，最后田某某被判处有期徒刑3年。

在讲第二个案例之前，我给大家介绍一部名叫《悲伤逆流成河》的电影。不知道在座的同学有没有看过的。（学生发言略。）这个电影关键词是：校园欺凌。我想大家应该不会陌生，电影讲的是发生在上海的一个悲剧。我省同样出现过校园欺凌导致悲剧的案例。我们曾经办理过这样一个案件，15岁的陶某某，是某县一名初中八年级的学生。就在本属于美好、属于欢乐的六一儿童节过去不久，陶某某却选择用一种极端的方式结束了自己年仅15岁的生命。在遗书中，陶某某讲述了被同学欺凌的种种遭遇，他非常恨欺凌他的几名同学，正是由于长期受到欺凌，不堪侮辱，他选择轻生。

在我们检察机关办理的一些案件中，存在部分校园欺凌案件向刑事案件转化的现象。原本单纯的少年，在校园里做出不少欺凌别人、让人震惊的行为，不得不让我们自身以及学校提高警惕。由于长期的欺凌，同学之间的矛盾日渐积累，最终就会爆发，变成不可控的刑事案件。同学们，你们的成长是伴随着时代发展而成长起来的，在这样一个新的时代，我相信，你们拥有更多的是独立的精神。独立的人格和思想是一个人要实现自己价值的前提，而在这种独立精神的背后，应该是包容和接纳。在以往的校园欺凌的案例中，往往是那些"特殊"的同学，容易遭到"特殊"的对待，而这种对待，我想本质是一种狭隘。现在我们生活丰富多彩，无论学校、社会、国家之间都有不一样的生活方式，每一个人都拥有选择自己生活的权利和能力，我们应该知道，如果某一个人在某些方面与别人不一样，这也没有什么关系，学会认同自己、认同他人，学会接纳自己、接纳他人，感受到自己和他人是同样值得尊重的，也是中学时期非常重要的一课。

面对校园欺凌，正如电影中的那句台词一样："当受害者变成施暴者，当看客变成助推，在这一场名为'玩笑'的闹剧中，没有旁观者，只有施暴者……"所以，我们身处校园的每一名同学都应当有责任，面对校园欺凌的时候，一定要沉着冷静，不要一味地保持沉默，更不要以暴制暴，应当勇敢说不，要学会用法律的方式来客观冷静地解决问题。下面我给大家分享几个用法的建议。

首先，要牢固树立用法意识。学法就是为了更好地用法。时至今日，法治不仅是一种社会信仰，也是一种生活刚需，构成了美好生活的一部分。法治社会不能仅仅寄希望于"君子慎独"，而有赖于制度化约束。这也告诉同学们，遇到非法侵害时，要勇敢地运用法律维护自己的权益，让法律来保护我们。正如飞机、高铁上对吸烟的"零容忍"，让烟瘾再大的烟民也能在旅途中安分守己。当"高铁霸座"连续刷屏，绝大多数人倾向于要亮剑、要刚性执法。要用法律明辨和保护大家的各种权利，包括人身权利不受非法剥夺和侵害，避免违法对合法的野蛮挤占，让违法者无藏身之处。

其次，要养成用法解决矛盾的习惯。建设法治社会，必须让"遇事先找法"成为一种习惯。我国传统上有"屈死不告状"的老话，现实中

有"信访不信法"的案例，只能说明一些公民法治意识淡薄，这与我们新一代青少年是不相匹配的。社会在发展，人类在进步，法律在完善，人类社会发展到今天，法治已经成为各国治理的必然选择。我国社会主义的法治体系日臻完善。在面对矛盾和冲突时，我们每一位公民都应当树立法治思维，自觉运用法律去判断是非，自觉依靠法律去化解冲突，内心确信只有法律才能使摩擦和矛盾获得公平、公正的解决。

最后，要选择最佳的方式维护自身合法权益。同学们拿起法律武器保护自己的合法权益有多种途径，首先有一条就是必须采用合法的方式、按照法定程序进行，不能采取非法手段。对同学们来说，一般的问题还没有那么严重，大家可以向家长、老师报告，让他们先帮大家维护合法权益。当受到更大的侵害时，大家可以向有关部门、公安机关反映问题，求得法律帮助。当然，你们也可以直接向我们检察机关反映，因为检察机关不仅承担像电影《全民目击》里的公诉人的职责，我们还是国家法律统一正确实施的监督机关。省检察院这次机构改革后，专门设立了第八检察部，专门负责未成年人检察工作。做好未成年人检察工作，就是要最大限度保护未成年人合法权益，最大限度教育挽救涉罪未成年人，最大限度预防未成年人犯罪。欢迎大家"有事找检察"，我们一定会认真履行职责，切实维护好同学们的合法权益。

同学们，青少年是祖国的未来，民族的希望。加强青少年法律意识的培养，是贯彻依法治国方略的一项重要基础性工作，是培养新时代合格建设者和接班人的战略任务。青少年时期是人生最富有回忆和故事的阶段，也是长才干、长知识、树品德、养习惯的阶段。习近平总书记说，每个人的生活都是由一件件小事组成的，养小德才能成大德。少年儿童不可能像大人那样为社会做很多事，但可以从小做起，每天都可以想一想，对祖国热爱吗？对集体热爱吗？学习努力吗？对同学们关心吗？对老师尊敬吗？在家孝敬父母吗？在社会上遵守社会公德吗？对好人好事有敬佩感吗？对坏人坏事有义愤感吗？这样多想一想，就会促使自己多做一做，日积月累，自己身上的好思想、好品德就会越来越多了。我们全体检察人员将和社会各界携手为同学们营造健康成长的法治环境。希望同学们坚守法治信仰，刻苦学习、奋发向上，努力成长为有知识、有品德、有作为的新时代合格接班人，为实现中华民族伟大复兴的中国梦贡献力量！

今天和大家的交流就到这里，谢谢大家！

弘扬宪法精神
做新时代中国特色社会主义事业的合格接班人

宁夏回族自治区人民检察院党组书记、检察长　时侠联

📖 **授课情况**

授课时间： 2018 年 11 月 21 日

授课地点： 宁夏银川一中

授课对象： 高一学生 300 人

逻辑结构： 课程以"大家知道 12 月 4 日是什么日子吗？"这一问题切入。首先简要介绍我国宪法作为国家根本法的法律性质和 2018 宪法修正案的核心要义。其次以宪法五个部分的层次划分进行递进式讲解，重点讲述宪法规定的和未成年人密切相关的宪法权利和义务。再次以我国宪法与西方宪法及旧中国宪法进行对比的方法，阐明中国特色社会主义宪法的鲜明特色。最后以习近平总书记的重要讲话升华主题，希望同学们将个人理想和国家发展富强结合起来，将个人成长发展融入实现中华民族伟大复兴中国梦的过程中去，在服务国家和民族的事业中实现自己的人生价值，做新时代中国特色社会主义伟大事业的合格接班人。

目的效果

宪法教育是法治教育的基础和重点，是培养未成年人公民意识和国家意识的重要途径，对弘扬宪法精神，维护宪法权威意义重大，中学生正是形成正确的人生观、价值观和世界观的关键时期，在这个时期加强对中学生的宪法教育尤其重要。通过课程，达到促进学生增强宪法意识、维护宪法权威的目的，激发学生为中国特色社会主义事业认真学习、努力奋斗的热情。

部分新闻链接

1. 腾讯网 2018 年 11 月 21 日:《大检察官担任法治副校长讲授履职第一课》

2. 网易号 2018 年 11 月 22 日:《宁夏：大检察官担任法治副校长讲授履职第一课》

3. 宁夏日报 2018 年 11 月 22 日:《宁夏大检察官担任法治副校长》

▼ 授课讲稿

尊敬的各位老师、同学们：

大家下午好！

我刚刚从张剑云校长手中接过具有悠久历史的宁夏银川一中法治副校长聘书，一位同学给我戴上一中校徽。成为银川一中的一员，成为同学们中间的一员，我非常高兴，也非常荣幸。担任银川一中法治副校长，是落实习近平总书记"关于全面依法治国要从娃娃抓起"重要指示精神的一个举措，也是落实最高人民检察院张军检察长的指示要求，就是要让法治走进学校，帮助同学们更好地树立法治意识。希望今天的活动也能够为全区检察机关和学校开展法治教育提供例子，为推进全面依法治国，促进中国特色社会主义法治建设，贡献我们大家共同的力量。今天，我讲课的主题是"弘扬宪法精神，做新时代中国特色社会主义事业的合格接班人"。

在正式开课前，我先问大家一个问题，大家知道 12 月 4 日是什么日子吗？（学生发言略。）

我今天从三个部分为同学们讲一讲什么是宪法。

一、我国宪法的性质及第五次宪法修正案要点

宪法是国家的根本法，具有最高的法律效力，居于中国特色社会主义法律体系的核心地位，是治国安邦的总章程，是保持国家统一、民族团结、经济发展、社会进步和长治久安的法律基础，是党和人民意志的集中体现，是中国共产党执政兴国，团结带领全国各族人民建设中国特色社会主义的法治保证。坚持依法治国首先要坚持依宪治国，坚持依法执政首先要坚持依宪执政，这是关系党和人民事业发展及国家长治久安的重大问题。

　　我国现行宪法是 1982 年通过的，也称"82 宪法"。治国无其法则乱，守法而不变则衰。宪法作为治国安邦的总章程，必须随着时代的发展而发展。我国"82 宪法"实施以来，先后经过五次修正，分别是在 1988 年、1993 年、1999 年、2004 年和 2018 年。大家最熟悉的应该就是 2018 年 3 月 11 日第十三届全国人民代表大会第一次会议通过的宪法修正案，这是我国现行宪法的第五次修正案，使我国宪法在中国特色社会主义伟大实践中紧跟时代步伐，实现与时俱进发展。这次宪法修正案共 21 条，包括 12 个方面，总结起来具体的核心要义包括 6 个方面。同学们作为中国特色社会主义事业的接班人，应当全面准确领会这次宪法修正案的 6 大核心要义：

　　第一，确立了习近平新时代中国特色社会主义思想是我们党和国家的指导思想，同时也增加了科学发展观作为党和国家的指导思想。所以现在我们党和国家的指导思想有：马克思列宁主义、毛泽东思想、邓小平理论、"三个代表"重要思想、科学发展观和习近平新时代中国特色社会主义思想。

　　第二，确立了社会主义事业五个方面总体布局，第二个百年奋斗目标，将三个文明即物质文明、社会文明、精神文明改成五个文明即政治文明、物质文明、社会文明、精神文明、生态文明。在五位一体的总体布局协调下，把我国建成富强民主文明和谐美丽的社会主义现代化强国。

　　第三，将社会主义法制里制度的"制"改成治理的"治"。

　　第四，充实坚持和加强中国共产党全面领导的内容。这是这次宪法修改的最大的亮点之一。在总纲里写入：中国共产党的领导是中国特色社会主义最本质的特征。

　　第五，宪法修正案修改了国家主席的任职，去掉了连续任职不得超过两届的内容，这样保证国家主席与中央军委主席任职期限可以协调一致。

　　第六，增加了有关监察委员会的各项规定，反映了党的十八大以来深化监察体制改革的成果，贯彻党的十九大关于健全党和国家监督体系的部署，加大了反腐力度和决心。

二、宪法的主要内容

我国《宪法》分为五个部分。序言和四个章节的内容分别是：序言；第一章：总纲；第二章：公民的基本权利和义务；第三章：国家机构；第四章：国旗国歌国徽首都。

第一部分，序言。它是确认宣示性，确认革命斗争的成果，宣示国家的重大政策导向的内容，序言部分包括十个方面：第一，孙中山领导的旧民主主义革命推翻封建帝制。第二，以毛泽东为领袖的中国共产党人，领导人民推翻了三座大山，建立了中华人民共和国。第三，建立了社会主义制度。第四，确认社会主义初级阶段的基本路线和建设社会主义现代化国家的目标，就是富强民主文明和谐美丽。第五，宣布剥削阶级作为阶级已经消灭，但同时强调阶级斗争还在一定范围内长期存在。第六，宣示台湾是中华人民共和国领土的一部分，要完成祖国统一。第七，规定了统一战线和人民政协的地位，人民政协不是一个国家机关，它是统一战线的组织，政协的地位在《宪法》序言里而不是在具体章节里规定。第八，规定了社会主义民族关系。第九，确定了独立自主的外交政策和和平共处的五项基本原则。第十，宣示了宪法本身的最高法律效力。

第二部分，总纲。主要是确立国家的基本制度，包括十个方面的内容。第一，国体，包括人民民主专政、社会主义制度是国家的根本制度、中国共产党领导是中国特色社会主义最本质的特征。第二，政体，即政权组织形式，确认人民代表大会制度是我国的政权组织形式，中华人民共和国的国家机构实行的是民主集中制原则，以及中央和地方的关系。第三，民族区域自治制度。我们国家是个多民族的国家，民族区域自治制度是建立自治地方，设立自治机关，行使自治权，我国设立了自治区、自治州、自治县的三级自治机关。第四，确立实行依法治国，建设法治

国家和法治制度。第五，确立国家的基本经济制度。包括所有制形式、分配方式、分配制度等。第六，基本的文化制度，包括教育制度、科研制度、医疗卫生制度、文化事业制度等。第七，生态环境保护制度。第八，规定国家机关和国家工作人员必须遵守的基本原则。第九，规定国家惩办和改造犯罪的制度。第十，规定国家的行政区划制度和特别行政区制度。

第三部分，公民的基本权利和义务。我国宪法规定了公民十个方面的权利。第一，平等权。即，每个公民都是平等的。第二，政治权利和自由。政治权利最基本的是什么？就是选举权。为什么？因为这是世界上公认公民最重要最基本的权利。有六大政治自由，言论、出版、集会、结社、游行、示威自由。第三，宗教信仰自由。宪法规定不得强制公民信仰宗教或者不信仰宗教，不得歧视信仰宗教的公民或不信仰宗教的公民，但不得利用宗教进行破坏社会秩序，损害公民身体健康，妨碍国家教育制度。第四，人身自由和人格尊严，包括身体权、人格尊严等。第五，监督权。就是公民对国家机关和国家公职人员的监督权。公民对任何国家机关和国家工作人员都有批评建议权，公民对国家机关及其公职人员的违法失职行为有控告、检举和申诉权。第六，经济权。宪法规定公民享有经济方面的权利，包括劳动权、休息权、退休以后的社会保障权、在年老疾病、丧失能力情况下的物质帮助权等。第七，文化权。包括受教育的权利（这既是公民的权利，也是义务），还包括科研创作和文化活动的权利。第八，男女平等。第九，华侨、归侨和侨眷的合法权利和利益受保护。第十，外国人在中国境内的合法权利和利益的保护。

下面，我重点给同学们介绍一下和未成年人密切相关的宪法权利：

一是平等权。我国《宪法》第33条规定，中华人民共和国公民在法律面前一律平等。这既是我国社会主义法治的一项重要原则，也是我国公民的一项基本权利。这一条的含义主要有四个方面：其一，我国公民不分民族、种族、性别、职业、家庭出身、宗教信仰、教育程度、财产状况等，一律平等地享有宪法和法律规定的权利，并平等地承担相应的义务。其二，国家不允许任何组织和个人有超越宪法和法律之上的特权，不论是普通公民还是国家工作人员，不管他们的职务有多高，功劳有多大，都必须毫不例外地严格遵守国家的宪法和法律，一切违法行为必须受到追究和制裁。其三，法律面前一律平等，包括民族平等和男女平等，禁止对任何民族的歧视和压迫，禁止破坏民族团结和制造民族分裂的行为，各民族都有使用和发展自己语言文字的自由，都有保持或者改革自己风俗习惯的自由，都有宗教信仰的自由。此外，女性在政治、经济、文化教育、社会生活等方面均享有与男性平等的权利。其四，司法机关在法律上一律平等，司法机关对我国所有公民的合法权益都一律平等地加以保护，对一切违反宪法和法律的行为，都一律平等地加以追究。

二是选举权和被选举权。我国《宪法》第 34 条规定，中华人民共和国年满 18 周岁的公民，不分民族、种族、性别、职业、家庭出身、宗教信仰、教育程度、财产状况、居住期限，都有选举权和被选举权，但依照法律被剥夺政治权利的除外。选举权和被选举权统称选举权利，是公民参加国家管理的一项最基本的政治权利，也是最能体现人民当家作主的一项权利。其含义主要包括三个方面：其一，公民有权按照自己的意愿选举人民代表。其二，公民有被选举为人民代表的权利。其三，公民有依照法定程序罢免那些不称职的人民代表的权利。由于选举权利是公民极为庄严的政治权利，所以我国宪法规定，因犯罪被法院判处剥夺政治权利的人不能行使选举权和被选举权。我们在座的有些同学可能还未年满 18 岁，但也即将年满 18 岁，大家要知道，等你们年满 18 岁以后，就享有了选举权和被选举权。

三是人身自由权。我国《宪法》第 37 条规定，中华人民共和国公民的人身自由不受侵犯。公民的人身自由是公民参加社会生活和享受其他自由权利的前提和基础，是公民最重要最基本的一项权利。也就是说任何公民非经人民检察院批准或者决定，或者人民法院决定，并由公安机关执行，不受逮捕。这就意味着：首先，逮捕公民的决定权只能由人民检察院和人民法院行使。其次，逮捕公民的执行权只能由公安机关行使。

最后，任何组织对公民实施拘禁、剥夺或者限制人身自由的行为，都必须遵守宪法或法律规定的条件和程序，否则都应当依法追究其法律责任。

四是通信自由和通信秘密权。我国《宪法》第40条规定，中华人民共和国公民的通信自由和通信秘密受法律保护。这里所说的通信，包括书信、电话电报等传递媒介，从发信人发出信息到收集人收到信息的全过程，当然也包括大家经常使用的微信等。通信是公民进行各项社会活动的重要手段之一，通信自由和通信秘密受法律保护，公民有权通过通信的方式，自由与他人进行交往，任何组织或个人均不得非法干涉，公民在通信中所涉及的内容，非经通信人本人同意他人不得偷听、偷看和涂改。我们在现实生活中遇到的父母偷看孩子信件的行为，实际上就是父母对孩子通信自由和通信秘密这一项基本权利的侵犯。

五是受教育权。我国《宪法》第46条规定，中华人民共和国公民有受教育的权利和义务。我国公民接受教育的范围很广阔，包括高等教育、中等专业教育、中小学教育、成人教育和职业培训教育等。公民受教育，是公民文化素质得到提高和享受文化精神生活的必要条件，公民受教育的程度也是检验整个国家文明程度的重要标尺。因此我国宪法规定，受教育权既是公民的权利，也是公民的义务。权利可以放弃，但是义务必须履行。我国实行九年义务教育制度，也就是说如果有人不让未成年人接受九年义务教育，就是对公民受教育权的侵犯。如果适龄未成年人不去接受教育，就是不履行宪法规定的受教育的义务。

六是未成年人受到特殊保护的权利。我国《宪法》第49条规定，婚姻家庭、母亲和儿童受国家的保护。禁止虐待老人、妇女和儿童。这里的儿童，按照国际惯例，应当做广义的理解，就是指未成年人。我给大家介绍一个近两年发生的真实案例。

2017年3月29日，陕西省渭南市临渭区年仅6岁的鹏鹏被继母虐待，导致心脏骤停，瞳孔扩散，75%颅骨粉碎，两根肋骨骨折，双目视网膜脱落，全身多处皮肤溃烂，处于深度昏迷，无法自理的状态，基本成为植物人。这个案子由临渭区检察院依法提起公诉后，临渭区人民法院以故意伤害罪和虐待罪两罪并罚判处该继母有期徒刑 16 年。

这个虐童案件发生后，产生了重大的社会影响，引起社会各界和广大网友的普遍关注。而这个继母虐童的行为，实际上就是严重违反宪法的行为。虐待儿童的现象至今仍然存在，我们检察机关也经常办理这类案件，因此宪法专门对儿童的保护加以规定是十分必要的，也是非常重要的。

我国宪法也规定了公民十个方面的义务。第一，维护国家统一和各民族的团结。第二，遵守宪法和法律。第三，维护国家安全、荣誉和利益。第四，服兵役，保卫祖国。第五，依法纳税。第六，劳动的义务，劳动既是权利也是义务。第七，受教育的义务，受教育既是权利，也是义务。第八，计划生育。第九，任何公民享有法律规定的权利，同时必须履行宪法法律规定的义务。第十，公民在行使自由和权利的时候，不得损害国家的、社会的、集体的利益和其他公民的权利。

下面，我再给同学们重点介绍一下和未成年人最密切相关的宪法义务：

一是维护国家统一和各民族团结的义务。我国《宪法》第 52 条规定，中华人民共和国公民有维护国家统一和各民族团结的义务。国家的统一和各民族的团结是我国社会主义事业取得成功的基本保证，也是公民实现其基本权利的前提和基础。我国是统一的多民族国家，各省、自治区、直辖市、香港、澳门特别行政区以及台湾地区都是中华人民共和国不可分割的部分。1997 年香港回归祖国，1999 年澳门回归祖国，实践证明，只有维护国家统一，加强民族团结，才能达到各民族共同繁荣和维护祖国独立的目的。我们有信心，台湾会早日回归祖国，实现祖国统一。

二是遵纪守法和尊重社会公德的义务。我国《宪法》第 53 条规定，中华人民共和国公民必须遵守宪法和法律，保守国家秘密，爱护公共财产，遵守劳动纪律，遵守公共秩序，尊重社会公德，概括起来说就是遵纪守法和尊重社会公德。

三是维护祖国的安全、荣誉和利益的义务。我国《宪法》第54条规定，中华人民共和国公民有维护祖国的安全、荣誉和利益的义务，不得有危害祖国的安全、荣誉和利益的行为。因为国家的安全、荣誉和利益直接关系到每一个公民的切身利益，也关系到国家在国际社会中的形象和地位，所以我国公民负有维护祖国的安全、荣誉和利益的义务。

四是保卫祖国，依法服兵役和参加民兵组织的义务。我国《宪法》第55条规定，保卫祖国、抵抗侵略是中华人民共和国每一个公民的神圣职责，依照法律规定服兵役和参加民兵组织是中华人民共和国公民的光荣义务。我国兵役法对这项义务进行了具体的规定，该法第3条规定，我国公民不分民族、种族、职业、家庭出身、宗教信仰和教育程度，都有义务按照兵役法服兵役，但依法被剥夺政治权利的公民，不具有服兵役的资格。我国的兵役也分为现役和预备役两种，参加中国人民解放军和中国人民武警部队被编入现役部队，参加民兵组织则编入预备役部队。高等院校和高级中学的学生参加军事训练，也是履行服兵役义务的行为。

五是父母有抚养教育未成年人子女的义务、成年子女有赡养扶助父母的义务。你们未成年时，父母给你们提供衣食住行，使你们健康成长，这是宪法规定的父母的基本义务，如果父母尽不到抚养义务，依法要负法律责任的。比如，父母虐待未成年人，轻则受到批评教育或依法撤销监护权，指定其他合适成年人担任监护人，如果没有其他合适监护人，则由国家履行国家监护，由民政部门代为监护。重则构成虐待罪，依法要负刑事责任。在这里，我给大家介绍一个宁夏检察机关办理的父亲侵害未成年人人身权益的真实案例。

2016年7月，被告人王某某在家中对其13岁的亲生女儿实施奸淫行为，后被害人报案，王某某被抓获。在审查起诉阶段，检察院认为：被告人王某某犯强奸罪事实清楚、证据确实、充分，在对王某某提起公诉时，认为王某某系监护人侵害未成年人子女权益的犯罪，提出了从严惩处的量刑建议。同时，检察院认为，被告人王某某的行为严重侵害了被害人的合法权益，不再具备监护人资格，及时告知被害人的母亲及临时照料人祖父母有权申请撤销王某某的监护人资格，同时，送达了《撤销监护权告知书》，后被害人的祖父母向法院提起撤销王某某监护权诉讼，检察机关依法支持起诉，法院采纳支持意见，判决撤销了被告人王某某的监护权，依法维护了被害人的合法权益。

对成年子女来说，等父母年纪大了，生活不能自理了，成年子女就有赡养父母的法定义务，如果不赡养，依法要负法律责任，轻的则是强制你给付生活费用等，重则构成遗弃罪。

第四部分，国家机构。我国的国家机构包括国家权力机关（全国人民代表大会及其常务委员会和地方人民代表大会）、国家主席、国家行政机关（国务院和地方人民政府）、中央军事委员会、国家监察委员会、国家审判机关（各级人民法院）、国家法律监督机关（各级人民检察院）、民族自治地方的自治机关、特别行政区（香港、澳门）。

第五部分，国旗、国歌、国徽、首都。宪法规定，我国的国旗是五星红旗，国歌是《义勇军进行曲》，国徽中间是五星照耀下的天安门，周围是谷穗和齿轮，首都是北京。国旗、国歌、国徽就是中华人民共和国的象征，必须维护国旗、国歌、国徽的权威和形象。《国旗法》和《国歌法》规定：在公共场合故意以焚烧、毁损、涂刮、玷污、践踏等方式侮辱中华人民共和国国旗的，要依法追究刑事责任。在公共场合，故意篡改国歌歌词、曲谱，以歪曲、贬损方式奏唱国歌，或者以其他方式侮辱国歌的，由公安机关处以警告或者 15 日以下拘留，构成犯罪的，依法追究刑事责任。

三、我国宪法的鲜明特色

下面我给同学们讲一下我国宪法鲜明的特色，我国宪法和旧中国的宪法相比、和西方国家宪法相比，有什么特点？我的学习体会是：

第一个特点，我国宪法是中国共产党领导全国人民制定的，体现党的主张、人民的意愿和国家意志的高度统一。这里面关键词是什么？党的主张，党领导人民。我刚才讲了第五次宪法修正案，有党的领导，有党的重大方针政策，然后是党的主张，人民的意愿和国家意志的高度统一。党代表人民的利益，同学们学习宪法必须学党的理论、路线、方针、政策。另外，还有一点大家要明确，宪法的内容体现了党的理论和路线发展，这个宪法修改的过程就体现了党的路线方针政策的发展。习近平总书记明确向全国人民宣告，维护宪法权威，就是维护党和人民共同意志；捍卫宪法尊严就是捍卫党和人民共同意志；保证宪法实施，就是保证人民根本利益。其他国家的宪法，没有这一特点。

第二个特点，我国宪法是确认新民主主义革命胜利成果，建设社会主义新中国，而制定的全新的宪法。全新的宪法是什么概念呢？任何国家的宪法都是这个国家命运的载体，选择什么样的宪法就等于选择了什么样的道路，选择了什么样的社会制度，选择了什么样的命运。我们党领导人民制定宪法，跳出了一切旧宪法的窠臼，既不同于西方的宪法，也不同于历代以来我国曾经出现的资产阶级宪法，比中国历史上的旧宪法都要进步得多，具有显著的优越性，具有广泛而坚实的基础，表现了越来越强的生命力，最适合中国国情。

第三个特点，我国宪法是社会主义的选择，我们旗帜鲜明，我们是社会主义，明确社会主义的基本制度，社会主义初级阶段的根本任务，中国特色社会主义道路，等等。社会主义制度是我们国家的根本制度，四项基本原则里面也有坚持社会主义制度的内容。所以说我们学习这部宪法，能够增强我们对中国特色社会主义的道路自信、理论自信、制度自信、文化自信。

第四个特点，我国宪法是中国历史上第一部真正意义上的人民宪法。这个关键词就是人民，一切权力属于人民，一切为了人民，我国现行宪法通篇贯彻着以人民为中心的发展思想。刚才我给大家讲的宪法第五次修正案的修改，里面"人民"两个字出现了360多次。比如说人民代表大会制度、人民民主专政，这些最重要的制度都是为了人民的利益。

第五个特点，我国宪法是体现民主集中制原则。就是民主基础上的集中和集中指导下的民主相结合的制度，是党的根本组织制度和领导制度。在我国的国家机关和党政机关中，都实行民主集中制原则，这是宪法规定的，它的精髓就是少数服从多数，这个原则是贯通全党和全部国家机关的。

第六个特点，我国宪法是坚持全面依法治国的宪法。宪法里面还规定了法治的内容，比如，宪法规定中华人民共和国实行依法治国，建设社会主义法治国家，国家维护社会主义法治的统一和尊严，等等。全面依法治国也是四个全面战略布局的重要组成部分，它被视为我们国家治理国家的基本方略，是我们国家治理方式的一场深刻的革命。党的十八大以来，以习近平同志为核心的党中央提出全面依法治国的新思想新理念新战略，开辟了依法治国的理论和实践新境界。

我们的宪法好不好，关键看是不是符合我们国家的历史，能不能解决中国的问题。从这个角度，新中国成立近70年，改革开放以来尤其是党的十八大以来，六年的光辉历程，已经证明，并将继续集中体现我国法治建设成就和经验。我国现行宪法是符合我国国情，符合当代实际，符合时代发展要求的宪法。宪法的生命力在于实施，宪法的权威在于实施，新时代推进全面依法治国，必须更加坚定维护宪法尊严和权威，必须更加坚决加强宪法实施和监督。要统筹推进五位一体总体布局，四个全面战略布局，决胜全面建成小康社会，开启全面建设社会主义现代化国家的新征程，实现中华民族伟大复兴的中国梦，必须更好地展现国家根本法的力量，更好地发挥国家根本法的作用。我们要进一步树立"四个自信"，坚定"四个意识"，坚决维护习近平总书记的核心地位，坚决维护党中央权威和集中统一领导，弘扬宪法精神，学习宪法知识，维护宪法尊严，做宪法忠实的拥护者，严格的遵守者，坚定的捍卫者。

习近平总书记强调，保证宪法实施，就是保证人民根本利益的实现。违反宪法是最大的违法。宪法教育是法治教育的基础和重点，是培养未成年人公民意识和国家意识的重要途径，对弘扬宪法精神，维护宪法权威意义重大。中学生正是形成正确的人生观、价值观和世界观的关键时

期，在这个时期加强对中学生的宪法教育尤为重要。

习近平总书记在十九大报告中指出，青年兴则国家兴，青年强则国家强。青年一代有理想，有本领，有担当，国家就有前途，民族就有希望。中国梦是历史的，现实的，也是未来的。是我们这一代的，更是年轻一代的。中华民族伟大复兴的中国梦，终将在一代代青年的接力奋斗中变为现实。广大青年要坚定理想信念，志存高远，脚踏实地勇做时代的弄潮儿，在实现中国梦的生动实践中，放飞青春梦想，在为人民利益的不懈奋斗中书写人生华章！我作为法治副校长，建议同学们：要增强法治意识，尤其是宪法意识，加强道德修养，培养自身优良品行。具体地说，作为一名中学生，就要自觉遵守中学生日常行为规范，做到自尊自爱、注重仪表、真诚友爱、礼貌待人、遵规守纪、勤奋学习、勤劳俭朴、孝敬父母、遵守公德、严于律己，培养积极向上、向善向美的优良品格和心理素质。同学们要将个人理想和国家发展富强结合起来，要把个人成长发展融入实现中华民族伟大复兴中国梦的过程中去，在服务国家和民族的事业中实现自己的人生价值，做新时代中国特色社会主义伟大事业的合格接班人。

谢谢大家！

知法守法　健康成长

新疆维吾尔自治区人民检察院党组副书记、检察长　李永君

📖 授课情况

授课时间： 2018 年 12 月 3 日

授课地点： 乌鲁木齐市第八中学

授课对象： 初中学生

逻辑结构： 第一部分以法律是什么为主题，从法律与道德、法律与纪律、法律与规则的异同点讲解法律的定义和性质。概述我国宪法是根本法的法律地位以及我国法律体系的框架和构成。

第二部分主要介绍我国司法机关的法律定位、职责职能，重点讲解检察机关的法律职能。

第三部分通过对常见的典型案例分析，警示和引导未成年人要学法，知法，树立法治意识，做遵纪守法的新时代好少年。

第四部分为师生互动，主要围绕课堂讲述内容，以问答的方式来巩固前面讲过的法律知识。

目的效果

　　本次法治讲座聚焦社会稳定和长治久安总目标，结合未成年人法治教育实际，开展预防未成年人犯罪教育，授课内容丰富，既有法律基础知识，又有典型案例剖析，增强了学生的法治意识，提高了未成年人守法自觉性和自护能力，推动依法治校和平安校园建设，取得了良好的效果。

部分新闻链接

　　1. 检察日报 2018 年 12 月 5 日:《为近千名师生送去"法治大餐" 新疆：大检察官课堂开课》

　　2. 最高人民检察院网站 2018 年 12 月 5 日:《新疆：大检察官课堂开课》

授课讲稿

亲爱的同学们、孩子们：

下午好！

今天来到八中给同学们讲课，感到非常高兴。八中与我们自治区检察院是邻居，我经常看到一个个精神饱满的同学，听到朗朗的读书声，感受到每个同学充满青春的活力。同时，我还了解到，八中是一个有着百年历史和革命传统的红色学校，桃李满天下。通过学校大门旁张贴的光荣榜，看到每年都有很多人考上著名的高等院校，为国家培养出很多优秀人才，这也充分说明八中综合实力出众，非同凡响。所以，今天我受邀担任八中的法治副校长，感到非常荣幸。今后，我会和同学们一起学习、共同成长，和老师们共同携手担负起培养我们祖国新一代的责任，共同构建我们的法治社会。

今天我给大家上一节法治教育课，题目叫作《知法守法　健康成长》。相信同学们已经听了不少法治课，我也知道学校有《法治与社会》《法治与道德》两门课程，里面有一些对法律的介绍。今天我主要是结合多年体会和感悟与大家交流：法律是什么？我们的社会为什么要有法律？没有行不行？平常大家在学习生活当中，怎么尊法守法？怎么学法用法？

一、法律是什么

（一）法律是调整社会规范行为的最后手段

为什么把法律作为调整社会规范行为的最后手段？大家都知道，调整社会规范行为的手段有很多，对我们大家来说用最多的是什么呢？是道德。道德约束不了的，就是纪律；比纪律层面更高的、更严的就是法律。对大多数社会公民来说，更多的是要用道德来约束自身的行为。

什么是道德？道德就是一般的价值规范，比如，不撒谎、不随地吐痰、不乱扔纸屑、在公共汽车上给老年人让座、捡到东西要交给学校老师等，这些都是道德层面的行为。所有的社会公民都要尊重社会公德、职业道德、家庭美德这些最基本的规范。比道德范围窄一点、要求也更严一点的是什么呢？是纪律。每个单位、每个学校都有自己的纪律，比如，在单位上班不迟到、不要用公家电话说个人私事等。学校也有纪律，像上课要注意听讲、不损坏公物、按时上学、出操等规定，中小学生行为守则等，这些就属于纪律的范畴。

违反公共道德，会受到道德谴责；违反校纪校规，要受到校纪的处理。相对于道德和纪律来讲，最重的就是法律处罚。什么行为受到法律处罚呢？就是违法犯罪行为。法律是管理我们社会的最后手段，也是最严厉的手段。社会的三种手段的共同点都是行为规范，都属于准则，但也有不同点。如产生和形成的方式不同；实施的范围不同；保证实施的方式不同；处罚的方式不同等。

（二）法律是诸多部门法的组合体系

法律不止一部，法律有很多很多，有国家层面的，也有各省的地方法规。现在我国社会法律体系已经形成，全国人大制定的法律有 260 多部，行政法规就更多了。这些法律法规看似数量繁多，但内部是一个完整的系统。层级最高的就是宪法。宪法是国家的根本法，是母法。

明天是 12 月 4 日，是"国家宪法日"。因为我国现行宪法是 1982 年12 月 4 日公布的，所以国家把 12 月 4 日定为宪法日。宪法产生于西方，最早是英国。有一个英语单词，叫 constitution，原意是框架、结构，另外一个意思就是"宪法"，盖房子框架、结构是最重要的。搭好框架结构后，再砌墙，安装门和窗户。在法治大厦构建上，宪法的作用也是如此，宪法是总框架。在宪法之下有很多部门法，宪法叫作母法，下面这些法呢，就叫子法，也就是我们现在 200 多部法律都产生于宪法，都是宪法的孩子。常见的有刑法、民法、行政法，这都是基本的法律，也称为实体法，还有刑事诉讼法、民事诉讼法、行政诉讼法等程序法。

每一个部门法的下面还有很多专门法律。比如，行政类法律与我们日常生活接近的有教育法、教师法、食品安全卫生法、治安管理处罚法。再如民法之下也包括很多专门法，像合同法、知识产权法、婚姻法、继承法等。这些所有的法律法规就构成了一个完整的法律体系。

（三）法律是一个不断完善、不断文明的历史进程

法律不是一成不变的，经历了从幼稚走向成熟的漫长过程。法律是一个非常古老的现象，有了国家就有了法律。法律是国家机器的重要构成部分，只不过刚开始国家非常原始，法律也非常原始。随着国家越来越进步，越来越文明，法律也越来越进步，越来越文明。

看一下我们最早的"灋（fǎ）"字。这个字是一个象形文字，由三部分构成。有"水"字边，说明法律是非常公正的，要"平之如水"。它还有一个组成部分是"廌（zhì）"，这是一种动物，它就是人们通常说的独角兽。传说古代用它来判案子，谁家的东西被偷了，想知道是谁干的，就把这个神兽请来，它知道谁干的坏事，就用角去顶谁，以此确定犯罪嫌疑人，然后进行处罚。最后有一个"去"字，就是处罚的意思。象形文字慢慢变成规范文字，就是现在的"法"字。

从这可以看出，刚开始的法律是非常粗略的、低级的，甚至是野蛮的，这从刑罚制度变迁也可以看出来。

我们国家刑罚制度从古到今，主刑基本上是五种。奴隶社会的"五刑"包括：墨、劓、刖、宫、大辟。"墨刑"就是往脸上刺字，抹上墨；"劓刑"就是把鼻子割掉；"刖刑"就是砍掉腿，"单刖"就砍掉一条腿，"双刖"就是砍掉两条腿；"宫刑"是破坏人的生殖器；"大辟"就是枭首示众。

奴隶社会"五刑"都摧残人的肢体，是非常残忍的。随着社会的发展，出现了封建制五刑：笞、杖、徒、流、死。较之奴隶制五刑文明了

许多。

现代的刑罚也是"五刑"：一是管制。管制就是相对剥夺人身自由。时间比较短，3个月以上2年以下。管制，不是在监狱里面服刑，而是在社会上，由地方政府、街道办事处、公安局、派出所来监督他做一些公益事业，随叫随到，不能远走。二是拘役，就得关起来了。但实际上很短，1个月以上，6个月以下。三是有期徒刑。四是无期徒刑。五是死刑。

总而言之，随着社会文明程度的发展，法律也越来越完善进步，刑罚也越来越文明、越人道。

二、我国的司法机关

（一）公安机关

公安机关，这是平日我们接触最多的司法机关，它的职能基本上是两大项：一个是刑事侦查，另一个是社会管理。

刑事侦查，就是平常说的办案、抓贼，通过查明犯罪事实来抓获犯罪分子。办理刑事案件是公安机关十几种社会职能中的一种，其他大多数职能是社会管理职能。比如，管理交通的交警，这是公安局的一个警种。还比如，户籍警察，就是管理户口的，孩子生下来要上户口，老人去世注销户口，从这个城市到那个城市去要迁出迁入户口，这个就是户籍管理。公安机关还有一个职能就是治安管理，常见的视频监控、治安巡防、易燃易爆物品管理等都是属于公安机关社会管理职能。

（二）审判机关

审判机关也是通常所说的法院，法院是审理案件的。

法院审理案件多种多样，有刑事案件、民事案件等。我刚才讲的很多都是刑事案件，就是对犯罪分子处以刑罚，判什么刑种，有期徒刑、无期徒刑还是死刑？民事审判就是处理民事关系，你说我欠你钱，我说你欠我钱，到底谁欠谁的钱，这就是民事纠纷，要法院给个说法。法院还审理行政官司，政府作出了一个规定，行政相对方认为规定不合理，那他就有权控告政府。这就是常说的民告官案件。我们国家是一个民主国家，也是一个法治国家，既可以民告民，也可以民告官，政府做错了事，老百姓也可以把它告上法庭，就叫行政诉讼。还有海事审判，这是一个独立的审判种类。海事纠纷，就是大海航行当中的一些船舶的碰撞、没有按期到达，造成货物延误等一些纠纷。知识产权有知识产权法庭。歌手出了一个光盘，歌唱得很好，光盘卖得很好。另外一个公司为了挣钱，没有经过他的允许，就大量生产销售他的光盘，这就是侵犯他的知识产权。现在还有互联网法院，也就是互联网上的纠纷由这个专门法院审理。

（三）司法行政机关

司法行政机关就是我们现在所说的司法厅、司法局，有什么职能呢？大家知道，帮助我们老百姓打官司的律师，就是由司法行政机关来管理的。还有，如果你将来打算出国留学，要办公证，就是由公证处来做。这种工作也由司法行政机关管理。

还有大家都知道的监狱，犯罪判了刑的罪犯要送到那里去，进行服刑改造。监狱也是由司法行政机关来管理的。还有一些犯罪情节较轻的人员要对他们进行社区矫正，社区矫正这项工作也由司法行政部门负责。

（四）法律监督机关

通过我的介绍，想必大家对这些司法机关都有所了解。任何权力都需要监督，权力不受监督必然滋生腐败。我们需要有一个机关对公安、法院、监狱等机关行使职权的行为进行监督，这个监督机关，就是检察机关。检察院就是进行法律监督的。

检察机关是怎样对上述司法机关进行法律监督的呢？

检察院对公安机关的监督，叫作侦查监督，就是防止公安机关乱抓人，该抓的人不抓、不该抓的抓了。用什么方法来监督？主要是通过批准逮捕的途径。公安机关有权抓人，至于是否需要逮捕，则需要检察机关批准。检察院通过审查，如果发现罪行严重，可能判处徒刑以上的刑罚，就要批准逮捕。否则，就不批捕。

对于法院判案公不公道，检察机关进行审判监督。法院开庭的时候，总是一边坐着律师，一边坐着检察机关的工作人员，也就是公诉人。公诉人一方面要证实被告人的犯罪行为，另一方面还要监督审判程序是不是合法、是不是公正、是不是忽视了某些程序和细节。如果发现法院判决不合理，重罪轻判、轻罪重判，或者程序不合法、不合理，检察院都要进行监督。监督有很多种手段。轻的，可以发出检察建议；稍重的，就发纠正违法通知书；性质严重的，根据法律规定对判决结果提出抗诉。

刚才讲到法院对犯罪分子判处刑罚后，就要把他们送进监狱。那么监狱里面会有什么违反法律规定的事情发生呢？因为监狱有权对正在服刑的罪犯提出减刑、假释的建议，或批准暂予监外执行、保外就医等。减刑是每一个服刑犯人最大的心愿，有一套严格的评价体系。如果一个人没有改造好，不该减刑却减刑了，提前出狱了，这对社会不是危害吗？检察院要对监狱的这种行为进行监督。怎么监督呢？每一个监狱、检察院都派有一个检察室，也可以说每一个监狱里都有一个小检察院。24小时监督监狱管理和执行法律的情况，监管政策是否符合法律规定，这就叫刑罚执行监督。

综上所述，任何事情都需要监督，不监督就容易滋生腐败，所以检察机关的工作就是这种性质。希望大家好好学习法律，不但做一个知法守法的好孩子，将来也到检察院做一个光荣的检察官。

三、犯罪预防

（一）故意伤害罪

故意伤害他人身体的，处 3 年以下有期徒刑、拘役或者管制。

犯前款罪，致人重伤的，处 3 年以上 10 年以下有期徒刑；致人死亡或者以特别残忍手段致人重伤造成严重残疾的，处 10 年以上有期徒刑、无期徒刑或者死刑。

给同学们讲一个刚发生不久的案例。

2018 年 6 月的一天，小伟看到同学们在乒乓球台旁边正玩得高兴，也想一试身手。但同学们都是按顺序进行，而小伟嫌等的时间太长，就要抢在小田的前面打，小田不同意，二人发生争执，继而发生打斗。小伟从路边捡起半截红砖砸到小田的头部，小田因流血过多死亡。法院以故意伤害罪判处小伟有期徒刑 5 年。

多么令人痛心，一个乒乓球引起的血案，一条人命！等待小伟的是 5 年的监狱生活和终身背负罪犯的名声。

（二）侮辱罪、诽谤罪

以暴力或者其他方法公然侮辱他人或者捏造事实诽谤他人，情节严重的，处 3 年以下有期徒刑、拘役、管制或者剥夺政治权利。侮辱罪和诽谤罪，告诉的才处理，但是严重危害社会秩序和国家利益的除外。通过信息网络实施上述行为，被害人向人民法院告诉，但提供证据确有困难的，人民法院可以要求公安机关提供协助。

随着网络的生活化，侮辱、诽谤也开始由现实世界走向虚拟网络，如在论坛上捏造事实来侮辱别人。这种行为触犯了法律，也要承担法律责任。我们来看这样一个案例：

小萌和小静同在某县一中上学，二人同时喜欢男生小刚。小萌决定收拾小静，给她颜色看看。一天放学后，小萌纠集小玉等 3 人截住小静。

小萌扇了小静两巴掌,小玉等人用黑色水彩笔在小静脸上写了"坏女人"三个字,并拍照。后小玉将照片发至网上,还复印多份张贴在校园里。这些行为给小静身心造成巨大伤害。法院以侮辱罪分别对小萌等人判处有期徒刑3年。

(三)抢劫罪

以暴力、胁迫或者其他方法抢劫公私财物的,处3年以上10年以下有期徒刑,并处罚金;有下列情形之一的,处10年以上有期徒刑、无期徒刑或者死刑,并处罚金或者没收财产:(1)入户抢劫的;(2)在公共交通工具上抢劫的;(3)抢劫银行或者其他金融机构的;(4)多次抢劫或者抢劫数额巨大的;(5)抢劫致人重伤、死亡的;(6)冒充军警人员抢劫的;(7)持枪抢劫的;(8)抢劫军用物资或者抢险、救灾、救济物资的。从法律的规定可以看出,法律对抢劫行为的处罚是非常重的,原因就是这种犯罪行为不但夺取他人的财物,还伤害他人的身体。来看一个案例:

中学生刘某、李某二人迷恋网络。2018年4月30日晚自习期间,二人将初一同学钱某喊到操场僻静处,向其索要现金未果,刘某挥拳打中钱某面部,李某用木棒击打钱某背部,钱某被迫交出200元钱。经鉴定,钱某损伤为重伤。法院以抢劫罪分别判处刘某、李某有期徒刑5年,并处罚金10000元。

(四)盗窃罪

盗窃公私财物,数额较大的,或者多次盗窃、入户盗窃、携带凶器盗窃、扒窃的,处3年以下有期徒刑、拘役或者管制,并处或者单处罚金;数额巨大或者有其他严重情节的,处3年以上10年以下有期徒刑,并处罚金;数额特别巨大或者有其他特别严重情节的,处10年以上有期徒刑或者无期徒刑,并处罚金或者没收财产。来看这个案例:

黄某（中学生）在校期间不认真学习，常与社会青年赌博，结果欠下赌债。为了还清赌债，2016 年 3 月 13 日下午，黄某携带一把老虎钳，乘自己的唐老师家里无人之际，撬开房门，入室盗得现金 55000 元。法院以盗窃罪判处黄某有期徒刑 3 年，并处罚金 20000 元。

（五）聚众斗殴罪

就是平常说的打群架。在校男学生易发生这样的行为，要引起注意。聚众斗殴的，对首要分子和其他积极参加的，处 3 年以下有期徒刑、拘役或者管制；有下列情形之一的，对首要分子和其他积极参加的，处 3 年以上 10 年以下有期徒刑：（1）多次聚众斗殴的；（2）聚众斗殴人数多，规模大，社会影响恶劣的；（3）在公共场所或者交通要道聚众斗殴，造成社会秩序严重混乱的；（4）持械聚众斗殴的。聚众斗殴，致人重伤、死亡的，依照《刑法》第 234 条（故意伤害罪）、第 232 条（故意杀人罪）的规定定罪处罚。来看一个案例：

某中学学生陈某和赵某在校发生矛盾。一日下午，陈某纠集张甲、张乙、张丙等人找到赵某，张甲等 3 人上前对赵某拳打脚踢，并打伤赵某头部。张甲用随身携带的匕首连捅赵某 4 刀，赵某经抢救无效死亡。法院以故意伤害罪分别判处陈某、张甲有期徒刑 7 年，以聚众斗殴罪判处张乙、张丙有期徒刑 3 年。

一次聚众斗殴的行为，代价是一条人命，四人坐牢。大家一定要克制自己的行为，否则将会付出血的代价。

（六）寻衅滋事罪

有下列寻衅滋事行为之一，破坏社会秩序的，处 5 年以下有期徒刑、拘役或者管制：（1）随意殴打他人，情节恶劣的；（2）追逐、拦截、辱骂、恐吓他人，情节恶劣的；（3）强拿硬要或者任意损毁、占用公私财物，情节严重的；（4）在公共场所起哄闹事，造成公共场所秩序严重混

乱的。

纠集他人多次实施前款行为，严重破坏社会秩序的，处 5 年以上 10 年以下有期徒刑，可以并处罚金。

中学生王某性格暴力，恃强凌弱，纠集几个学习成绩差的学生结拜为兄弟"同盟会"。他们时常在校园里追逐打骂同学，看到同学有新的学习用品时就强拿硬要，后来又向同学收取保护费，杜某、李某等同学没有按时交纳保护费被王某一伙人暴打，致使杜某等同学不敢到校上课，时间长达 6 个多月。王某等人的恶劣行径激起全校师生的愤慨。后法院以寻衅滋事罪判处王某等人有期徒刑 3 年。

四、师生互动

最后，我来解答老师和同学们提出的问题。

（学生提问：学生的钱包，内有现金 50 元被同学偷盗，怎么处理？）

盗窃同学 50 元钱，以学校批评教育为主。现行相关法律规定盗窃 2000 元以上的行为触犯刑法，构成犯罪。2000 元以下，构成违法，触犯治安管理处罚法。

古语道，君子不食嗟来之食。不是自己的东西，一分钱不要拿，哪怕是一块橡皮，一支铅笔。别人的再好，那是别人的，你实在想要，回去告诉爸爸妈妈自己买去。你千万不要拿别人的，你现在拿别人一块小橡皮，将来可能就会拿别人更多的东西，这就养成了坏习惯。有一句话是这样说的：小时偷针，长大偷金。偷别人 50 块钱就不算少了，虽然不构成犯罪，也不好说违法，但是对于一个中学生来说，是一个严重的违纪行为。对此应该进行严厉的批评教育，学校和家长要一起加强管制。

（学生提问：学生在网上发表言论，界限在哪里？）

其实刚才也谈到这个事情，现在大家都会上网，都是小网虫，那么在网上不能乱话，网络并不是法外之地。要秉持四不原则：

一是不说假话。如果发表虚假信息造成社会影响，造成社会混乱，就要负法律责任，有可能变成传播虚假恐怖信息罪。比如，在网上偷偷发布某学校门口发生砍杀事件，有流氓在那里打人，就会引起社会混乱，那就要负法律责任的。或者就发一个标题，明天上午 11 点要发生 5 级地震，同学们要做好逃跑准备，把大家吓得魂不守舍。这就叫说假话，散布恐怖信息，制造社会混乱，这是要负法律责任的。所以不要说假话。同样，虽然自己没有编造虚假信息，但对一些道听途说的事情未加核实，轻易转发，也有责任，虽然不是自己编的，但是传播了，也要追究法律责任。

二是不说侮辱他人的话。人家本来没有这个事，你说人家怎么怎么样。本来是什么什么样，你给他捏造了很多难听的话，说一些难听的事情。就像刚才说的小萌小静那个案例。侮辱他人情节轻的，要损害赔偿。情节重的话，就触犯了法律，要被判刑入狱。

三是不说违背公德和纪律的话。公共道德是调解维持社会纪律的第一手段，纪律是第二手段。校规校纪属于纪律。比如，上课不打瞌睡，不大声喧哗。如果说谁大声喧哗，我奖励他十块钱，这就属于违反校规校纪的言论。

四是不说玷污祖国的话。每一个人都是祖国母亲的孩子，没有国哪有家。所以要热爱我们的国家，要尊重我们的国家。可是现在有一些人，数典忘祖，最典型的就是"精日派"。大家都知道"精日派"什么意思吧？日本鬼子侵略中国，对中国来说是深仇大恨，可偏偏有那些软骨头，追捧日本军国主义，认为抗日战争我们不该抵抗，你说这可恨不可恨。还比如，我们今天的幸福生活，是无数的前辈、先烈牺牲换来的。可是有些人呢，恶搞先烈、亵渎历史，编了好多搞笑的段子。可能有的同学说感觉比较可笑，就传一传吧，这是不应该的。这就是网上评论信息的四不原则，这就是边界，这就是红线。

（学生提问：被高年级同学欺负，被殴打、抢劫、恐吓怎么办？）

大部分同学是遵守法律法规和校纪校规的，但也有个别学生，恃强凌弱，高年级欺负低年级学生，导致校园欺凌事件时有发生。这些既是法律严厉禁止的，也是校规校纪严厉禁止的。实施这种行为，轻则受到校规校纪处理，重则构成犯罪，受到刑罚处罚，千万不要以身试法。另外，法律还规定，当成年人看到大孩子欺负小孩子，特别是使用暴力时有权制止，可视为正当防卫，法律予以支持。

（学生提问：日常生活中，购买商品遇到欺诈怎么办？）

在购买商品时遇到欺诈的事时有发生。买了假货、残次品，质量不好，分量不够。遇到以次充好、缺斤短两的商家，对此种行为不要忍让，不要迁就。轻者可以进行索赔，重者就应当去相关部门控告。首先告诉家长，由家长向消费者协会、向市场监督管理局控告商家售卖假货的行为。如果情节严重，比如，售卖的过期或有毒食品吃出人命了，则就构成犯罪了，要追究刑事责任。

（学生提问：怎么对待家庭暴力问题？）

对于这个问题，我认为应当区别性质。首先要告诉同学们什么叫家暴？电视上经常曝光一些虐待孩子的事件，有的父母将孩子打得遍体鳞伤，这种行为有，但不是很多。我想同学们更多的是关心在家里受到父母的训斥、指责，打一巴掌，这算不算家暴？同学们首先要考虑是不是自己做错了。比如，晚上12点了你都没有回家，爸爸妈妈大街小巷找你几个钟头，见到你了打一巴掌，这不是家暴，这是必要的管制和约束。有的家长是出于对孩子的关心和爱护，这种呵护和关爱有的时候是用温柔的方式来表达，有的可能是用比较强制的方式来表达，所以要分清楚原因是什么？父母的目的是什么。如果你分辨不清，我就给你出个招，告诉老师，让老师帮助来判断判断，这是不是家暴。我想啊，在我们这个世界上99%的父母是爱护自己的孩子的。那些对孩子实施家庭暴力的极端事件是极少数，所以你们要尊重父母、理解父母，听父母的话。我相信当你随着年龄的增长，从未成年人变成成年人，你就会逐渐理解父母对你的一片爱心。

　　我今天的讲课就到这里，祝愿同学们都能学法知法守法，让法律护航大家健康成长，成为对祖国和人民有用的人才！

　　谢谢大家！